读客这本史书真好看文库

轻松有趣，扎实有力

春秋战国
真有趣

与其说是一部清晰的春秋战国全史
不如说是一套有趣的春秋战国故事大全

龙镇 著

上海文艺出版社

图书在版编目（CIP）数据

春秋战国真有趣：全6册/龙镇著.— 上海：上海文艺出版社，2019.1
ISBN 978-7-5321-6782-1

Ⅰ.①春… Ⅱ.①龙… Ⅲ.①中国历史－春秋战国时代－通俗读物 Ⅳ.①K225.09

中国版本图书馆CIP数据核字（2018）第162384号

责任编辑：毛静彦
特邀编辑：周喆　刘潇　易航
封面设计：杨贵妮

春秋战国真有趣：全6册
龙镇　著
上海文艺出版社出版、发行
地址：上海市闵行区号景路159弄A座2楼
电子信箱：cslcm@publicl.sta.net.cn
新華書店经销　三河市龙大印装有限公司印刷
开本 710毫米×1000毫米　1/16　125印张　字数1516千字
2019年1月第1版　2023年6月第4次印刷
ISBN 978-7-5321-6782-1/I.5414
定价：350.00元（全6册）

目　录

第一章

刚柔并济的政治斗争

一个奸雄的诞生

我们的故事从一个噩梦开始。

话说公元前八世纪的某一天晚上，郑国首都新郑的宫殿中，诞生了一位贵人。

古往今来，举凡贵人诞生，必有奇异的预兆。然而这位我们要说的贵人，他的母亲在怀孕的时候，既没有梦到熊，也没有梦到蟒蛇，更没有梦到麒麟，反倒是分娩的那天晚上，做了一夜不可名状的噩梦，汗津津睁开眼睛来，发现卧榻上已经多了血肉模糊的一团。

关于这件不同寻常的事，《左传》是这样记载："庄公寤生。"——该书的作者左丘明，是生活在公元前五世纪的鲁国的史官，以简约、生动的叙事风格闻名于世。然而，正是由于左氏过于简约的文风，令后人对这件事有了不同的理解。

一种意见认为，寤乃是寐寤之意，所谓寤生，顾名思义，也就是梦中出生；另一种意见则认为，寤是指生育的时候，婴儿的足先出，即世人俗称的逆产。

公说公有理，婆说婆有理。不管如何理解，总之，这孩子的出生与众不同，以至于他的母亲大受惊吓，因而对他产生了厌恶，却是众所周知，没有任何意见分歧的。

有必要介绍一下贵人的家庭。

贵人的父亲姓姬，名掘突，是周平王的卿士、郑国的第二任君主，因为死后的谥号为“武”，历史上称之为郑武公。

郑国的领土面积，说大不大，说小不小，大致位于今天的河南省中部，北靠黄河，西接王畿（周王室的直领地），南边是陈、蔡等诸侯国，东边则与宋国接壤。这一带，是中原文明的滥觞之地，开化甚早，在当时堪称最富庶的地区。

仅仅在数十年前，郑国还不是一个国家。

郑国的首任君主，也就是掘突的父亲，名叫友，是周厉王的小儿子、周宣王的同胞弟弟、周幽王的亲叔叔。周宣王即位的第二十二年，友被封为郑伯，因其为人正直，施行仁政，受到百姓们的爱戴。周幽王即位之后，又任命友担任了王室的司徒，负责打理王室事务，管理王畿的百姓。但那个时候，友的领地还极其有限，仅仅是王畿内的一座小城和周边的一些农村。

《史记》当中提到了友的发家史：友担任司徒一年，周幽王因为宠爱褒姒，王室政治腐败，有些诸侯不服从王室的领导。于是友问史伯：“王室多难，我应该怎么样才能躲避灾难？”

史伯心里明白，友问他的，是一旦周王室这棵大树倒下，他和他的族人该如何在这即将到来的乱世之中找到自己的一席之地。仔细考虑后，史伯很郑重地回答道：“恐怕只有雒邑（周朝的都城）以东、黄河与济水以南的地区符合您的要求吧。”

接下来友和史伯的一番对话，堪称春秋版的“隆中对”。史伯分析说，雒邑以东、济水以南的那片地区靠近虢（guó）国、郐（kuài）国，这两个国家的国君有一个共同的特点：都很贪婪，喜欢占小便宜，百姓不亲附他们。“如今您身为王室司徒，位高权重，百姓又拥戴您，您如果要求居住在那里，虢、郐两国国君见您在朝中当权，也会同意将土地分给您。那样的话，不用过多久，虢、郐两国的百姓就变成了您的百姓了。”

友听从了史伯的建议。他向周幽王请求，将自己领地上的百姓东迁至雒东。畏于他的权势，虢、郐两国果然献给他十座城池，友就在那里建立了一个新的国家——郑国。

不久之后，友的担心变成现实。犬戎大举入侵王畿，一举攻破周朝的都城镐京，杀死了周幽王和他的儿子伯服，俘虏了周幽王的宠妃褒姒。值得一提的是，友虽然早就准备好了逃生之路，在关键时刻却表现出无比的忠义，为了保护周幽王，战死在乱军之中。

犬戎之乱后，周幽王的儿子周平王即位，将都城从镐京东迁至雒邑，中国的历史从此进入了春秋时期。掘突继承了父亲的爵位，一方面参与了护送周平王迁都的行动，另一方面趁着王室衰微，吞并了东虢和郐，并将郐作为郑国的都城，更名为新郑。

据说掘突在平定犬戎之乱中表现突出，令申侯（申国国君）青眼相加，所以将女儿许配给他。这个女人，后来在史书上被称为“武姜”，那是因为她的娘家姓姜，又嫁给了郑武公姬掘突，按照当时的习惯，便以丈夫的谥号“武”加上娘家的姓“姜”来称呼她了。

在那个年代，这种政治联姻比比皆是，诸侯的女儿生来即被当作交易的筹码，为了国家的利益，嫁给糟老头做小妾也是常有的事。而武姜嫁给掘突的时候，掘突才二十三岁，身强力壮，事业有成。说实话，谁家女儿要是嫁给这么个郎君，夜里不偷着笑才怪。

郎才女貌，又生了个大胖儿子，是喜上加喜的事。然而在武姜心中，那天晚上噩梦的阴影似乎一直挥之不去，等到夫妻俩和朝中几位重臣商量着给孩子取名的时候，她半是自言自语，半是说给掘突听："就叫寤生吧。"

春秋时期的人们，取名字不像后世那般讲究，既不看生辰八字，也不求富贵吉利，有的人为了纪念自己的战功，甚至以被自己斩首的敌将的名字给儿子命名。听到武姜这么说，掘突仅仅是略微考虑了一下，便表示同意。

于是，寤生这个名字便被一本正经地写入家谱，告知列祖列宗，成为郑国的世子（国君的继承人，又被称为大子或太子）的名字了。

数年之后，寤生的同胞弟弟段诞生。生孩子是件技术活，一回生二回熟，这一次，武姜的生产很顺利。

段出生后不久，掘突就将共（地名）封给段作为封地。因此，段又被人们叫作共叔段。

寤生没有封地。作为世子，他将继承整个郑国，所以没有必要分封领地。

宫里的人很容易看出，武姜对两个儿子的态度截然不同。对于大儿子寤生，她始终带有一种固执的厌恶；而对于小儿子段，她则体现出一种超出寻常的母爱，说是溺爱也毫不过分。

自古以来，母亲宠爱小儿子，乃是人之常情。平头老百姓家如此，公卿士大夫家也是如此。之所以出现这种情况，大概是因为大儿子有权继承家业，而小儿子相对只能分得最少的一份，做母亲的因此想用更多的爱心来平衡一下这种地位的不平等吧。

虽然是人之常情，但是像武姜这样厚此薄彼，还真少见。宫里的人只能推测，这一切，都是因为那天晚上那个噩梦引起的。

寤生出生那天晚上，武姜究竟做了一个什么样的梦？史料上却没有任何记载。

长久以来，梦都被赋予某种隐喻。据传很多年前，周宣王曾做过一个怪梦，梦见一个年轻美貌的女子，大笑三声，大哭三声，然后将大庙（祭祀祖宗的祠堂）里的神位捆作一束，飘然东去。直到犬戎之乱后，人们才弄明白，周宣王梦中的年轻美貌女子就是周幽王的妃子褒姒，大笑三声是烽火戏诸侯，大哭三声是周幽王死于犬戎之乱，神位东去则预示着周平王东迁。

弗洛伊德或许对此不屑一顾，但武姜不能。

也许，那个梦太可怕了，以至于武姜从来不愿意对任何人提起。而且在现实生活中，她无时无刻不记起那个梦，只要一见到寤生那张平淡无奇的脸，她就禁不住从心底打一个寒战。

对大儿子强烈的厌恶感，不但使她将全部爱心倾注在小儿子段的身上，她甚至开始考虑置换两个儿子的身份。

平心而论，段确实长得比寤生讨人喜欢，而且随着年龄的增长，这种对比也越来越强烈。寤生敦敦实实，一副木头木脑的样子，在父母面前总是唯唯诺诺，生怕说错一句话；而段玉树临风，风度翩翩，妙语连珠，时常发表一些惊人的见解，连掘突都不禁点头赞赏。

除了相貌英俊，才思敏捷，段的武勇在当时也是尽人皆知的。流传下来的《诗经·郑风》中，有一首名为《大叔于田》的诗歌，记录了当年共叔段狩猎的飒爽英姿，其中有这样的句子：

叔于田，乘乘马。执辔如组，两骖（cān）如舞。叔在薮，火烈具举。襢（tán）裼暴虎，献于公所。将叔勿狃（niū），戒其伤女。

田就是狩猎，是自古以来统治阶级习武备战的常用手段。这首诗歌生动地描述了共叔段狩猎的盛大场景。从诗中可以看出，段是个武艺高强的人，长于弓箭，力能搏虎，曾经将打死的老虎亲自献给父亲。

然而，即便段具有明显的竞争优势，即便武姜多次以母亲的身份提出废长立幼的请求，掘突却丝毫不为所动。他的理由很简单，嫡长子（嫡妻所生的长子）继承家业是祖先传下来的规矩，即便段再优秀，只要寤生没犯什么错误，就不能被废除继承权。

因为掘突的坚持，寤生的政治地位得以保留，并且在掘突死后，顺理成章地成为了郑国的主人，也就是历史上的郑庄公。

寤生即位没多久，武姜就来找他，抱怨说段的封地太小，要求寤生把制（地名）封给段。

制在当时是一座大城，原来是东虢国的领地。掘突吞并东虢国之后，在制设立关卡，驻扎军队，把它建设成一座举足轻重的军事重镇。

制还有一个众所周知的别名，叫作“虎牢”，也就是《三国演义》中“三英战吕布”发生的地点。

“制啊——”寤生支吾了半天道，“您也知道，制曾经是虢叔（东虢国君）的领地，虢叔仗着它易守难攻，不修德政，胡作非为，所以先君把他给灭了。我担心，把这样一座城封给段，很不吉利。要不您考虑一下其他地方？其他地方我都没意见。”

寤生话里有话，他在提醒武姜，如果把制封给段，怕他也学着虢叔的样子，有恃无恐，胡作非为。

“那好，就把京城封给段吧。”武姜很干脆地说。

郑国的重臣们听到这个消息，都跑过来找寤生，大家议论纷纷，一致反对将京城作为段的封地。

大夫祭（zhài）仲说得很直接：“京城的城墙长度超过了一百雉（三百丈），按照祖先定下来的规矩，城墙超过一百雉的城池不能分封给任何人。现在您为了顺老姜之意，把京城封给段，不合规矩，好比一个国家有了两个主人，后患无穷。”

寤生无可奈何地说：“老姜要这么办，我有什么办法呢？”

眼下这些人都是郑国的权臣、元老，关起门来说话，从来没把武姜当一回事，总是“老姜老姜”挂在嘴上。久而久之，寤生也习惯了。

祭仲说：“老姜贪得无厌，什么时候是个尽头啊？依我之见，您应当趁早妥善安排这件事，不能依着她的性子来。否则的话，事态一旦失控，将直接威胁我郑国的安全，对您极为不利。”

祭仲的话明显带有煽动性，把一屋子人的情绪都给点燃了，有的人甚至拔出剑来，叫嚷着不如先下手为强，现在就把段给杀了。顺便说一句，那个年代的君臣关系不像后世那么疏远，大臣带着武器来见国君并不违反规定，诸侯与大夫坐在一条长板凳上吃饭也是常有的事。

堂下群情激奋，堂上的寤生却始终不动声色。他心平气和地看着大伙吵完、闹完，才不紧不慢地说了一句话，平息了大伙的情绪。这句话是如此经典，以至于后世的人曾经无数次引用，而且一直被沿用至今。我时常认为，中国人的可敬和可怕之处，其实都包含在这句话里边了。

他说的是：“多行不义必自毙。”

段带着自己的随从，风风光光地离开新郑，前往京城去了，从此他被郑国人叫作“京城大叔”。这种叫法多少有些戏谑的成分。据传，段在离开新郑的时候，武姜还私下找段谈了一次心，大致是说，你哥哥寤生为人刻薄，完全不顾同胞之情，这次给你封京城，是我再三恳求，他才不得不从，心里肯定不舒服。你到了京城之后别闲着，要习武备战，一旦有机会就派兵袭击新郑，我来给你做内应，打他个措手不及。武姜还说，如果段取代寤生做了郑国的国君，她就死而无憾了。

按照武姜的意思，段大张旗鼓地干起来了。他到京城之后第一件事，是命令京城附近两座边城的地方长官听命于他，又以狩猎为名举行军事演习，将两座边城的士兵编入自己的部众。

有位叫公子吕的大夫，对这种情况深感不安，他对寤生说：“天无二日，国无二主，我不知道您葫芦里面卖的是什么药。如果想把国家拱手让人，那我不如直接投奔大叔好了；如果没那个想法，就赶快制止他，别让百姓三心二意，不知道谁是郑国的主人。”

公子吕的担心并非多余，京城大叔的所作所为，不只是在军事上威胁中央政权，更在政治上造成了另立中央的事实，势必导致国内民心不稳定。

但是寤生只是抬了抬眉毛说：“不着急，还不到时候。”

没多久，段干脆将两座边城收作自己的领地，还派兵占领了鄢（yān）和廪（lǐn）延两座城池。

这回动静有点大，公子吕又坐不住，跑去对寤生说：“是时候啦，再拖下去，大叔的实力越来越强大，依附他的人也会越来越多。”

寤生仍然是不动声色，说起话来就像一个迂腐的老学究：“不亲不义之人，依附他的人越多，灭亡得越快。”

就这样，在寤生的纵容之下，新郑和京城两个政权虽然互相戒备，竟然相安无事地并存了二十二年。郑国的百姓谈起自己的国君和京城大叔，已经习惯于用“宫中这位”和“京城那位”来代称，就连宫中最重要的几位大臣聚在一起喝酒聊天，也会不小心说漏了嘴：“京城那位前几天又举行了大规模的狩猎，宫中这位还是不当回事呢！”

“宫中这位还真是沉得住气啊！”

只有祭仲捏着为数不多的几根山羊胡子，半眯着眼睛说：“请不要低估宫中这位的智慧。”

这一年的冬天，众臣的担心终于变成了现实。蛰伏京城二十二年之久的段终于作好充分的战争准备，发动了叛乱。他写了一封密信给武姜，要武姜作为内应，在指定的时间打开新郑城门，同时又派自己的儿子公孙滑前往邻近的卫国请求援军，许诺事成之后给予厚报。

这之后，段便带着部队从京城出发，朝着新郑进军了。和当年离开新郑一样，他的心情既轻松又愉快。这位从小受到母亲溺爱的人物并非泛泛之辈，更非只知道追逐声色犬马的公子哥儿，他有思想，有口才，有组织能力，更兼武勇过人，而且还有英俊潇洒的相貌和肌肉匀称的身段，深得京城妇女界的青睐——如此之多的美德集于一身，不用来造反真是太浪费了。如果要问他有什么缺点，那就是缺乏对传统秩序的尊重与敬畏，也缺乏对他那位外表懦弱、看似无所作为的哥哥的正确认识。

他没有想到，自己的那封密信在送到武姜手上之前，先被送到了寤生那里——信使既是段的亲信，也是寤生的间谍。自打段搬到京城去居住，他的一举一动，就从来没有逃脱过寤生的眼睛。

寤生不只提前知道了他要起兵的消息，甚至连他抵达新郑的时间都摸得一清二楚。

寤生在看到那封信之后，闭上眼睛，做了一个深呼吸，嘴角露出一丝不易察觉的笑容。

是时候了！

他把大夫们召集起来开了个简短的军事会议。令公子吕们感到惊奇的是，面对突如其来的重大事件，寤生的表现依然是不慌不忙，他井井有条地将任务分配给列位重臣，三言两语交代好必须关注的细节。寤生的态度之从容，计划之周密，只能说，对于京城大叔的反叛，他是早有准备，而且早就作好了应急预案的。

按照寤生的安排，公子吕带兵车两百乘前往京城附近埋伏。等段的大部队走远了，公子吕突然杀出来，兵不血刃地占领了京城。

京城被攻破的消息很快传到段的队伍里，段陷入了进退两难的境地。如果继续前进，新郑已经有准备，偷袭肯定是不成的了，强攻则毫无胜算；如果打道回府，后路被抄，京城已经易手，公子吕防备周密，再夺回来几乎没有可能。就在段傻了眼的那一阵工夫，他手下的士兵发生动摇，呼呼啦啦跑了一大半。

仓皇之中，段带着几名亲信逃往鄢城，又辗转逃回旧封地共城。

共城只是区区小城，抵挡不了寤生的大军。眼看城门将破，段哀叹一声“老姜害我”，弃城投降。

一场蓄谋已久的造反阴谋，转瞬间宣告失败。

段逃到共之后，寤生有没有乘胜追击且置其于死地？这个问题在历史上有较大的分歧。在阐释《春秋》的三本传记中，《左传》只记载段逃到共城的事，没有明确的下文，但是从寤生后来的一些言行分析，段似乎没有死，而是逃到别的国家，过起了流亡的日子；而《谷梁传》和《公羊传》则都认为寤生杀死了段；《史记》对此的记载也语焉不详，只写到段逃到共城就草草收笔，没有后文。

不管是何种结果，这位一心想取代自己哥哥的漂亮人物，在历史上扑腾了没几下，就灰飞烟灭了。回想起来，他的命运好像一直被一只看不见的手推动，这只手似乎是母亲武姜的，又似乎是哥哥寤生的……

寤生如愿以偿地杀死了自己的弟弟。多少年来，他一直忍耐着，等待着，就是在期待这一天的到来。

我们不难理解他对段为什么有这么深的仇恨。这种仇恨植根于他多年所遭受的不公平待遇中，植根于得不到应有母爱的失落感中。童年的阴影影响了他人格的形成。

在段一步一步走向谋反的路上，寤生有很多机会对段进行规劝。如果段不听规劝，他还可以用强硬的手段进行制裁。然而，如果那个时候就动手，他不可能将段置于死地，社会舆论对他不利。

他不怕段谋反，就怕段不谋反。

他像蜘蛛一样，一动不动地趴着，看着自己的猎物一步一步走进自己布下的大网。只在最后一刻，他才骤然出击，而且一招致命。

段举起反旗的那一天，他在道义上获得了置段于死地的权力。没有人能指责他什么，包括武姜都无话可说。他已经一让再让，仁至义尽，无可挑剔。

然而，记载历史的史官却洞若观火地看穿了他的心思。

《春秋》记载这件事，只有六个字：

> "郑伯克段于鄢。"

别以为这是平铺直叙的记录，我们来听听《左传》里对这六个字的分析：

第一，段以下犯上，违反了孝悌之道、君臣之义，所以直呼其名，以示警诫；

第二，寤生和段两兄弟相争，如同一国二君，分庭抗礼，所以用了“克”这个字；

第三，称寤生为郑伯，而不按惯例称为郑庄公（寤生死后被谥为庄公），是讽刺他没有尽到兄长的责任——不但不教育弟弟，反而养成其恶——也说明他本来的动机就是想杀死弟弟；

第四，不写段“出奔共”这部分史实，是因为如果写了，好像罪责全在段身上了，其实寤生同样有责任，只是不好下笔罢了。

这就是所谓的春秋笔法，微言大义，每一句话甚至每一个字都有其特定的含义与价值判断；该写什么，不写什么，都有其深思熟虑。

读史至此，喟然长叹，寤生固然歹毒，史官的笔触更毒！

“郑伯克段于鄢”的故事还有一段花边。

段失败后，寤生多年来积聚的对母亲的怨恨来了一次总爆发。寤生命武姜从新郑搬到城颍去居住，临行还叫人给武姜托了一句话：“不及黄泉，无相见也。”

黄泉，就是地中之泉。他这句话的意思很明显，不到死了埋葬到地下那天，他是不愿再见到武姜了。

武姜无话可说。这一切，毕竟是她亲手种下的苦果。

然而没过几天，寤生就开始后悔了。

这种后悔，不能排除寤生打心里边对自己的母亲仍有深厚的感情，但更多是政治上的考虑。民意调查显示，当时全国上下对于国君流放母亲的做法一边倒地表示反对，寤生的支持率急剧下降至历史新低。而且好事不出门，坏事传千里，其他国家也知道了这事，对此纷纷发表意见，谴责寤生的行为。友邦人士，莫名惊诧！

如果不及时作出补救措施，势必动摇政权的统治基础。

问题是，君子一言，驷马难追，何况是堂堂的国君？狠话既然说出去，想要收回就没那么容易了。寤生很伤脑筋。

颖谷地方的小领主颖考叔前来朝觐国君。按照礼节，寤生请他吃了顿饭。每上一道菜，颖考叔都会先用荷叶将最好的一部分包起来，放在怀里。

寤生白了他一眼："还没开吃呢，就打包了？"

颖考叔诚惶诚恐地说："您有所不知，小人的老母亲年纪大了，这辈子只吃过小人领地的食物，还没尝过国君赏赐的食物，我想带回去给她尝尝，让她也享受享受您的恩泽。"

寤生听了，长叹一声："你还有老母亲可以服侍，我如今却没那个福气。"

颖考叔故作惊讶道："怎么可能呢？"

寤生把自己的烦恼向颖考叔倾诉了一番，忍不住掉了几颗眼泪。

颖考叔听了，安慰道："这事其实好解决。"

颖考叔的意见是，不妨派人挖个隧道，一直挖到有泉水的地方，把武姜接到隧道中，再由寤生亲自驾车将她接回来，这样也就算是黄泉相见了。

这便是中国历史上著名的"掘地见母"的故事。寤生派颖考叔带了壮士五百名，跑到一个叫作牛脾山的地方，掘地数十米，直到有泉水涌出，又在泉边支起木头架子，营造了一座洞室。颖考叔将武姜接到洞室之中。寤生则在一群朝臣和外国使节的簇拥之下前往洞室迎接武姜。母子俩举行了简短的相见仪式，抱头痛哭。寤生亲自驾着马车，将武姜接回宫去。

这场走秀获得圆满成功，一夜之间，寤生的支持率又恢复到百分之百的水平。

颍考叔因此受到了寤生的重视。《左传》评价颍考叔："纯孝也，爱其母，施及庄公。"说他对母亲的爱泽及君主，是大大的孝子。还用"孝子不匮，永锡尔类"这样的诗句来赞扬颍考叔。

据说寤生在洞室之中作了首诗："大隧之中，其乐也融融！"武姜和了一首："大隧之外，其乐也泄泄！"算是当时母子相见的心情写照。后人把其乐融融当作一句成语来用，最初大概就出于此。

第一个吃螃蟹的郑庄公

周朝的政治体制是分封建国的封建制。周天子是天下的共主，同时直接领有王室的土地（王畿），诸侯则受封于周王室，在各自的领地上建立国家。这种封建结构，好比一家总公司在各地开设了数十家具备独立法人资格的分公司。各诸侯国在内政方面有很强的独立性，在正常情况下，周天子基本上不予以干涉。但是，在军事和外交方面，各诸侯国均要听命于周天子，即所谓的"礼乐征伐自天子出"。除此之外，诸侯国还对天子负有进贡和朝觐的义务，如果不按时进贡或朝觐，天子可以"削藩"。对于不服从领导的诸侯国，周天子还可以派兵攻打，同时根据实际情况，号召其他诸侯出兵协助进攻。

周朝的统治者深谙枪杆子里面出政权的道理，为了确保对大大小小同姓、异姓诸侯国的统治，建立了严格的军制。

按照周朝的军制，一万二千五百人为一军。周天子有六军，大的诸侯国有三军，中等诸侯国有二军，小诸侯国则只有一军。对于各诸侯国武装力量的规模，在制度上有明确的规定，以此保证王室相对于诸侯的军事优势。

这一切的前提是周王室本身强大，具备雄厚的政治和经济实力。如果说犬戎之乱之前，周王室至少看起来仍有那么强大的话，犬戎之乱之后，周平王依靠了秦、郑、晋等诸侯之力才将都城从镐京迁到雒邑，实力就明显下降了。王室丧失了旧关中平原地区广阔而富饶的土地不说，东迁之初拥有的方圆约六百里的王畿，也随着赏赐、分封和被外敌侵夺，逐渐缩减至方圆约两百里左右。经济基础决定上层建筑，以这样狭窄的土地上的产出，要维持满员的六军，显然是不现实的。

在这种情况下，周王室很可能还是维持了六军的编制，但形式重于实质，无论人数还是战斗力，都大打折扣。号称六军，实际上可能只有二军甚至一军的战斗力。而一些逐渐强大起来的诸侯国，即使只维持三军以下的部队编制，实际上人数和战斗力都远远超过了表面的规模。

此消彼长，王室实力的下降既是经济和军事上的，同时也是政治上和心理上的。发生在公元前771年的犬戎之乱和公元前770年的周平王东迁，使得周王室在诸侯心中的地位一落千丈。

泥菩萨过江，自身难保，凭什么还要咱们顶礼膜拜啊？这样的疑问开始在诸侯的心中悄悄产生。

当然，传统的力量还是很强大的。这样的疑问，一开始大伙只是悄悄地埋藏在心里，带着一丝兴奋、一丝好奇、一丝不安，同时还有一丝蠢蠢欲动，脸上装作若无其事的样子，不动声色地观察着王室的变化。

这头自远古走来、浑身披着绿锈的青铜巨兽，难道真的不再具有那种慑人心魂的统治力量了吗？

谁，又将成为第一个手持长矛冲向巨兽的堂吉诃德？

前面说过，寤生的祖父姬友在周幽王年代担任了王室司徒一职，寤生的父亲掘突则在周平王年代担任了王室卿士。所谓卿士，是王室的首席执政官，用现在的说法，叫作内阁总理大臣或是首相也未尝不可。

掘突死后，寤生继承了郑国的君位，同时也继承了他在周王室的职务，成为了周天子的卿士。

这里必须先了解两个信息：

第一，周朝的官基本上是世袭的，子承父业，代代相传，一家子都当同一个官或同一类官，可以传几代甚至十几代。在春秋时期，如果有人说“我们家三代为官”，那不是吹牛，而是谦虚。

第二，卿士是王室政治中一个极其重要的角色。自古以来，担任王室卿士的人，多半是周王室的同姓贵族，也就是周王室的近亲，他们作为周朝宗室的组成部分，与周天子共掌朝政，有效地扩大了周朝的统治基础。在周朝的历史上，有很多代天子的政权都由执政的卿士把持，以至于这些卿士的权势和名望甚至超过天子本人，比如：

周成王时代的周公旦、召公奭（shì）。

周康王时代的召公奭。

周穆王时代的祭公谋父、吕侯、毛公。

周厉王时代的召公、周公（他们创立了著名的“共和执政”）。

周平王时代的郑武公、郑庄公。

……

郑庄公自然就是那位在梦中出生的寤生啦。

寤生虽然也姓姬，但是作为周平王东迁后出生的一代，他对于周天子基本上没有什么畏惧之心，对王室也谈不上什么感情。所以，首席执政官的位子他占了，人却总是待在新郑治理他的郑国，很少去打理王室的事务。

他这样做，和周朝卿士的代表人物周公旦比起来，实在是差得太远了。周公旦是周朝的实际创建者周武王的弟弟，周武王去世之后，继承王位的周成王年龄很小，不能当朝执政，所以根据周武王的遗愿，王室的大权由周公旦和召公奭代为执掌，这也是周朝卿士执政的历史起源。周公旦也是双重身份的人物，一方面是王室的执政卿士，另一方面则是鲁国的第一任君主。但是，为了不辜负周武王的重托，终其一生，他都没有去鲁国享过清福，一心一意扑在王室的工作上，公务繁忙的时候，吃饭洗澡都顾不上（一沐三捉发，一饭三吐哺，说的就是他），成为勤政爱民的楷模。

东汉末年著名的诗人、军事家、阴谋家曹操曾经写过一首名为《短歌行》的诗：

对酒当歌，人生几何？譬如朝露，去日苦多。
慨当以慷，忧思难忘。何以解忧？唯有杜康。
青青子衿，悠悠我心。但为君故，沉吟至今。
呦呦鹿鸣，食野之苹。我有嘉宾，鼓瑟吹笙。
明明如月，何时可掇？忧从中来，不可断绝。
越陌度阡，枉用相存。契阔谈宴，心念旧恩。
月明星稀，乌鹊南飞。绕树三匝，何枝可依？
山不厌高，海不厌深。周公吐哺，天下归心。

在这首诗中，曹操通过“周公吐哺，天下归心”的诗句，一方面矜夸自己不辞辛苦、平定天下的功绩，另一方面也表白了自己不想取天子而代之，只是想像周公旦一样辅佐天子罢了。

毫无疑问，周公旦是周朝卿士政治的一座丰碑，周平王不能强求寤生也像周公旦那样勤于王事，也不能要求寤生像他的祖父姬友那样以死报国。他的要求很简单，寤生身为王室的卿士，郑国又离王室最近，好歹按时到雒邑来点个卯，在表面上维护一下王室的尊严。

当然，在维护尊严的同时，他还有另外一个很现实的考虑，那就是希望郑国做个表率，履行向王室进贡的义务。

按照周朝初年定下的规矩，王畿之外千里的地区称为甸服，甸服地区要供给天子每天的祭祀所需物品；甸服之外五百里的地区称为侯服，侯服地区要供给天子每月的祭祀所需物品；更远的宾服、要服地区则应该分别按季、按年向天子进贡；诸侯不分远近，一生之中，至少要亲自前往雒邑朝觐天子一次。在周朝强盛的年代，各诸侯国基本能够按照规定朝觐与进贡。但在周平王东迁之后，王室衰微，王畿面积大大缩水，王室的经济越来越拮据、越来越依赖于诸侯的进贡，诸侯们反而将自己的义务抛到了爪哇国，进贡的周期越来越长，进贡的物品越来越少，有的甚至根本不来进贡。

周平王并非昏庸的天子。如果与他的父亲周幽王相比，他甚至可以说是相当敬业的一位统治者。只不过他生不逢时，从登上王位的第一天，便要直面这个封建王朝有史以来最严重的内忧外患。处于这种情况之下，即便是周武王再世，恐怕也难以有所作为吧。

每逢祭祀远祖的大祭，他总是出神地看着大庙中供奉的列祖列宗的牌位，心里遥想着两百年前周穆王以没有按时进贡为由远征犬戎的故事，难免又想到近在咫尺的郑国居然已经大半年没有进贡任何物品，而那个叫寤生的家伙竟然还堂而皇之地担任着王室的卿士……

“一定要撤掉他在王室的职务。”周平王对亲近的朝臣表达了这样的意思。

朝臣们面面相觑。半晌，有人小声地说了一句：“那个人可是对自己的亲弟弟都下得了手啊！”又有人接着说：“差点连自己的母亲都不放过！”

“那就更该将他撤掉，另找有德之人担任这一要职。”周平王说。

其实，在他心里，已经有一个人选，那就是虢公忌父。

在周朝的历史上，曾经有东、西两个虢国。其中东虢国已经被郑武公吞并，其领地成为郑国的一部分；而西虢国在春秋初年仍然存在，虢公忌父就是西虢国君，当时也在周王室担任了某一公职，因此常在朝廷行走。

值得一提的是，忌父的父亲名叫石父，在周幽王年代担任了王室的要职，位列三公，与寤生的爷爷姬友同朝为官。然而，这位虢公石父的历史名声并不好，属于戏台上的白脸奸臣。人们通常认为，周幽王千金买一笑和烽火戏诸侯这两件荒唐事，实际上均由石父一手策划。因此，西周的灭亡，石父是负有直接重大责任的。

和石父不同，忌父是一位知书达礼、谨言慎行的诸侯，加上他对王室的态度依然保持了十分的恭敬，使得周平王对他另眼相看，产生了倚重之意。再说，既然石父曾经位列三公，现在由忌父担任卿士的话，也算是子承父业了，在众人面前容易通得过。

周平王把忌父找来说：“我关注你很久了。你这个人平时为人低调，办事也勤勤恳恳，能力又强，而且最重要的，你对王室忠心耿耿，这是众人都看在眼里的。”

忌父谦虚地说：“这是为臣应该做的。”

“郑伯一家在朝廷担任卿士已经有三代了，当然啦，他们家也确实曾经为王室作出过一些贡献，但成绩都是过去的。最近几年，那个寤生基本上都不理朝政，总是猫在自己的家里处理家务事，这样下去恐怕不是办法。”

这里要说明一下，姬友在王室担任司徒，这个官职实际上也可以算作是卿士之一。

忌父说："也许他家里的事多，您就体谅一下吧。"

周平王说："你就别替他说好话了，我了解他，他根本就是目无组织无纪律，自由涣散，不把王室放在眼里。这样吧，我决定对你委以重任，由你来代理国政，你可千万别推辞。"说完他微笑着满怀期望地看着忌父。

按理说，忌父这时候应该扑通一下伏在天子脚跟前，热泪盈眶，带着哭腔断断续续说："臣定当鞠躬尽瘁，死而后已！"

但是周平王笑得脸部肌肉都僵硬了，也没等到这一幕出现。忌父先是惊愕，继而脸上出现惊恐的神色，他眼睛瞪得老大，连连摇头说："不好，不好，郑伯不来雒邑，必定有他不来的理由，您最好亲自批评教育他。如果要臣取而代之，他还不恨死臣？"

当天晚上，忌父就不辞而别，回到虢国去了，跑得比兔子还快。

周平王气得一口气摔了十八只陶罐。

气归气，更可气的事还在后头。不知道怎么搞的，寤生竟然知道了这事。一直不理朝政的他突然赶到了雒邑，出现在周平王面前。

"我们家三代蒙受圣恩，在朝中担任要职已经有很多年了。现在听说您想将朝政委以虢公，所以赶来交还卿士的职位，以满足您的愿望。"寤生客客气气地说。

"没有的事。"周平王干笑了两声。面对这个传说中杀弟逐母的冷血动物，他竟然突然失去了撤销其职务的勇气，也忘记了自己贵为天子的身份，极力否认曾经发生过的事实。

"说来也是我寤生命苦，家里有个不听话的弟弟，一直跟我作对，所以这几年我处理家务事，忙得不可开交，抽不出时间来打理朝政。现在家里的事基本摆平了，我想这下可以好好尽忠王事，替您分忧了，没想到，唉……”寤生一脸惋惜。

“寤生你误会啦。我也是考虑你家里事多，不忍心让你两头跑，所以要忌父权且帮你把工作做一做，让你好安心处理家里的事，没有说要撤你的职啊。你说说，这工作你要是不干，谁还敢干呢？”周平王连忙解释。

“虢公有才啊，我哪比得上？不如就按您的意思，我把卿士一职让给虢公得了。否则的话，人家还会说我贪恋虚名，素餐尸位，不体谅天子的苦衷。您说，我这又是何苦呢？”

“我真没那意思，你就别怀疑了。”天子着急了。

“寤生不敢怀疑，只求辞职。”

“不许。”

“一定要辞。”

“仍然不许。”

“坚持要辞。”

两个人就这么杠上了。一个是底气不足，急于表白；一个是老谋深算，就等着对方犯错误。果然，忽悠来忽悠去，周平王说了一句胡话：“寤生你要实在信不过我，我就只好派狐到郑国作为人质，如何？”

寤生倒是一下子愣住了，想说“成交”却又张不开嘴。

狐是何许人？狐就是王子狐，周平王的世子，下一任周天子的法定人选。

自古以来，诸侯之间为了取得信任或结成同盟，互相遣子入质，是很正常的外交行为。但是，天子遣子入质诸侯，却是闻所未闻的事。

寤生瞪着天子看了老半天。事情显然超出了想象范围。他弄不明白，眼前这位天子究竟是大智若愚、深不可测，还是仅仅因为昏了头。

“您……该不是开玩笑吧？”

“君无戏言。”

寤生深呼吸了一口空气，快速计算着这事带来的好处与风险。时间一秒一秒地过去，周平王也太不按常理出牌了，即便是寤生，也难免踯躅不前。

“这样做还不能消除你的疑虑吗？”周平王有点受不了了，鼻尖上开始冒汗。

“好吧，圣命难违，做臣子的也只能照办。为表示寤生的忠心，消除您的担忧，我自愿派世子忽作为人质到雒邑来居住。”寤生终于一本正经地说。

这就是史上有名的周郑交质。

周郑交质的后果是显而易见的：王室威信扫地，沦落到与诸侯等量齐观的地位。

《左传》对此有一段评论：“信不由中，质无益也。明恕而行，要之以礼，虽无有质，谁能间之？”大概意思是说，各自心怀鬼胎，交换人质也没多大意义；双方互相诚信，不违礼制，即使不交换人质，又有谁能够从中挑拨离间？

话说得很好，只是在那个尔虞我诈、云谲波诡的年代，诚信究竟能值几个钱？

命运坎坷的周平王在位五十一年，于公元前720年驾崩。这个时候，王室的法定继承人王子狐还在郑国的首都新郑当人质，父子俩连最后一面都没有见上。

不久之后，王室将世子忽送回了新郑，而寤生也安排人将王子狐护送回雒邑，准备继承王位。不料王子狐尚未来得及登基，突然又一命呜呼，追随他父亲而去了。

关于王子狐突然死亡的原因，史书上没有过多记载。后人只能推测，这位尊贵的人质在郑国生活的日子过得一点也不快乐（快乐才怪），加上父亲过世的时候还不能尽孝送终，所以悲伤过度，没来得及过把当天子的瘾就“薨”了（天子之死称崩，诸侯之死称为薨，王子狐未即位为王，所以只能称薨）。

国不可一日无主，周王室的诸位大臣转而奉王子狐的儿子林为君。林就是历史上的周桓王。

说起来也是令人心酸，周平王死的时候，王室的财政拮据到了无钱举行一次像样的葬礼的地步，只好派人到鲁国，低三下四地请求鲁国赞助一点丧葬费。

周平王和王子狐的先后去世，引发了王室对寤生的强烈不满。年少气盛的周桓王决心继承爷爷的遗志，任命虢公忌父为卿士。

不知道被两代天子一致看好的虢公这次有没有勇气挑起大梁，但可以肯定的是，这个消息传到新郑后，寤生很生气，后果很严重。

生气就要发泄，否则会内分泌失调，影响身体健康。

当然，寤生不会躲在家里摔东西，不会像祥林嫂那样到处去诉苦，也不会冲冠一怒就起兵和王室对着干起来，更不可能跑到雒邑去和天子据理力争。即使是在最恼怒的情况下，他都不会做出不理性的事情，这是寤生真正的可怕之处。

他派大夫祭仲带领一支军马，优哉游哉地开到周王室的边境一个叫作温的地方，对当地的官员说：“不好意思，今年鄙国收成不好，所以把部队开到贵地来开饭，请领导支援麦子一千钟。我们吃得差不多了就会回去，不会给贵地添太多麻烦……什么，不给？没关系，不劳您亲自动手，我们自己来。”

这是公元前720年四月发生的事，周平王父子尸骨未寒。

祭仲的人马在温吃喝拉撒，待了三个多月，又移师到成周地方，正好这里的禾熟了，继续吃。面对这群武装蝗虫，当地官员紧闭城门，也不敢出来管事，只好派人向王室报告。

王室的反应出人意料的冷静。据说年少气盛的周桓王很想放手与寤生一搏，被辅政大臣周公黑肩给劝阻了。黑肩也没有给天子讲多少大道理，一来实力差距摆在那里了，二来考虑到寤生好歹也是周王室的后代，一家人不说两家话，些许小事，忍忍就算啦。

这件事在历史上叫作“周郑交恶”。

州吁的“妙计”：越是家丑越要外扬

接下来要说的几件事可能有点复杂，不但互相牵连，而且要翻历史的老账。

第一件事仍与“郑伯克段于鄢”有关。公元前722年，京城大叔起兵反叛寤生，派自己儿子公孙滑到卫国求援，鼓动卫国出兵占领了郑国的廪延。后来段兵败，公孙滑则以流亡者的身份留在了卫国。为了报这一箭之仇，同时也可能是为了斩草除根，公元前721年，寤生利用王室卿士的地位，动用王师（王室的军队）和虢、邾等国的军队联合讨伐卫国，夺回了廪延。这一段历史，成为郑、卫两国之间不愉快的记忆。

第二件事，公元前720年，宋国的君主宋穆公去世。宋国的前一任君主宋宣公是宋穆公的哥哥。当年，宋宣公临死的时候，本来应该将君位传给自己的儿子与夷的，但那时候与夷还很小，没有执政的能力，为了政权的稳定，宋宣公干脆将君位传给了自己的弟弟公子和，也就是宋穆公。宋穆公是个厚道人，对于兄长的恩情念念不忘，临死的时候，他对大司马孔父嘉说：“先君以国事为重，不立与夷而立寡人，寡人一直不敢忘怀。如果托您的福，寡人得以善终，在黄泉路上遇到先君，先君要是问起与夷的情况，寡人将如何回答呢？寡人死后，请您务必辅佐与夷即位，主持社稷。那样的话，寡人就算死也瞑目了。”

“可是，”孔父嘉低下头回答，“群臣们都愿意奉公子冯为君啊。”公子冯是宋穆公的儿子，和与夷的关系是堂兄弟。

宋穆公对孔父嘉说：“你们万万不可违背寡人的意愿。先君之所以将社稷交给寡人，是觉得寡人品德良好。如果现在寡人不让与夷当上国君，那就太对不起先君了！”

话说到这个分上，孔父嘉也就不好反对了。但是宋穆公仍然不放心，以他对与夷和公子冯的了解，他知道无论是谁上台，对另外一个人都将极为不利。为了避免出现堂兄弟相争的悲剧，同时也是为了保护自己的儿子，他派人将公子冯送到郑国，交给寤生照顾。在这种安排下，与夷顺利继承了君位，成为了历史上的宋殇公。

应该说，宋穆公人很好，后事也考虑得很周全，但是他对人性阴暗的估计严重不足——与夷虽然当上了国君，仍然对远在郑国的公子冯很不放心，必欲除之而后快；而公子冯对于本来属于自己的君位也念念不忘，总想着借助郑国的力量将它抢回来。与夷和公子冯的矛盾，在很大程度上也导致了宋国与郑国之间的矛盾。

第三件事，卫庄公娶了个齐国老婆，在历史上被称为庄姜，虽然一直没有生育，却是一位绝世美女。卫国人很八卦，写了一首《硕人》以示对她容貌的赞美：

硕人其颀，衣锦褧（jiǒng）衣。齐侯之子，卫侯之妻。东宫之妹，邢侯之姨，谭公维私。

手如柔荑，肤如凝脂，领如蝤蛴，齿如瓠犀，螓首蛾眉，巧笑倩兮，美目盼兮。

硕人敖敖，说于农郊。四牡有骄，朱帻（fén）镳镳。翟茀以朝。大夫夙退，无使君劳。

河水洋洋，北流活活。施罛（gū）濊濊，鳣鲔发发。葭菼揭揭，庶姜孽孽，庶士有朅（qiè）。

这首诗被收录于《诗经·卫风》之中，鲜活地描述了这位皮肤白皙、身材高挑、凹凸有致的庄姜夫人。“手如柔荑，肤如凝脂”“巧笑倩兮，美目盼兮”，是中国古代美女最传神的写真。然而，这位绝世美女竟然不能生育，真是让爱管闲事的卫国人扼腕叹息。

除了大老婆庄姜，卫庄公还娶了个陈国老婆，史书上称为厉妫。当时流行买一送一，所以厉妫的妹妹也跟着姐姐嫁到了卫国，史书上称为戴妫。厉妫给卫庄公生了个儿子，但不幸夭折。戴妫给卫庄公生了两个儿子，一个叫作公子完，一个叫作公子晋。此外，卫庄公还和一个侍女生了一个小孩，叫作公子州吁。

庄姜不能生育，就把公子完、公子晋当作自己的亲生儿子对待。但是对于公子州吁，她没有任何好感，甚至感到相当厌恶。

这三件事之所以放到一起讲，正是和这位公子州吁有关。

史料记载，公子州吁虽然不受庄姜待见，却深受卫庄公溺爱，从小喜欢舞刀弄枪，想要当一名军事家。

大夫石碏（què）对此很有看法，他当面劝谏卫庄公说：“我听说父亲爱儿子，就应该教他怎么遵守礼法，而不养成坏习惯。小孩子养成骄、奢、淫、逸的坏习惯，主要原因就是太溺爱了。您是不是打算立州吁为世子，以继承大业呢？如果是这样考虑，那就宜早不宜迟，快点定下来；如果没有这想法，您又那么溺爱他，其实是害了他。”

卫庄公转过头，“哦”了一声，不置可否，走到一旁去。

石碏追在庄公屁股后头说：“自古以来，被宠惯了的孩子没有不心高气傲的，心高气傲就必定不能忍受地位的下降，一旦地位下降心里就会懊恼，心里懊恼则难免有出轨的举动。贱妨贵、少陵长、远间亲、新间旧、小加大、淫破义是所谓的‘六逆’；君义、臣行、父慈、子孝、兄爱、弟敬是所谓的‘六顺’。您现在这样宠爱州吁，是去顺效逆的行为，祸患无穷。”

这番话大道理讲了不少，归结到一点，与州吁的出身有关。

我们来看看卫庄公的几个女人（请注意，这只是有记载的几个女人，并不代表他全部的女人）：

大老婆庄姜，“齐东宫得臣之妹”。东宫就是大子，大子的妹妹，自然也就是齐国的公主；

二老婆厉妫，陈国公主；

三老婆戴妫，厉妫的妹妹，也是陈国公主；

州吁的妈妈，没有名字，身份是“嬖（bì）人”。

什么叫作嬖？身份低贱但是得到宠幸就叫作嬖。身份低贱到什么程度？活着的时候也许有个玉儿、兰儿的小名，但历史书就根本不屑于记载其名字。

由此可见，完、晋、州吁同为公子（诸侯统称为“公”，诸侯之子均称为“公子”，并非姓氏），不只有长幼之别，更有贵贱之分。春秋时期子以母贵，母亲的地位决定儿子在一大群同父异母的兄弟之间的地位。在石碏看来，州吁这种人，说得好听是公子，说得不好听，只不过是国君发泄性欲之后的副产品，不小心给漏出来的。他如果明白自己的身份，低调做人，倒也没什么。现在卫庄公这么宠爱他，把他当个宝贝，他自然也就很把自己当盘菜，这样下去，其实是害了他。

用现代人的眼光来看，石大夫这个人，未免太没有草根精神了。但是，如果抛开政治偏见不谈，就站在当时的社会历史环境来看，他的话又很有道理。

春秋时期，法律允许中国男人娶多个老婆，生一大堆儿子，由此产生的问题就是，这个男人死后，他的家产该以什么形式来分配给这些儿子们？当然不是平均分配，平均分配看似公平，对这个家庭或者家族来说，却是大大的不利，而且当这个男人就是国君的时候，平均分配显然就更不可行了。为了解决继承的难题，尤其是富贵人家的继承难题，避免继承权争端，我们的祖先发明了一套名为“嫡长子继承制”的原则：

第一，一个男人虽然有很多个老婆，但他必须确立其中的一个为大老婆，也就是嫡妻，又被称为正妻或正室。嫡妻之外的老婆，一般叫作庶妻。当然，嫡妻的确立也不是单凭男人个人的喜好，一般是以女子娘家的地位为依据来确立。

第二，这个男人所生的一大堆儿子中，第一个有权继承他全部家业的，是嫡妻所生的长子，也就是嫡长子。而庶妻所生的儿子，即使年龄大于嫡妻所生的儿子，也只能排名于嫡妻所生的儿子之后。

第三，如果嫡妻所生的儿子因特殊原因不能担任世子，或嫡妻不能生育，则考虑由庶妻所生的儿子继承家业，但也要根据其母亲的身份，择其贵者而立之。

根据这一套原则，公子完和公子晋虽然不是卫庄公的嫡妻庄姜所生，但是因为庄姜没有生育，他们的母亲戴妫的地位也不算低，再加上庄姜对他们很好，把他们当作自己的儿子来抚养，他们的身份地位在兄弟之间应该说是最高的。而公子州吁作为嬖人之子，地位本来就低贱，加上庄姜又讨厌他，更是贱上加贱，与公子完、公子晋不可相提并论。

地位最低的儿子，却享受了最多的宠爱，在石碏看来是很危险的事。用孔夫子的话来说，是“不正名”，即名与实互不相符。州吁现在最受宠爱，可是等到卫庄公死去，继承君位的却是公子完，这就意味着州吁要在公子完面前俯首帖耳，地位的落差会使州吁产生严重的心理不平衡，加上他已经养成了骄奢淫逸的性格，而且喜欢舞刀弄枪，造反只是迟早的事——郑国的京城大叔段就是前车之鉴。

石碏并不迂腐，他其实不在乎由哪个公子来继承君位，他只是敏锐地意识到，“不正名”必定会闹出乱子，所以在他那番长篇大论中，他又给了卫庄公两个“正名”的提案：

第一，要不就立州吁为大子，让他继续享受最高级别的宠爱；

第二，要不就减少对州吁的宠爱，以符合他嬖人之子的身份。

归根结底，名与实要相符，否则的话，名不正，言不顺，事不成，礼乐不兴，刑罚不中，最终的结果是国家大乱。

但是，卫庄公只是一味“哦，哦，哦……”就打发了石碏的建议。

“州吁日后必定会成为卫国动乱的根源。”石碏暗自想。

更让石碏不安的是，他的儿子石厚看到州吁深受国君宠爱，反而认定这是一只稳赚不赔的潜力股，千方百计与州吁攀上关系，成为了州吁的死党。

公元前734年，卫庄公去世，公子完继承了卫国的君位，也就是卫桓公。

操办完卫庄公的丧事，石碏就借口身体欠佳，告老还乡了。

石碏的担心并非多余。对于从小被娇宠过度的州吁来说，现在要臣服于自己的兄弟脚下，确实是一件难以习惯的事。

卫桓公即位的第二年，州吁因为目无尊长，遭到卫桓公的斥责，被迫离开首都朝歌，回到自己的封地。在封建社会，这就相当于流放，意味着州吁的政治前途从此结束，只能在乡下过过地方贵族的日子了。

州吁当然不能接受这种安排，但他还是忍耐了十几年。和郑国的京城大叔一样，他默默地蛰伏着，暗暗积蓄力量。十八年之后的公元前719年，州吁抓住一个机会，带人暗杀了卫桓公，自立为国君。

卫桓公的同胞弟弟公子晋逃亡到邢国，而一直追随着州吁的石厚因此飞黄腾达，被封为上大夫。

后人评论春秋乱世，有“弑君三十六，亡国五十二”之说。“弑”在中国，自古以来是一个罪大恶极的字，特指以下犯上、以臣杀君的行为。州吁处心积虑十余年，只考虑到了弑君这一步，对弑君之后该如何获得臣民的承认，缺乏周密的后续计划。而且，他先天不足的出身成为他站稳脚跟的最大障碍——如果嬖人之子都可以通过“弑君”这么可怕的罪行，堂而皇之地坐在国君的宝座上，那么君权的神圣性就很值得怀疑了。

新政权在漫天的流言蜚语中摇摇欲坠。

在这种情况下，州吁无师自通地想到，有必要将国内矛盾转移到国外，通过对外战争来平息国内的非议。

如前所述，郑国和卫国有过不愉快的记忆，和宋国有现实性的矛盾，州吁要对外寻找突破口，最可行的办法是旧事重提，拿郑国开刀。

他派人去挑逗宋殇公说：“公子冯居住在郑国，受到郑国的保护，成天想着怎么依靠寤生的力量杀回宋国，抢夺您的位置。这个人只要活在世界上一天，对您就是一大威胁。而我们卫国呢，也看不惯寤生的胡作非为，与郑国势不两立。如果您愿意挺身而出，带头发兵讨伐郑国，我们卫国一定唯您马首是瞻，就算是勒紧裤腰带，也要拿出一年的财政收入作为军费，再叫上陈国、蔡国帮忙，替您铲除公子冯。”

他算是摸到了宋殇公的心病。

宋殇公最担心的事情，就是公子冯杀回来抢他的位置。只要公子冯活在这个世界上一天，他就食不甘味，睡不安寝。

如果能逼郑国把公子冯交出来，发动一场战争又算得了什么呢？更何况，这次战争还有人主动埋单。

一个想睡觉，一个送枕头，州吁和宋殇公一拍即合。

公元前719年夏天，以宋国为首的宋、卫、陈、蔡四国大军浩浩荡荡杀往郑国。据记载，这次讨伐总共动用了兵车一千三百乘！按照春秋时期的军制，每乘战车由甲士三人加步兵共计二十七人构成（后来随着步兵的重要性日益凸显，每辆兵车配备的步兵日益增多，到春秋中后期，一乘战车所配备的步兵多达七十二人），以此计算，进攻郑国的四国联军，仅作战部队就达到了三万九千人。如果按照我们现在的安排，加上炊事班、运输队、卫生队、文工团、军乐队等辅助部队，总数应该在十万人左右吧！

数十年后，齐桓公欲称霸天下，问计于管仲，管仲给他来了一通长篇大论，其中提到："如果有善战之士三万人，就可以纵横天下，所向无敌。"可见，即便是数十年之后，三万精锐部队也是一个霸主之国的常备武装力量了。

然而，四国联军讨伐郑国，结果却令人大跌眼镜：十万大军静悄悄地将新郑的东门围了五日，又静悄悄打道回府了，附近的村民连个热闹都没看成。

《左传》上是这么记载的："宋公、陈侯、蔡人、卫人伐郑，围其东门，五日而还。"

好可怕的战果！

对此，老谋深算的痞生看得很透彻，他分析说：

“这回四国联军入侵郑国，主谋是卫国的州吁。州吁弑君篡位，摆不平国内的舆论，所以急于对外发动战争，想通过战争来团结国民，同时获得同盟诸侯的外交承认，并不是真的想攻打我国。而陈、蔡二国跟我郑国素无怨仇，只是跟着人家凑热闹，不会动真格的。真正有心病的是宋国的与夷，他的目标很明确，就是要消灭公子冯，拔掉眼中钉，咱们只要小心应付他就行了。”

寤生派人把公子冯转移到了境内的长葛城，而且故意将风声放出去，让宋殇公得到消息。宋殇公果然移师相向。宋军一走，陈国和蔡国的军队跟着就撤了。州吁独力难支，只好也将军队撤回了国内。

轰轰烈烈的郑国讨伐战，以虎头蛇尾的结局而告终。

传说，收录于《诗经·邶风》中的《击鼓》一诗就是为此役而作：

击鼓其镗，踊跃用兵。土国城漕，我独南行。
从孙子仲，平陈与宋。不我以归，忧心有忡。
爰居爰处，爰丧其马。于以求之，于林之下。
死生契阔，与子成说。执子之手，与子偕老。
于嗟阔兮，不我活兮。于嗟洵兮，不我信兮。

当时鲁国的国君鲁隐公问了大夫众仲一个问题：“州吁这事算是摆平了吗？”

众仲回答：“适得其反。我只听过以德服人的，没听过以乱服人的。州吁靠政变上台，又不知道怎么安抚百姓，反而一味加重百姓的负担，想通过战争来平息国内的情绪，不会有好下场。”

寤生分析得没错，四国诸侯中，真正想打仗的只有宋殇公。这年秋天，宋殇公觉得自己的目的没达到，又纠集四国联军第二次讨伐郑国，并派人到鲁国请求支援。鲁隐公因为听了众仲的话，觉得没有必要去掺和这件事，委婉推辞了。

但是，鲁国有一位叫作公子翚（huī）的大夫，极力主张鲁国参与这场战事。鲁隐公没有批准，他就带着自己的部队主动加入了四国联军，从而将四国联军变成了五国联军。

派兵出征这样的大事，大夫不听令于国君，擅作主张，说明当时不只是诸侯不听天子号令，诸侯国中的卿大夫阶层也有可能不听令于诸侯。《春秋》记述这段历史，无可奈何地写道："秋，翚帅师会宋公、陈侯、蔡人、卫人伐郑。"翚，就是公子翚，在这里用一个"翚"字的简称，绝不是图省事，而是对其目无君主的做法表示谴责。

对于宋、卫等国的第二次入侵，郑庄公还是采取了避而不战的策略，只派了一支步兵部队与五国联军接战。

战果可想而知，联军取得完全胜利。时值秋天禾熟，五国联军干脆将郑国的庄稼收割一空，才各自回国。回想当年郑国派兵收割王室的庄稼，这次的事情也算是小小的报应。

但是，从战争的初衷来说，宋殇公仍然没有达到自己的目的，公子冯仍在郑庄公的保护之下，对他的君位虎视眈眈。州吁也没有达到目的，两次战争未给卫国带来任何实际的好处，而且支付了巨额军费，国库空虚，百姓怨声载道，社会舆论对他更加不利。

病急乱投医，宋殇公派石厚去向已经退隐的石碏问计。他想，石碏那老家伙虽然总是喜欢歪歪叽叽，脑袋瓜子却是很好使，如果看在亲生儿子的分上，说不定能够支他几招，帮他度过这一难关吧。

石碏果然不含糊，给石厚出了一个主意："如果得到周天子的接见正名，应该可以了吧。"

王室虽然衰微，在名义上仍然是天下的共主，如果周天子肯接见州吁，自然可以认定其政权的合法性。问题是，周天子怎么可能接见一个弑君者呢？要知道，弑君这件事本身就是对周朝律法和秩序的极大破坏。石厚对这个建议不怎么看好。

“陈侯现在正得到天子的宠幸，而且陈国和我们卫国现在也是睦邻友好的关系，如果能够请陈侯出面斡旋，天子想必会接见国君吧。”石碏接着说。

石厚将老爸的话转达给州吁，州吁不觉眼前一亮。君臣两人随即带了些随从，拉上几车礼物，就前往陈国开展高层外交了。

但他们没想到，比他们更早抵达陈国的是石碏的信使，他交给陈桓公一封石碏亲笔书写的密函，大意是说：卫国是个小国，我石碏又八十多岁，老得无能为力了。现在到陈国来的那两个人，实际上是卫国的弑君之贼，人人得而诛之，请你们做做好事，把他们杀了吧。

石碏的信写得很谦卑，也很诚恳，但是有一个问题：陈桓公既然是州吁的盟友，石碏怎么能够指望他为了卫国的利益，将自己的盟友杀死呢？我们也许可以从史书的记载中找到蛛丝马迹：

首先，卫桓公的母亲戴妫是陈国的公主，对于州吁杀死卫桓公这件事，陈国人表面上不说，心里却是耿耿于怀。

其次，诚如石碏所言，陈桓公与周桓王的关系相当不错，受到了周桓王的宠幸，而周桓王又对寤生恨之入骨。因此，陈国两次参与围攻郑国，不是为了州吁，也不是为了宋殇公，而是周天子在暗中起作用。

因此，陈桓公与州吁看似盟友，实则不是一路人。在收到石碏的信之后，陈桓公马上派人将州吁和石厚抓了起来，交给其国人自行发落。

卫国人派右宰丑杀州吁于濮城，石碏则派自己的家臣獳羊肩杀石厚于陈国的首都。这两个人之所以被分别关押处决，也许是因为陈桓公考虑到石厚是石碏的儿子，想看在石碏的面上，网开一面，留石厚一条生路。

而石碏选择了大义灭亲。

流亡在外的公子晋被迎接回国，接任君位，也就是卫宣公。卫国的一切似乎又恢复了正常。然而，这位卫宣公后来的所作所为，恐怕很难对得起石碏老爹的大义灭亲。

当然，这是后话。

大棒加胡萝卜，挖敌人的墙角

予无乐乎为君，唯其言而莫予违也。

这是《论语》里的一句话，意思是，当国君是多么无趣的一件事啊，主要原因是说了话没有人敢违抗。

现代人也许听不懂：说话没人敢违抗难道不是一件乐事？

孔夫子对此的解释是，正是因为没人敢违抗，国君无论说什么话，做什么事，都得负责任，不小心说错一个字或者做错一件事，就有可能亡国。你想想，一个人长期生活在这种重压之下，还有什么乐趣可言？

公元前718年，已经是鲁隐公在位的第五个年头了。这一年的春天，他想去棠地考察捕鱼作业。

国君要与群众打成一片，视察渔业生产，对于鼓舞人民斗志，发展经济本来是件好事，没想到引来了朝中一片反对之声。有位叫作臧僖伯的大夫劝阻说："但凡物品与军国大事无关，它的材料不能用于制作礼器与兵器，国君就不应该对其有所动作。"

所谓军国大事，就是礼乐征伐。按照臧僖伯的说法，国君做任何事情，都必须与礼乐征伐沾上点关系才行。比如说打猎，如果猎物的身体或器官既不能用来祭祀祖先，又不能用来制造礼器或兵器，则国君不能射，射了就是“非礼”，是“乱政”，必将导致国家败亡。而打鱼这种活动，与礼乐征伐没有任何牵连，是小官小吏管的事情，国君就更不应该参加了。

鲁隐公脾气好，也不跟他争论，找了个借口说，我是去巡视领地，就是顺便看看捕鱼，还是带着朝臣去了。臧僖伯很生气，装病没有跟着去，第二年竟郁郁而终。

这件小事充分说明，在春秋时期，当一国之君确实不是一件好玩的差事。他们的生命就是政治生命，出生就是为了礼乐征伐，别的事情一概不能干。偶尔有点个人爱好，在朝臣们看来，不是乱政，就是骄奢淫逸，帽子大得吓人。大夫们的嘴也毒，上了年纪的大夫嘴更毒，倚老卖老，拿着君主的一点小事做文章，长篇大论，比唐僧还啰嗦。更要命的是史官，史官倒是文风简洁，然而字字暗含杀机，毁人于无形。《春秋》这么记载这件事：

> “公矢鱼于棠。”

矢就是陈列，说鲁隐公在棠大肆陈列渔具观看（好可怜的娱乐）。《左传》还落井下石地批判说，这种行为不合礼法，而且跑到棠去看鱼，也未免跑得太远啦。

公元前718年四月，寤生为了报去年东门被围之仇，亲率大军入侵卫国。郑军打到卫国的首都朝歌的郊外。卫国一方面抵抗，一方面请南燕国出兵，从侧面进攻郑国，以缓解压力。寤生派祭仲、原繁、泄驾率领郑国的主力部队正面迎击燕军，又派自己的两个儿子——世子忽和公子突率领机动部队绕到燕军背后实施战术包抄。燕军的注意力完全被郑军的主力所吸引，没有防备郑国的机动部队，结果在虎牢被郑军打得大败而归。

对此，《左传》轻描淡写地评论道："没有充分的防备，不可以带兵打仗。"

这是在批评南燕军将领防备不周，不是领兵之才。然而，寤生熟知用兵之道，沉着稳重，郑国军中人才济济，他的两个儿子更是首屈一指的将才，善于出奇制胜——恐怕这才是燕军吃败仗的最主要原因。

惩罚了卫国之后，郑庄公又将矛头指向了宋国。正好，这一年秋天，宋殇公以大欺小，派兵夺取了邻居邾国的土地。邾国派遣使者前往新郑，请郑庄公出面主持公道："请君侯派兵打击宋国，以泄心头之恨，敝国愿为前驱！"郑庄公欣然应允，以周王卿士的身份，打着王室旗号，会同邾国一起讨伐宋国。郑、邾联军势如破竹，很快打到宋国都城商丘的外城。

宋国派使者向鲁国告急。鲁隐公其实一直关注这场战争，早就知道战局的发展，但他故意问了使者一句话："郑国人打到哪里了？"

使者回答说："还没打到外城。"

这一问一答成为了历史上的公案：首先是鲁隐公为什么要明知故问，其次是使者为什么不据实回答。

对于后一个问题，有人分析说，那是因为使者恨其明知故问，所以说了一句气话；也有人认为，让敌人长驱直入打到首都的外城，是一件非常丢脸的事，因此使者故意隐瞒了战况。不管出于什么原因，使者这个回答让鲁隐公很生气，他觉得宋国人不够诚意，一方面想人家派兵支援，一方面还在打埋伏，不肯说实话。于是，鲁隐公背着手，对使者说："宋公命寡人同赴社稷之难，说明战事已经十分危急。现在问您战况，您却说'还没打到外城'，既然这样，我们也就不必派兵救援贵国了。您请回吧！"

那么，鲁隐公又为什么明知故问呢？有人认为这只是一句很随便的问话，有如"你吃了吗"那么随便，并没有什么深意，但是使者反应过激，以至于得罪鲁隐公。这种分析未尝没有道理，但是，军国大事非同儿戏，鲁隐公因为一句气话就弃盟国于不顾，这种行为本身也很令人怀疑：他或许根本不想与郑国为敌，只不过是缺少一个牵强的借口罢了？

要知道，去年五国联军围攻郑国，鲁隐公本来是不想参与的，只不过是因为公子翚自作主张出兵，才将鲁国拉下了水。因此，鲁隐公的明知故问，正是没事找事，意在激怒宋国使者，给他不派兵救援宋国提供一个借口。

寤生准确地抓住了矛盾的主要方面，也遵循了团结一切可以团结的力量的原则：卫国是去年进攻郑国的主谋之国，宋国则与郑国有不可调和的矛盾，寤生对这两个国家的态度非常明确，那就是以牙还牙，以眼还眼，一定要打得他们满地找牙；而对于陈国、鲁国等"帮闲"国家，他主要采取外交攻势，争取化敌为友。

公元前717年，寤生派了一位使者前往陈国，希望与陈国改变敌对关系，睦邻友好。没想到，热脸贴上了冷屁股，他的一番好意遭到陈桓公的断然拒绝。

陈桓公的弟弟公子佗搓着手说："远亲不如近邻。郑国是我们的邻居，又没什么深仇大恨，和郑国建立良好的外交关系，对于国家来说是好事，您应该答应郑伯才对。"

陈桓公瞪大了眼睛，咬着牙说："郑伯阴险狡诈，为什么不去和宋、卫讲和，却来找我们呢？他的目的就是要挑拨离间。如果我们和郑国讲和，宋、卫两国必定不满。为了郑国得罪宋国，难道是好事吗？”

“愚蠢。”公子佗听了心想，你哪里是怕得罪宋国，恐怕还是怕得罪雒邑城中那位徒有其名的周天子吧！

寤生一颗红心，两种准备。得知陈桓公拒绝了和谈，立刻命令部队入侵陈国。战争的结果，郑国再一次大获全胜，从陈国掳获大批钱财物资，陈国朝野上下震动。没有经过太多的思想斗争，陈桓公便改弦易辙，主动接受了寤生的好意，双方握手言和。陈国派公子佗前往郑国缔结盟约，郑国也派大夫良佐前往陈国访问，与陈国人举行了结盟仪式。

对于寤生来说，陈桓公的转变是在意料之中的事。但是，陈桓公的转变速度之快，远远地超出了他的意料。同年冬天，陈桓公主动要求将女儿嫁给郑国的世子忽，在得到寤生的同意后，马上举办了订婚仪式。

第二年夏天，世子忽到陈国迎娶了妻子妫氏。也许是陈国人的急性子传染了这位郑国的继承人，将新娘接回郑国之后，尚未告祭祖先，他就迫不及待地与她同房了。此举在当时是非常失礼的，相当于欺骗了列祖列宗。但是寤生并不以为意，在他看来，婚姻不过是一种政治手段，能够通过这桩婚姻为郑国捞到多少实际利益，才是他最关心的问题。

软硬兼施拉拢陈国的同时，郑庄公还从鲁隐公停止派兵支援宋国这件事上嗅出了宋、鲁两国之间暗藏的矛盾，开始向鲁国示好。

鲁国和陈国不可相提并论：第一，鲁国地域辽阔，人口众多，非陈国能比，也远超过郑国；第二，鲁国是一个有着特殊政治地位的国家。

前面说过，鲁国是周朝初年周公旦的封地。周公旦是周朝卿士政治的一座丰碑，为了表彰周公旦的丰功伟绩，周王室给予了鲁国有别于其他诸侯国的特殊政治待遇，那就是“鲁有天子礼乐者，以褒周公之德也。”——鲁国虽然只是一个诸侯国，但是能够享有天子的礼乐。比如说，诸侯的祖庙叫作大宫，天子的祖庙叫作大庙，而鲁国的祖庙也叫作大庙，等同于天子；举行祭祀的时候，天子使用八佾（yì）（六十四人）的舞乐，诸侯使用六佾（三十六人）的舞乐，而鲁侯用八佾，也是等同于天子。

特殊的政治地位养成了鲁国人特殊的自豪感。尤其是在进入春秋时期之后，随着王室地位的下降，周朝的礼乐制度也逐渐崩溃，中原大地上普遍出现了“礼崩乐坏”的局面，唯独鲁国一直较好地坚持了正统的周礼，保存了完备的周朝文化典籍，成为当时首屈一指的文化大国。当时各国想要了解周朝的礼乐文化，不是跑到雒邑去请教王室官员，而是跑到曲阜去问鲁国的典礼官、史官。所谓“周礼尽在鲁矣”，可以说是那个年代的人们对鲁国文化的由衷赞叹，这也为鲁国在各诸侯国中赢得了广泛的尊重。

寤生心里明白，对付陈国这样的国家，用胡萝卜加大棒就能迫使其屈服；而对付鲁国，不但不宜使用武力，就算是拉拢，也要讲究策略。

为了和鲁国搞好关系，寤生花费了一番心思，而且下了很大血本。

自古以来，中国的帝王都有祭祀泰山的传统，周天子也不例外。郑国的首任君主郑桓公在周宣王年间，因为陪同天子祭祀泰山，在泰山附近获得了一块名叫“祊”的封地，作为其汤沐之邑——所谓汤沐之邑，就是洗澡的地方。按照商周时期的制度，诸侯必须定期到王城来朝觐天子，为了解决这些人洗澡的大问题，同时也是为了体现天子对诸侯的体恤，天子往往会在王畿内划出一小块封地给诸侯，称之为“汤沐邑”。天子去泰山祭祀，诸侯如果跟随助祭，也有可能在泰山附近获封“汤沐邑”，作为住宿和斋戒沐浴的场所。

到了郑庄公寤生的年代，祊仍然是郑国的领地，只是管理起来有点困难。要知道，郑国地处现在的河南，而祊在今天的山东省境内，靠近鲁国边境。对于郑国而言，祊其实是一块“飞地”。

可巧的是，由于历史的原因，鲁国也有一块“飞地”，而且靠近郑国的边境，叫作许田。早在周成王年代，为了加强对原商朝贵族的控制，王室就开始经营雒邑，并且有意将都城从镐京东迁至雒邑。于是，周成王将雒邑附近的许田赏赐给了周公旦，作为他朝见天子的汤沐邑。因此，许田历来是鲁国的领地，在许田还有周公庙，供人们祭祀周公。

公元前717年，寤生派人到鲁国访问，对鲁隐公提出了一个建议：以郑国的祊交换鲁国的许田，郑国放弃对泰山的祭祀，转而在许田祭祀鲁国的先祖周公。

祊和许田面积相仿，又都是飞地，这笔交易看似很公平，实际上却对鲁国更有利。

首先，祭祀泰山是天子的专利，陪同天子祭祀泰山，乃是诸侯的荣幸，可以说是一种非同寻常的政治待遇。现在郑国将助祭泰山的特权转让给了鲁国，是土地交易之外，又给鲁国人送了一份政治厚礼。

其次，孔夫子曾经说过：“非其鬼而祭之，谄也！”鬼即是祖先，一个人如果祭祀别人的祖先，就是谄媚。现在寤生主动要求在许田祭祀周公，无非是为了讨好鲁国人，满足他们以周公为荣的民族自尊心。

鲁隐公自然能够体会郑庄公的用心良苦，爽快地答应了郑国的建议，同意交易土地。但是，他没有想到，寤生的大手笔还在后头。

据史料记载，公元前715年三月，郑国大夫宛前往鲁国，向鲁国交割了祊的地图、户籍等资料，并于数天之后正式将祊移交给鲁国管理。

办完这些手续，宛就回郑国了。

他似乎忘记了这是一笔交易，没有向鲁国人提起要求接收许田的只字片言。

换而言之，祊已经变成了鲁国的领地，许田仍然是鲁国的领地。

送礼有很多种送法，最高明的送法是让人收了礼，又不觉得是接受了贿赂。鲁隐公不露声色地将这份厚礼纳入囊中，打心底对寤生产生了好感。

通过一系列的军事和外交手段，寤生打击了卫国、宋国，拉拢了陈国，获得了鲁国的好感，当年针对郑国建立起来的国际同盟，基本上就宣告瓦解了。

但是，寤生还有一块心病未除，那就是居住在雒邑城中的周桓王。

公元前717年，周王左卿士、郑伯寤生来到雒邑朝觐天子周桓王。这时距祭足领军取温之麦、成周之禾，已经整整三年了。

《左传》记载："郑伯如周，始朝桓王也。"也就是说，这是自周桓王即位以来，寤生第一次正儿八经地到雒邑朝觐周桓王。

寤生朝觐天子，当然不是因为良心发现，而是想进一步扩大外交战线的成果，通过改善与王室的关系，为郑国争取更大的生存空间。直接地说，他不希望王室在国际事务中站到自己的对立面，暗中支持一些小国与郑国为敌，他更希望将王室操纵在自己手中，让"周王卿士"这块金字招牌更有说服力，使他得以在"大义名分"上压倒竞争对手。他要达到的目的就是：你宋国打我郑国，是侵略，将受到天下人的谴责；我郑国打你宋国，是"奉天讨罪"，将受到天下人的支持。

寤生迟不来，早不来，为什么选择这样一个时候来朝觐周桓王？

《左传》在此事之前，有一段记载："京师来告饥，公为之请籴于宋、卫、齐、郑，礼也。"

《左传》是鲁国的《左传》，这里的"公"就是鲁隐公。这段看似不相干的记录告诉我们，那一年王畿的收成很不好，闹了饥荒。但是周天子出于面子考虑，不好意思亲自向各国开口要求买粮，所以"京师来告饥”（天子本人没有发话，而是暗示臣下以私人名义向各国求援）。鲁隐公体谅天子的难处，发动各诸侯国紧急援助王室。鲁国的史官当然没有忘记表扬他，所以说了一句：“礼也。”

寤生敏锐地意识到，这是消除他和王室之间宿怨的最佳机会，他马上启程前往雒邑朝觐天子，开展粮食外交。按照他的想法，天子虽然和他积怨颇深，但是目前正处于缺粮的窘境之下，腰杆子必定不硬，只要他多说几句好话，赔个不是，再主动提出将郑国的粮食平价卖到王畿，天子也应该消气了。

没想到，老谋深算的郑庄公这回又是热脸贴上了冷屁股。《左传》记载，这次朝觐很不愉快，主要原因是“王不礼焉”。

周桓王怎么不礼了？在一本名为《东周列国志》的小说中有记载：

天子：你家去年的收成怎么样啊？

寤生：托您的福，去年风调雨顺，粮食满仓。

天子：那太好了，温的麦、成周的禾，今年我可以留着自己吃了。

会见到此不欢而散。周桓王不但没有接受寤生送来的粮食，反而在临别的时候，勒紧裤腰带，咬紧牙关送了他十车黍米，说：“聊以备郑国饥荒之用。”

周桓王的意思是，下次郑国再闹饥荒，求求你也别派人来割麦夺禾，我这已经提前给你备好了。

辅政大臣周公黑肩对此很忧虑，他对周桓王说：“王室东迁的时候，郑国是出过力的。虽然郑伯做过一些对不起您的事，但那都是小事，这次他既然来朝觐，您就应该好好招待他，别的诸侯看了，觉得您气量不凡，会随之而来。现在事情闹成这样，郑伯不会再来啦！”

周桓王不屑道：“不来就不来，不稀罕。”

寤生碰了一鼻子灰。

周桓王一不做，二不休，干脆旧事重提，于公元前715年任命虢公忌父担任了王室的右卿士。

回想起来，这已经是忌父第三次获得卿士提名了。第一次提名，是周平王在世的时候，寤生得知消息，气势汹汹地跑到雒邑来问罪，结果导致周郑交质。第二次提名，是周桓王刚即位的时候，寤生派人割了王室的麦禾，结果导致周郑交恶。这一次任命忌父为卿士，是在寤生碰了一鼻子灰之后。这对于寤生来说，可谓双重打击。

王室上下都战战兢兢，不知道这个天不怕地不怕的家伙会做出什么出格的举动来。

又是一个没想到。寤生不但安之若素，还于同年八月，以王室卿士的身份，引导齐僖公到雒邑朝觐了天子。

拉拢盟友，坐稳第一把交椅

齐国地处今天的山东。齐僖公从山东跑到河南来朝觐周桓王，免不了要经过郑国的领土，其中还要经过郑国军队控制的战略要地虎牢关。寤生作为地主，对齐僖公的来访进行了热情的接待，又以王室卿士的身份，亲自引路带着齐僖公前往雒邑，自然是合乎礼义的事。

但是，从齐僖公此行的意图来看，朝觐天子也许只是一个幌子，拜访郑伯寤生才是他真正的目的。或者换一种说法，齐僖公不远千里跑到河南来，其实就是为了找寤生——古时候交通不发达，他来一趟颇不容易，既然到了天子脚下，就顺便和寤生相约一起去看望下天子。

在周朝初年分封的异姓诸侯国中，齐国面积最大，地位最高。齐国的第一任君主姜尚，也就是《封神演义》里的姜子牙。他不只是在推翻商朝统治的过程中建立了赫赫战功，周朝建立之后，他对稳定天下的局势，打牢周朝统治的根基，也起到了重要的作用。据说，周武王的儿子周成王曾经给姜尚颁发过一道谕令：“东到大海，西到黄河，南到穆陵，北到无棣，天下诸侯，您都可以征伐他们！”实际上赋予了齐国一定的征伐特权，足见周朝统治者对姜尚的信任。

齐僖公是进入春秋时期以来，齐国的第一任君主，在同时代的人当中，他是一个很有想法的人。齐僖公不满足于偏安一隅的闲适生活，眼见中原大地烽烟四起，他觉得齐国作为一个曾经拥有征伐特权的大国，理应在日益复杂的国际事务中发挥重要作用，所以不辞辛苦跑到河南来拜访寤生，希望能够通过外交斡旋，调解郑、宋、卫三国之间的矛盾。

对于正处于不被周天子待见的尴尬之中的寤生来说，齐僖公来的正是时候。通过引导齐僖公朝觐天子，他实际上达到了两个目的：一方面是向王室表明了自己的态度——虽然王室对他不义，他仍然不计前嫌，承担应尽的义务。这一姿态是相当高的，连《左传》也表扬说“礼也”。另一方面则是向王室强调，虽然虢公被任命为卿士，他郑伯同样仍然担任着卿士，有权力引导远方诸侯前来朝觐天子。

除此之外，寤生还意识到，这位送上门来的大国元首，是一个必须争取到自己这一边的重量级人物。因此，他不但热情地接待了齐僖公，而且以实际行动报答了齐僖公的好意：你不是来斡旋的吗？那好，我都听你的，不用你做任何思想工作，立刻答应与宋、卫两国冰释前嫌，签署和平协议。

有了寤生的这一表态，公元前715年秋天，齐僖公、宋殇公、卫宣公在周王室的领地瓦屋举行会晤。在寤生缺席的情况下，齐僖公代表郑国与宋、卫两国签订了和平备忘录，当年宋、卫两国发起联军围攻郑国的恩恩怨怨，总算是用和平的方式解决了，至少表面上看起来如此。

齐僖公对于这一外交成果深感得意，于同年冬天特别派使者前往鲁国，向鲁隐公通报了有关情况。鲁隐公派众仲应对使者说：“君侯化干戈为玉帛，平息了三国之间的怨恨，使他们的国民得以安居乐业，实在是君侯的恩惠啊！寡君心悦诚服，岂敢不承受君侯的明德？”

齐僖公向鲁国通报情况，一方面自然是矜夸自己平息战乱的功劳，另外一方面其实也是一种变相的外交斡旋——鲁国作为宋国的盟国，也参与了当年围攻郑国的行动，现在既然宋、卫、郑三个主要矛盾国家都已经握手言和，鲁国也就没有必要再与郑国为敌了。有意思！鲁隐公早就和郑庄公眉来眼去，私下打得火热，只不过碍于宋国的面子，不好公然调情。现在有了齐僖公的斡旋，鲁隐公对宋国的最后一丝道德负疚感也彻底消失了，他立刻表示听从齐国的安排，与郑国建立和平友好的外交关系。

但是，矛盾果真解决了吗？当然没有，至少在寤生这里没有。在任何牌桌上，他都是一个高明的玩家，他能忍让，能后退，但最终还是会进攻。如果有必要，他会把一张好牌扣住，等到人家都差不多忘了他有这张牌的时候，才悠然自得地甩到桌面上。

瓦屋之盟的第二年，也就是公元前714年，寤生借口宋殇公不朝觐周天子，以周王左卿士的身份，发动诸侯讨伐宋国。这一次主客易位，主动权完全掌握在寤生的手里。齐、鲁两国积极响应号召，于公元前713年春天组织了三国联军，入侵宋国。

六月上旬，齐、鲁、郑三国君主在宋国的老桃会师，联军浩浩荡荡向宋国的首都商丘进发，并于数日之后在营地大败宋军。六月中旬，郑军攻取了郜城。六月下旬，郑军又攻取了防城。

寤生再一次表现出非凡的气度，轻描淡写地将这两座城池都拱手让给了鲁国。

现在，不只是鲁隐公对寤生抱有好感，鲁国上下对于这位噩梦中出生的奸雄都充满着感激之情，连后世鲁国的史官们也毫不吝惜他们的赞美之情。《左传》上原话翻译过来是这样的：

> 郑庄公行事光明磊落，他奉天子之命，讨伐不来朝觐的诸侯，又不贪恋人家的国土，优先慰劳爵位比他高的诸侯，真乃识大体之人！

单从这句评价来看，充分说明了吃人家的嘴软、拿人家的手短的道理。且来看看：

“奉天子之命，讨伐不来朝觐的诸侯”——这是在告诉人们，寤生讨伐宋国，是奉了天子的命令，不是自作主张，也不是为了一己私利，而是替天行道，惩罚不朝觐天子的诸侯。事实果真如此吗？且不问寤生是真的奉了王命，还是假借王命，单说这个讨伐“不来朝觐的诸侯”，就很有点意思。朝觐天子自然是诸侯的义务，可是终春秋一世，又有几位诸侯正儿八经地履行过自己的义务呢？寤生本人也是在公元前717年才“始朝桓王”，完全没把天子放在眼里，要说“不来朝觐”，寤生第一个“不来朝觐”，怎么好意思指责人家呢？就算是以秉承周礼而著称的鲁国也好不到哪里去。鲁隐公在位期间，天子派使者到鲁国访问不绝，而鲁隐公未尝有过一次朝觐天子的记录。

“不贪恋人家的国土”——没错，寤生确实将郜、防两城都白白送给了鲁国，但那不过是继续拉拢鲁隐公的手段。而且，如果翻开地图，人们不难发现寤生如此大方的另一个原因：郜、防两城均在今山东地界，离郑国甚远，寤生即使将它们据为己有，也非长久之计，不如送个顺水人情，让鲁隐公高兴高兴。

“优先慰劳爵位比他高的诸侯”——这是最好笑的。鲁国得了这两座城，明明是占了人家便宜，偏又不好意思承认，硬说寤生此举是优先慰劳爵位更高的鲁隐公。言下之意，寤生固然正直，鲁国得这两城却也是理所当然的。

典型的得了便宜还卖乖。

这里有个问题，鲁隐公和郑庄公都是“公”，为什么说鲁隐公的爵位比郑庄公高呢？原来，在周朝的封建制度中，诸侯是有等级的，从高到低有“公、侯、伯、子、男”五等，世袭罔替。比如说，我们前面说过的几个国家，宋是公爵，宋国的国君也就被称为宋公；齐、鲁、卫、陈、蔡都是侯爵，这几个国家的国君也就相应地被称为某侯；郑是伯爵，郑国的国君则称为郑伯。同为诸侯，从爵位上讲，鲁隐公（侯爵）高于寤生（伯爵），因此《左传》有上述一说。另外，诸侯在生的时候有五等之分，死了之后一般统称为“某某公”，这个“公”可以视作当时诸侯的通称，并不代表具体的爵位。

三国联军入侵宋国之后，宋国也相应采取了牵制战略，联合卫国派兵乘虚而入，进攻郑国，包围新郑。寤生得到消息，不得不从宋国撤军回防。七月上旬，郑军主力抵达新郑城郊，宋卫联军自忖不是郑军对手，连夜从新郑城外撤走。但是，宋殇公和卫宣公也许都觉得就这样空手而回，不好向父老乡亲交代，于是在回国途中，又联合蔡国人将郑国边境上的一个小国戴国给包围了。

事实证明，爱贪小便宜的人总是吃大亏。正当宋、卫、蔡三国军队围攻戴国欲罢不能的时候，郑国大军悄然尾随而至，在戴国城下将三国军队打了个落花流水。

这一仗打得酣畅淋漓，打出了郑国军队的威风。事后蔡桓公埋怨说，宋公和卫侯骗了他，明明说好只打戴国的，偏偏又要绕到新郑城下去转一圈，去惹那个什么姬寤生，这下鸡飞蛋打了吧！

寤生救戴有功，为了犒劳自己，顺手牵羊将戴国给吞并了。

公元前713年因讨伐宋国而建立起来的齐、鲁、郑三国同盟，是春秋前期出现过的最牢固，也是最强大的国际联盟。

齐、鲁雄踞山东，郑国威震河南，三个国家如同铁三角一般，牢牢控制了中原的局势。

公元前713年冬天，讨伐宋国的征尘未洗，齐、郑二国又联合发动了讨伐郕国的战争。

郕国是山东姬姓小国，其先祖成叔为周文王之子、周武王之弟。讨伐郕国的理由，是因为郑伯奉王命讨伐宋国，号召各诸侯国参加，郕国却公然违抗王命，坐视不理。

说实话，这个理由非常牵强。但是，强权即公理，那些年间，郑庄公、齐僖公和鲁隐公这三人认为谁有罪，谁就必定有罪了，简直是毫不含糊。

面对如狼似虎的齐郑联军，郕国人没有抱任何不切实际的幻想，马上派人表示认错，请求原谅。

战争使人上瘾，征服了郕国之后，寤生又将目光放到了许国身上。

许国和齐国同是姜姓国家，其地理位置大致在今天的河南省许昌市附近，离郑国很近。讨伐许国的理由，与讨伐郕国的理由是一样的。

讨伐郕国，齐国是主谋；讨伐许国，则由郑国领衔主演，齐僖公和鲁隐公友情客串，各自带兵参加了这一场流血的盛宴。

这确实是一场盛宴，因为交战双方的力量实在太不对等。然而，寤生却为这场没有任何悬念的战争失去了一员猛将。

出兵许国之前，寤生依照惯例，在郑国的大宫举行了授兵仪式。

前面说过，诸侯的祖庙称为大宫。郑国的大宫里面供奉着自周厉王以来的列祖列宗。每逢有战事，国君都要亲自开启大宫的武库，将库藏的兵器取出来，象征性地授予部队的将领。待到战事结束，这些兵器还得缴回大宫收藏。

正是在这次授兵仪式上，大夫公孙阏（字子都）与颖考叔因为一辆战车发生了争执。

据《左传》记载，寤生的军旗名叫“蝥弧”，约有一丈二尺见方，旗杆长达三丈三尺，平时需要几个人一起抬动，才能将其立于戎车（国君或大将乘坐的战车）之上，以铁圈固定。

为了激励斗志，寤生宣布，如果有哪位将领能够舞动“蝥弧”，便授予先锋职务，并将自己乘坐的戎车赐与他。

第一个出场的是大夫瑕叔盈，他拔起大旗，紧紧握定，上前三步，后退三步，又放回车中，面不改色。

第二个出场的是大夫颖考叔，他不但拔起大旗，而且左旋右转，将它舞得像车轮一般，观者无不骇然。

颖考叔确实是虎将，然而做事未免不太厚道。因为第三个出场的公孙阏还没来得及表演，颖考叔便推着作为奖品的戎车跑了。

用力大如牛来形容颖考叔或许还有点欠缺。因为他推着本来由四匹战马牵引的戎车，仍然健步如飞，公孙阏拔起一支长戟去追他，一直追到新郑的城门口都没追上。

如此推算，颖考叔的功率至少是四马力以上，委实非常人所能及。

公孙阏十分生气。虽然寤生最后以和稀泥的方式，给他和瑕叔盈各奖励了一辆战车，但这仍然不能平息他心中的怒火。

在这本关于春秋的书中，我们将看到很多“公子某”或“公孙某”，仿佛公子和公孙是春秋年间最大的两个姓，有如今天的王姓或李姓，其实这是一种大大的误解。

有必要对春秋时期的姓氏制度作一个粗略的说明。

第一，春秋时期的中国，和明治维新前的日本一样，姓是贵族阶层独有的标志，而平民大众是没有姓的。春秋时期的“百姓”，和我们现在的“百姓”是两个完全不同的概念。春秋时期的“百姓”指的是百官，是有姓的贵族的统称。

第二，姓和氏是两个概念。贵族不止有姓，而且有氏，氏是姓的分支。也就是说，同一个姓，有可能出现很多不同的氏族分支。比如说，鲁、卫、郑、晋的国君都是姬姓，但他们分属不同的氏，而且就是以国名为氏，即鲁国国君为鲁氏，卫国国君为卫氏，以此类推。

第三，周天子家被称为王室，周天子的儿子也就被称为“王子某”，他的孙子则被称为“王孙某”。各诸侯家被称为公室，诸侯的儿子也就被称为“公子某”，诸侯的孙子则被称为“公孙某”。可见，公子和公孙既非姓，也非氏，更主要是一种身份的代称。按照规定，公孙之子就不可再称为公孙，而应该以其祖父之字为氏。如《左传》所记载，鲁隐公年间，有一位叫无骇的贵族，其祖父是公子展，所以无骇死后，这个家族被鲁隐公赐以“展”氏，这在当时叫作“赐族”。

公孙阏既然被称为“公孙”，必定是郑国的公室成员。而颖考叔呢？原本只是颍谷地方的小领主，连这个“颖”氏也不过是从地名得来的，因为给国君出过一个掘地见母的主意，便成为了国君身边的红人，这让根正苗红的公孙阏感到很不爽，这种不爽郁积在他心中已经有很多年。而这一次，颖考叔不但在授兵仪式上出尽了风头，而且将奖品据为己有，连表演的机会都没留给公孙阏，更加让公孙阏觉得愤愤不平。

他将这种愤愤不平带到了战场上。

公元前712年七月，三国同盟的大军将许城包围得水泄不通。颖考叔手持蝥弧大旗，第一个登上城墙，但是还没站稳，就被一支冷箭射中背心，坠城而亡。

坠城的一刹那，他似乎看到了公孙阏阴险的笑容。

没等众人回过神来，瑕叔盈又扛起蝥弧大旗，再一次登上了城墙，绕城大呼道："郑伯登城啦！"联军士气大振，勇气倍增，纷纷登上城墙，一举攻破了城池。许军放弃了抵抗，许庄公换上平民的衣服，趁乱逃往卫国。

三巨头以胜利者的身份进入了许国。

相比寪生的大方，齐僖公也不遑多让，当他们聚到一起商量瓜分许国的大事的时候，齐僖公主动提出，应当由鲁国来兼并许国。

一向当仁不让的鲁隐公这回却谦虚起来了，对齐僖公说："您说许国不听天子之命，因而要攻打它，寡人就责无旁贷地来了。现在许国已经罪有应得，即便有违您的好意，寡人也不敢将其据为己有。"于是将这份厚礼转让给郑庄公。

读史至此，人便不觉精神恍惚，以为读的不是《春秋》，而是《镜花缘》——《镜花缘》中有个君子国，人人隐忍谦让，好处全让给别人，其中有个老太太怀孕八十余年仍未生育，不得已剖腹产，发现里面有两个白胡子老公公，为了谦让对方，仍在一个劲地说"您先请"。

但是，仔细分析一下，齐僖公和鲁隐公的君子行为，其实是有原因的：借此巩固相互之间的同盟关系自然是一层考虑，更重要的是因为鞭长莫及。

许国是一个小国，地处今天的河南省中南部，与郑国接壤，离山东的齐、鲁两国甚远，而且中间还隔着好几个国家。对于齐国和鲁国来说，即便得到许国，也是一块飞地，还不如送给郑国做人情。这与当年寪生将郜、防两城送给鲁国是同一个道理。

问题是，两位国君这么一推让，本来对许国垂涎三尺的寤生倒是真的不好意思起来了。

但是没有什么事情难得倒他。几天之后，他派人找到了许庄公的弟弟新臣和许国大夫百里，将他们带到齐僖公和鲁隐公面前，说："这次的事情，是因为上天降祸于许国，连鬼神都对许君不满意，所以借寡人之手来惩罚他。寡人只不过是在替天行道，你们能够体谅吗？"

百里想，人也是你，鬼也是你，谁敢不"体谅"啊？当下点点头说："体谅。"

"寡人其实是个苦命人啊！"寤生话锋一转，"想想看，寡人连自己的父老兄弟尚不能相安，又怎敢因这件事沾沾自喜，自以为有功？寡人有个同胞弟弟，却不能跟他友爱相处，他的后人至今流落四方，寄人篱下，让寡人既伤心又无奈。"

齐僖公和鲁隐公心里犯了一个嘀咕，这是在提哪茬呢？但是新臣和百里听了，却不寒而栗。这分明是在说，我可是连自己的亲弟弟都下得了手，别提你们这些许国的亡国奴了！

"必须声明的是，寡人丝毫没有长期占领许国的意愿。百里你是许国的老臣了，就有劳你辅佐新臣，安抚许国的民众吧！"寤生接着说。

此言一出，在场的几个人都不敢相信自己的耳朵。但是，且慢，还有下文："许国现在这个样子，单凭你的力量是不够的，所以寡人已经决定了，派大夫公孙获帮助你们镇守许国。这是寡人的一片好意，请你们千万不要拒绝。"

瞧您说的，这还有拒绝的余地吗？

"当然，好事也不能无休止地做。寡人百年之后，如果上天原谅了许国，公孙获的使命也就结束了，自当还政于许君。但是寡人还有个不情之请，果真到了那一天，但凡我郑国有所请求，烦请你们纡尊降贵，将我们当作一家人，听从我们的安排。除此之外，不要让别的国家插手，与我郑国争夺这片土地，好吗？”话说得很客气，但意思一点也不含糊，公孙获驻军许国，一直要到寤生死了之后才能撤走。而且，撤军不代表放任自流，许国还是得听从郑国的安排，服从郑国的领导，不能有三心二意。

“如果这点小小的请求你们都不答应，那我的子孙后代就有危险了，他们一旦自顾不暇，就更管不了许国的先祖。寡人让你们居住在这里，不仅仅是为了许国，也是为了巩固郑国的边疆啊！”这是威胁，如果不答应郑国提出的条件，许国的先祖就无人祭祀，那就意味着许国彻底亡国了。

百里赶紧拉着新臣朝寤生下拜，表示接受。

寤生令百里和新臣居住在许城东部，而令公孙获驻守许城西部，并且嘱咐公孙获：“不要在许城搞任何形式的基础建设，我死之后就赶紧撤离，不要留恋。”

公孙获表示不解。

他不无伤感地解释道：“我的祖先桓公从王畿东迁到这片土地上，在这里兴建城池，开创了自己的事业。然而，周朝毕竟已经衰落，我们这些周朝的子孙正在一天一天失去自己的地位。而许国，是四岳的后裔，上天既然已经厌弃了周人，我又凭借什么和许国相争呢？”

说罢，还煞有介事地擦了擦眼睛。

林语堂曾经说，中国的哲人是这样一种人：“睁着一只眼，闭着一只眼，看穿了他周遭所发生的事情和他自己努力的徒然，可是还保留着充分的现实感去走完人生的道路。他很少幻灭，因为他没有虚幻的憧憬，很少失望，因为他从来没有怀着过度的希望。他的精神就是这样解放了的。”

这也许是寤生的精神世界的贴切写照。

《左传》对于郑庄公的行为，也给予了正面评价，然而都是陈词滥调："在对待许国这件事上，郑伯是符合礼法的。所谓礼法，是用来治理国家、安定社会、维护秩序的，是有利于后代的。许国不遵守礼法，郑国就讨伐它，低头认错了就放它一马。郑伯这真是以德服人，量力而行啊！"

我只能说，寤生那两座城没白给鲁国。

颍考叔的死让寤生感到非常伤心。他让部队杀鸡杀狗，诅咒射死颍考叔的人。《左传》一针见血地指出，这种掩耳盗铃式的举动毫无意义，于政治和法治均无益处。

寤生难道不知道颍考叔死于公孙阏之手吗？当然知道。但是，再怎么说公孙阏都是公室成员，一旦较真处理起来，恐怕给整个公室都抹黑，这是寤生不愿意看到的。所以，一桩冤案就在鸡鸣犬吠的诅咒声中不了了之了。

颍考叔的悲剧说明了两个道理：一是做人不能锋芒毕露，尤其是原本地位不高的人，即使有幸获居高位，也要坚持谦虚谨慎的态度，保持一颗平常心；二是千万不要得罪老板的亲戚，尤其是老板的小舅子之类的人物。

最高级别的以下犯上：弑君

公元前712年秋天的伐许之役，是三巨头最后一次会面。同年十月，寤生不顾鞍马劳顿，再一次利用王室卿士的身份，联合虢国讨伐宋国，并且取得重大胜利。就在他结束了对宋国的战争，喜滋滋地返回新郑的路上，他听到了从鲁国传来的一个令人震惊的消息：鲁隐公被人暗杀了！

对于鲁隐公的非正常死亡，光用一个“震惊”来形容寤生的感受，恐怕是不够的。

首先，从个人感情上讲，鲁隐公是一个很不错的朋友。他为人憨厚，文质彬彬，平易近人，而且总是知恩图报，为朋友的利益着想。在共同的东征西讨、恃强凌弱的过程中，寤生与鲁隐公已经建立了深厚的友谊，产生了强烈的认同感和信任感。在那个礼崩乐坏的年代，这种友谊委实为稀罕之物。

其次，从国家利益上来看，寤生已经在鲁隐公身上进行了巨额的感情投资，不仅奉献了泰山脚下的一座祊城，还将郑国将士用鲜血换来的郜、防两城也做了人情，赢得了鲁隐公乃至整个鲁国的尊重，使鲁国成为了郑国的坚强盟友。现在，随着鲁隐公的非正常死亡，这些感情投资会不会付诸东流，鲁国下一步将何去何从，是继续与郑国友好合作，还是反目成仇，转而成为宋国的盟友？都是让寤生感到揪心的问题。

第三，暗杀事件本身也反映了那个时代的躁动与不安。自从周平王东迁以来，不但王室的影响力呈直线下降趋势，诸侯的权威也屡屡遭到卿大夫阶层的挑战，前几年卫国的弑君悲剧曾经掀起轩然大波，现在鲁隐公又死于非命，怎能不令同为诸侯的寤生感到兔死狐悲？

鲁隐公的死，还得从鲁国的上一任君主鲁惠公说起。

鲁惠公的元妃（嫡妻）孟子是宋国的公主。孟子没有生育，而且很早去世，鲁惠公便又续弦娶了宋国的另一位公主声子，声子给他生下一个儿子，取名为息姑，也就是后来的鲁隐公。

虽然是续弦，声子本人的地位却不高，没有被立为嫡妻，反倒是鲁惠公后来又娶了另一位宋国公主仲子，成为了正牌的国君夫人。

根据《左传》的记载，这位仲子公主，可以说生来就是注定要嫁到鲁国去当夫人的，因为她出生的时候，手掌心清清楚楚地写着“为鲁夫人”四个字。

既然是天意，仲子长大成人之后，便义无反顾地嫁给了鲁惠公这个老头子，并且给他生下一个儿子，取名为轨，也就是公子轨。按照嫡长子继承制的原则，轨被立为大子。

但是，公子轨还没有成年，鲁惠公就去世了。那个年代，中国还没有垂帘听政的说法，仲子也不好抱着个娃娃南面称君。鲁国的群臣们商议了一下，从国家的利益出发，决定先立息姑为君，替公子轨代理国事，并且约好，等到公子轨长大之后，再将君位奉还给他。

息姑的身份，有点类似于后世的“摄政王”。隐公是他死后的谥号，“隐”代表的含义是：摄其政而不尸其位。

三国同盟讨伐许国的时候，鲁隐公在位已经十一年，公子轨也已经十四岁。按照当年的约定，还政于公子轨的事情，按理说应该提上议事日程了。

但是，鲁隐公愿意按照约定奉还大政，退居二线吗？在一般人看来，肯定是不愿意的。艺人到了年老色衰的时候，尚且频频出镜，不愿退出舞台，何况是万人之上的国君？

大夫公子翚，也就是当年不听鲁隐公号令擅自率军参与围攻郑国的那位仁兄，觉得这是一个讨好国君的大好时机，于是偷偷地跑去找鲁隐公，向他提出了一个大胆的建议："请让我杀掉公子轨，您就不用考虑退位的事了！"当然，公子翚这么做也是有条件的，那就是事成之后，鲁隐公任命他为鲁国的大宰。

春秋时期，各国官制互不相同，大宰一职在别的国家也许并不重要，但在鲁国就是首席执政官，乃是一人之下、万人之上的重要人物。

鲁隐公听了公子翚的建议，先是一愣，继而大笑。他对公子翚说："这些年来，因为轨还年幼，寡人才勉为其难，代为摄政。现在他已经成年，我正打算尽快将君位奉还给他，因此早就派人在菟裘（鲁国城市）营造宫室，准备退位之后就去那里养老了。你说，到那个时候，我再想去哪里看鱼，应该不会再有人指指点点了吧？"

公子翚讪讪而退。从鲁隐公宫中出来，他越想越不对劲，越想越害怕：如果鲁隐公将这件事告诉公子轨，等公子轨即位，还不把他整死？

公子翚辗转了一夜，第二天一早就来到公子轨的府上，对公子轨说："昨夜国君将我召入宫中，交给我一个任务。"

"什么任务？"公子轨冷冷地看着他。这位十四岁的少年与他那位憨厚的哥哥完全不同，眼神中总是带着一种旁人难以揣测的冷漠。

"他……他要我将您杀死，并许诺我当大宰。"

"那你为什么还来告诉我？"公子轨眼中掠过一丝惊慌，但很快掩饰过去。

"您是先君的世子，鲁国的君位本来就应该是您的，我不效忠于您，难道效忠于他？"公子翚一本正经地说。这句话他说得如此义正词严，以至于自己都深受感动，差点流出了眼泪。

听他这么一说，公子轨连忙正襟危坐，双手作揖恳求道："请大夫救我。”

“他既然不仁，您也不必有义。为今之计，只好先下手为强，我愿为您刺杀息姑……只不过，事成之后，您当上了国君，请别忘了我的功劳，封我为大宰。”公子翚说。

“唔。”对于公子翚的要求，公子轨没有正面回答，反而问了一个很现实的问题：“宫中禁卫森严，大夫打算在哪里下手？”

“宫禁当然森严。”公子翚迟疑了片刻，“您想必也知道，每年秋天，他都要出宫祭祀钟巫，在别人家里过夜吧？”

公子轨长长一揖到地，说：“那就托付给大夫了。”

原来，鲁隐公还在当公子时候，鲁国与郑国发生过战争。鲁惠公派他带兵入侵郑国的狐壤，结果打了败仗，被郑国人俘虏，囚禁在大夫尹氏家中。鲁隐公以重金为许诺，买通了尹氏，并且在尹氏家族供奉的神祇钟巫面前发誓，只要能够平安回到鲁国，一定在鲁国树立钟巫的神位，年年祭祀。

钟巫是位什么样的神，史料没有任何记载。大约当年的名门望族，都有古时流传下来的家族之神，钟巫便是尹氏的家族之神吧。鲁隐公在尹氏的帮助下逃回鲁国，将钟巫的神位也带回了鲁国，当了国君之后仍然信守承诺，每年都为钟巫举行盛大的祭祀活动。

公元前712年十一月，鲁隐公再度祭祀钟巫，并在大夫寪（wěi）氏家中住宿，接受了寪氏的招待。当天晚上，公子翚派刺客潜入寪氏家，将鲁隐公刺死。

当然，这笔账被算到了寪氏头上，寪氏全家都遭到杀戮。

鲁隐公死后，公子轨在公子翚的扶持之下顺利登上君位，成为了历史上的鲁桓公。

对于哥哥鲁隐公的死，鲁桓公没有任何愧疚之意，甚至没有按国君的礼节为鲁隐公举办一场像样的葬礼。但是，对于鲁隐公的盟友郑伯寤生，鲁桓公倒是毕恭毕敬，即位之后的第一件事就是派人去新郑通报情况，要求进一步加强两国之间的沟通与合作，建立更加紧密的战略伙伴关系。

鲁桓公为什么急于讨好寤生？因为他的上台并不光彩，鲁国朝野对于鲁隐公的真正死因都心存怀疑，大家虽然敢怒而不敢言，心里面却不约而同地认为鲁桓公就是幕后真凶。在这种情况下，他急于得到王室和国际社会的承认，而郑伯寤生的承认显得尤其重要。另外，郑国和鲁国是盟友关系，如果他上台之后不及时向郑国表明自己的立场与态度，寤生必定会对两国的关系产生猜疑，很有可能利用其王室卿士的身份，打着为鲁隐公报仇的旗号，联合齐僖公对鲁国进行武力干涉，这是鲁桓公最怕看到的事情。

鲁桓公的巴结正中寤生下怀。寤生意识到，这是一个坐地起价的好机会，于是派使者前往曲阜，一方面承认了鲁桓公政权的合法性，另一方面向鲁国人提出一个意想不到的要求："当年我国承诺在许田祭祀周公，一直未能实现，现在再次提出这一要求，请贵国务必答应。"

前面说过，郑、鲁两国交易祊与许田，祊已入鲁，许田却一直赖着未交给郑国。鲁隐公在位的时候，寤生对这件事绝口不提，等到鲁桓公一上台，他便用一种很委婉的方式提醒鲁国人，现在该将许田移交给郑国啦。

有求于人的鲁桓公没法拒绝这一要求。公元前711年三月，两国国君在卫国的垂地举行了会晤。鲁国正式将许田割让给郑国，而寤生为了表示自己的大度，不但没有要求鲁国支付利息，反而加送了一双玉璧，作为与鲁桓公初次会晤的见面礼。

对于这件事，鲁国的史书是这样记载的："郑伯以璧假许田。"假，就是交易。按照这种说法，许田不是郑国人主动要去的，而是郑伯用一双玉璧交换的。鲁国人爱面子，可以说是到了厚颜无耻的地步。

鲁国人爱面子，郑国人就给面子，两国元首在垂地的会晤极其愉快，有甚于鲁隐公的年代。一个月之后，两国元首又在越地签订了和平友好条约，双方举行了隆重的盟誓，誓言是："渝盟，无享国！"意思是，谁违背了盟约，就不能享有国家。值得一提的是，在日本的战国时代，大名之间签订盟约，仍基本采用这一誓言，可见中国文化对其影响之深。

同年冬天，寤生对鲁国进行了正式的国事访问，受到鲁桓公的热情款待。此时距鲁隐公之死刚好一年。一年的工夫，昔日的朋友已成旧鬼，而蓄谋杀死朋友的人，又成为了觥筹交错的新朋友——这真是应了邱吉尔先生那句名言：没有永远的朋友，没有永远的敌人，有的只是永远的利益。

就在这个堪称"鲁郑蜜月"的冬天，在郑国的宿敌宋国，发生了一件鸡毛蒜皮的小事。这件事，如果刊登在《壹周刊》之类的八卦杂志上，或许很合适。但它竟然煞有介事地被记载在《左传》这样严肃的史书中，多少让人感到意外。

宋华父督见孔父之妻于路，目逆而送之，曰："美而艳。"

华父督，既不姓华也不姓华父，华父是他的字，督是他的名，古人名字连读，所以称为华父督。他是宋戴公的孙子，宋戴公是宋殇公的曾祖父，所以华父督是宋国的公室成员，论辈分则是宋殇公的叔伯辈。

孔父嘉，就是前面说过的大司马孔父嘉。和华父督一样，孔父嘉也是名字连读，字孔父，名嘉。这个人在历史上因为两件事而出名，第一，他的老婆很漂亮；第二，他有一位后人，名丘字仲尼，也就是我们熟悉的孔夫子。

华父督看见孔夫人（姑且这样称呼她，虽然并不准确），可谓是“金风玉露一相逢，便胜却人间无数”。后人无从得知当时孔夫人是否与他眉来眼去，但华父督已是三魂不见了七魄，以至于回家之后仍然“衣带渐宽终不悔，为伊消得人憔悴”。

但是他只能想，只能独自辗转反侧，不敢去找孔夫人。因为孔夫人的老公不好惹，是宋国的国防部长，手握重兵的实权派人物，深受国君信任的红人。但是啊但是，孔夫人的诱惑力实在太大了，她的姣好面容和曼妙身姿在华父督的脑海里挥之不去，有如醇酒一般被珍藏，而且偷偷发酵。一个月之后，公元前710年的正月，饱受相思之苦的华父督断然作出了一个冲动的决定。

他派人袭击了大司马府，杀死了孔父嘉，将梦寐以求的孔夫人抢到了手。

事情发展到这一步，就不只是一个八卦新闻，而是一桩政治丑闻了。宋殇公得到消息，勃然大怒。色胆包天的华父督这才想起害怕，干脆一不做二不休，又带人杀入宫中，将宋殇公也杀掉了。

如果说，鲁隐公之死曾经给寤生带来过一丝不安的话，宋殇公之死带给他的则全都是重大利好。

这件事发生过之后没多久，华父督就向郑国派出了使者，请求郑国将公子冯送回宋国，继承君位。使者同时也向寤生表达了结束两国之间的争端、睦邻友好的愿望。

公子冯被送到郑国，是公元前720年的事，至今已经有十年之久。因为有寤生这样一位强有力的保护者，十年的流亡生涯并没有给他带来太多困苦，他吃得饱，睡得好，不用担心被人追杀，也不怕仇人动用数个国家的部队来取他的性命。但是，当宋国来的使者跪在他面前，举着群臣联署的文书，请求他回国当国君的时候，他反倒是吃了一惊，仿佛不相信命运会发生如此重大的逆转。他下意识地看了一眼自己的保护人，而寤生正一脸慈祥，如同老父亲一般看着他。

他没有理会使者，反倒是跪倒在寤生面前，说了一句掏心窝子的话："如果没有您，我又怎么能够苟延残喘至今？这次有幸回国，得以延续祭祀祖先，宋国世世代代臣服于郑国，不敢有二心。"

寤生微微一笑，将公子冯扶起来。他相信公子冯此时说的是真话，但他也明白，真话是有一定的时效性的，别看公子冯现在感恩戴德，等到回国南面为君，能够在他寤生有生之年臣服于郑国就已经很不错了，还谈什么世世代代？

公子冯回国之后，在华父督等人的拥戴之下顺利登上君位，成为了历史上的宋庄公。同年三月，齐、鲁、郑、陈、宋等国元首在宋国的稷地举行了高级会晤。会晤的主题，一是"以成宋乱"，也就是对宋国发生的弑君事件表示谅解，各国承诺不干涉宋国内政，尊重宋国人民的选择；二是承认宋庄公继承君位的合法性，认可他为宋国的最高领袖；三是确立华父督在宋国的首席执政官地位。

"宋乱"之所以成，原因是多方面的。

第一，宋殇公自即位以来，十年之间，发生了十一场战争。从战争的起因上看，主要是宋殇公为了满足自己的一己私利，铲除公子冯；从战争的结果上看，丧师、辱国、失地、丢人，连年的战争使得宋国的人民疲惫不堪，早就无法忍受了。而孔父嘉作为大司马，对这些战争的发生起到推波助澜的作用，同样难辞其咎。这两个人的死，在宋国朝野没有引起多大的震动，大伙心里反倒是松了一口气，庆幸这连年征战的日子终于到了尽头。

第二，公子冯原来就是宋穆公的大子，继承君位也在情理之中，再加上他在外流亡了十年，得到大多数人的同情。

第三，在华父督的操纵之下，宋国花了大本钱，对齐、鲁、郑、陈等国进行贿赂，用金钱收买国际承认。以鲁国为例，宋国送给鲁桓公的礼物中就包括“郜大鼎”这样贵重的礼器。

郜国是姬姓小国，很早就被宋国吞并，因此郜国的大鼎也成为了宋国的器物。公元前713年，齐、鲁、郑三国同盟讨伐宋国，郜被攻占，又成为了鲁国的领地。自古以来，鼎就是权力的象征，宋庄公将郜大鼎送给鲁国，等于是承认了鲁国对郜的主权。

鲁桓公对此喜不自禁，郜大鼎运到曲阜后，鲁桓公就派人将它安放在大庙之中。这一举动遭到朝中大臣的反对。大夫臧哀伯（臧僖伯的儿子）劝谏说：“将作为贿赂的大鼎放在大庙，以此向官员和民众炫耀，百官必定以此为榜样。国家的衰败，是由于官员的邪恶；官员的邪恶，是由于索贿受贿成风。郜鼎放在大庙里，还有比这更明显的贿赂吗？昔日周武王打败商纣王，将九鼎迁到自己的首都，尤且受人诟病，现在您竟然将代表弑君叛乱的器物放在大庙，究竟是想干什么呢？”

这番话很有道理。可是，臧哀伯却忘了一件事：鲁桓公不也正是通过弑君才上台的吗？用这番道理来教育鲁桓公，岂不是变相地掌他的嘴？

挑战权威的尺度：有理、有利、有节

现在，从地图上看，郑国周边的几个国家，东边的齐、鲁是铁杆盟国，宋国已经化敌为友，成为友好邻邦，南边的陈国是姻亲，许国是附庸，西边的周王室则风雨飘摇，不足为患。

北方的少数民族北戎曾经于公元前714年——也就是齐、鲁、郑三国同盟谋划进攻宋国的那一年，趁着中原动荡，从今天的山西省平陆县一带出兵，南侵郑国。

寤生起兵抵抗入侵。半个世纪之前犬戎大军血洗镐京的记忆仍留在人们的脑海中，对于北戎军的战斗力，寤生不敢等闲视之。他私下对公子突表示了自己的担忧：“戎人以步兵为主力，而我军以战车为主力，我很担心戎兵穿插于我战车之前后，扰乱我军阵势。”

战车是当时中原各国的主要的军事装备，一辆战车加上一定数量的步兵，就形成了一个完整的作战单位——战车具备冲锋的力量，而步兵起到掩护的作用，攻防兼备，类似于现代的坦克加步兵组合。

但是，在实际作战中，往往出现这样一种状况：战车冲锋的速度过快，将步兵远远扔在后面，前后脱节，不能相互照应。另外，战车不是骑兵，不能灵活转身，必须跑到开阔地才能掉头，一次冲锋过后，战车找不到自己的步兵，反而被敌人的步兵围攻，在当时也是屡见不鲜。

寤生久经沙场，对于战车的弱点当然了如指掌。他担心，戎军步兵的战斗力强于中原的步兵，如果郑军战车的一次冲锋不能有效击溃戎军，则很有可能被戎军分割蚕食，导致全军覆没。

对此，公子突回答道：“戎人轻率而无秩序，贪婪而不团结。如果打了胜仗，就在战场上为了争夺战利品互不相让；如果打了败仗，只顾各自逃命互不相救。我军可以派出一支部队作为诱饵，与戎军接触之后，扔下少量装备，佯作逃跑，戎军见有利可获，必定追击。我军事先埋伏下三路伏兵，待戎军主力进入伏击圈便迎头痛击。戎军先行者遇伏，必将四处逃散，而后继者自身难保，更不会相救。如此，我军可获全胜！”

兵法并不深奥，用孙子的话来说，就是“知己知彼，百战不殆”。寤生的担忧，正是基于对自身缺点和对敌人优势的认识；而公子突的回答，切中了戎军的弱点，并根据其弱点提出了应对之策。

寤生采纳了公子突的意见。这一战打得干净利落，一如公子突所料，北戎军前锋遭到伏击之后即刻崩溃，郑军大将祝聃率军冲出，将北戎军截为三段，各个击破。北戎军全军溃败，只有少数人得以逃脱。

这一战之后，北方少数民族很长一段时间内都没有再敢侵犯郑国。

环顾四周，寤生的江山一片太平。

就在寤生春风得意的时候，一件意想不到的事情发生了。公元前707年，周桓王作出了一个大胆的决定，下令由右卿士虢公全权代理王室政事，从而将左卿士郑伯完全架空，实际上也就是将他驱逐出王室政局了。

周桓王与寤生之间积怨已久，是众所周知的事，然而，周桓王选择在这个时候对寤生动手，让人难以理解。

首先，郑国现在正处于全盛时期，国力强大，政治清明，军事过硬，外交如鱼得水，连齐国和鲁国这样的大国都争相讨好郑国，昔日的宿敌宋国也变成了朋友，陈国变成了姻亲，北戎被打得落花流水。毫不夸张地说，寤生虽然没有称霸，实际上已经领袖群伦，成为中原国际事务的主导者，比之后世的齐桓公、晋文公也毫不逊色。

其次，自公元前715年周桓王任命虢公担任右卿士以来，寤生对王室的态度一直是礼让有加，甚至可以说是逆来顺受。有事例为证：公元前712年，周桓王向寤生提出，要以王室的温、原、絺（chī）、樊等十二座城邑交换郑国的邬、刘、蒍（wěi）、邘（hán）四邑，这是一笔看似有利于郑国、实际上带有欺诈性质的交易，因为周桓王开出来的这些土地，虽然都在王畿之内，实际上并不是王室的资产，而是畿内贵族苏氏的传统领地。苏氏占有这些领地，可以追溯到周朝刚刚建立的时候，周武王封苏忿生为司寇，同时将这些土地赐给了苏氏家族。现在周桓王要用苏氏的领地交换郑国的土地，开出的是一张空头支票，不但对苏氏不公平，也对郑国不公平。而事实上，王室将郑国的四邑划走之后，郑国也没能从苏氏手中得到天子许诺的十二邑。有人对此评论说："己所不欲，勿施于人，是道德的准则，是礼义的常规。拿着并非自己拥有的东西去送给别人，难道还想得到别人的尊重吗？"

虽然吃了一个哑巴亏，但寤生对王室的态度仍然恭顺。这种恭顺，一方面是因为政治上的需要。即便当时的寤生没能如后世的管仲一般提出"尊王攘夷"的口号，但实际上他已经明白，王室虽然衰微，却仍然是一张不可替代的王牌。在很多事情上，如果打着王室的旗号去做，就很顺利；如果得不到王室的支持，甚至被王室暗中拆台，就障碍重重，处处遇敌。因此，他很看重自己那个周王左卿士的身份，不希望因为些许土地就与王室闹翻。

另一方面，随着年龄的增长，他对王室这门近亲的感情也越来越亲近，同宗同种的归宿感越来越强烈，甚至有了一丝叶落归根的人间晚情——他毕竟老了，如果在黄泉路上遇到周朝的列祖列宗，他希望自己能够坦然面对。

然而，周桓王似乎将寤生的逆来顺受视为人到晚年的软弱，偏偏在寤生笑得最和煦的时候，给了他一记响亮的耳光。

全天下人都静静地等着看热闹。

寤生的反应，却是再一次保持沉默，只是取消了当年朝觐天子的计划——这在当时只能算是很微弱的一种抗议，要知道，普天之下，偶尔来朝见一下天子的诸侯都已经很少了。

有理不打笑面人，寤生做到这个分上，周桓王如果及时收手，事情还不至于不可收拾。但是，周桓王紧接着发出另一道命令：整顿军备，讨伐郑国！

自公元前770年周平王东迁以来，所谓王室的军备就是一只纸老虎，这是普天之下都知道的。否则的话，公元前720年郑国派人到王室的领地割禾夺麦，王室也不至于闭城自守，任其自由行动。现在，时隔十三年，郑国的军力比往日更胜一筹，而王室的军力一如既往地向下沉降，此消彼长，天子难道有把握打赢一场侵略战争吗？

毫无疑问，他没有把握。

既然没有把握，为什么还要主动出击？答案是：周桓王想赌一把。但是他要赌的不是战争的胜利，而是赌那个姬寤生究竟敢不敢放手与自己一搏。

他毕竟是天子啊！

寤生这些年来逆来顺受，连续吃亏都不吭气，不就因为他是天子吗？不就是想在天下人面前树立一个尊王的良好形象吗？现在天子带兵打过来了，寤生还能够怎么办？

寤生如果奋起反抗，那就是对天子不忠，煞费心思树立起来的良好形象必定轰然倒塌；如果俯首听命，那就得听从天子的发落，承认自己的错误，乖乖跑到雒邑去朝觐天子，这在天下人面前也是一件非常丢脸的事——周桓王将一个两难的题目交给了寤生。

当然，周桓王之所以悍然动武，也许还有另外一个原因。周桓王本人其实也是一个将才，也有一定的指挥能力（这一点很快可以得到证明），但是长期以来，他都没有机会一显身手，因此从他内心深处讲，他是很愿意发动一场真正的战争，显示一下自己的军事才能的。

讨伐郑国的部队匆匆组成。周桓王亲自率领中军，也就是王室的嫡系部队；虢公林父率领右军，主力是蔡国和卫国的军队；周公黑肩率领左军，主力是陈国军队。如果将王室视为联合国的话，这次参与河雒风暴行动的联合国军大概就是由赤道几内亚、津巴布韦和爪哇等几个国家派出部队组成的吧。

卫国与郑国多年为敌。蔡国自当年参加东门之役，与郑国之间就存在不友好的回忆，一直未能消解。而陈国作为郑国的姻亲，之所以也派出军队参与讨伐，是因为不久前陈桓公去世，公子佗杀死了世子免而自立为君，陈国人心涣散，因此公子佗想通过效力王室而获得承认。

面对来势汹汹的王军，寤生没有作太多的思想斗争，下令动员部队，起兵抵抗。

两军在繻葛（今河南长葛）相遇并发生战斗，因此这一战又被称为繻葛之战。王军摆出的是传统的左中右阵型，以中军为主力，左右两翼为掩护，四平八稳，整齐有序。这也是中原各国当时普遍采用的阵型，比较适合以车战为主的战争环境。一般来说，战斗打响之后，双方的主力部队将以最快的速度冲向敌阵，利用战车的冲击力撕破敌人的防御，击垮敌人的斗志，而两翼的掩护部队进行左右包抄，乘虚而入，扩大战果，最终以三股合力将敌人击溃。

但是，郑国军中有一位战争天才，那就是寤生的儿子公子突，他反对用传统的阵势迎击王军。公子突对寤生说："从王军的阵型分析，其弱点是左翼的陈军，因为陈国刚刚发生内乱，民心涣散，军心自然不稳。

我们如果先打击陈军，可以轻而易举地将其击溃。陈军崩溃后，天子的中军受到影响，必然慌乱，而且波及右翼的蔡军和卫军。蔡、卫两军屡次败于我军，斗志不强，见势不妙，也会跟着陈军逃跑。这样的话，我军就可以集中力量进攻天子的中军，三面夹击，一举击破。”

公子突的建议，实质上是加强郑军左右两翼的力量，特别是加强左翼的力量，率先击破王军右翼，然后击破王军左翼，最后才围攻王军的中军。

寤生听从了公子突的建议，派世子忽为右翼，祭仲为左翼，自己则在原繁、高渠弥的护卫之下，率领相对薄弱的中军，摆出了所谓的“鱼丽之阵”。

关于鱼丽之阵是个什么玩意儿，史上众说纷纭，莫衷一是。有的说鱼丽就是鱼鳞，战车和步卒层层相附，互补缝隙，因此称之为鱼丽之阵；有的说鱼丽就是渔网，鱼丽之阵的确切形态，是左右两翼向前张开，处于进攻态势，而中央部队相对靠后，处于防守态势。从当时的实际情况来看，后一解释似乎更为准确，因为战斗一开始，郑国的左右两翼就率先发动进攻，中军则坚守阵地，以待时机。

果然如公子突所料，陈、蔡、卫三国军队一触即溃，周桓王的中军也随之混乱。乱军之中，郑国的猛将祝聃张弓搭箭，瞄准周桓王，一箭射中了他的肩膀！

周桓王以他的个人英雄主义为这次失败的讨伐挽回了一点面子。虽然左右两翼都已经溃逃，他本人又身受重伤，但仍然咬紧牙关伫立在战车上，指挥部队坚守中军阵地。临危而不乱，可见天子并非无能之辈，确实是有一定的指挥能力的。

战场上纷纷乱乱，血肉横飞，王军士兵在郑军的攻击下不断倒下。周桓王如同一尊石像，既不躲避飞来的冷箭，也不理会左右护卫的劝说。那一刻，他的脑子里出现的是祖辈们坚定的身影，大庙里那些写在一块块木牌上的显赫名字，仿佛都变成了活生生的人物，在他背后默默地注视着他。

他终于觉得自己像一位天子，或者说有着天子般的尊严了。他不明白，接下来的年代已经不再是天子的年代，而是权术家、阴谋家、政客、外交家、军事家的年代。在不久的将来，还会出现一种叫作改革家的人物，他们几乎将这个世界变得面目全非……而这位受着传统的周礼教育长大的尊贵人物，势必在历史的大潮中被席卷而去。

但至少在当时，他这种悲壮的姿态，即使在寤生看来也是值得尊重的。当祝聃前来促请发动全军进攻，一举消灭王军的时候，他不动声色地下令："退军。"

"退军？"祝聃几乎要从车上跳起来。

"没错。"寤生说，"以多欺少不是君子所为，何况对手是天子！我们打这仗只是为了自卫，能保住祖先的江山社稷，就已经满足了。"

他把祝聃的耳朵揪过来，低声骂道："你这头蠢驴，刚刚那箭已经够悬了，你难道还真想置天子于死地，让我在天下人面前落得个大逆不道的骂名？"

当天夜里，寤生派祭仲代表他到天子的军营中慰问天子和诸位王室大臣。

打一巴掌，再给颗糖，是郑庄公用来对付天子的最有效策略。如果不给巴掌，光给颗糖，天子就不太受用，会主动找上门来讨要那巴掌，然后郑庄公再给颗糖，才能将此事了结。

公元前707年发生繻葛之战，是春秋时期由王室主导的唯一一次军事行动。自此之后，王室偃旗息鼓，断绝了征伐的念头，即使是到了齐桓公、晋文公的年代，那些新兴的霸主们主动前来讨好王室，抬高王室的地位，请天子出面领导他们讨伐征战，王室也仅仅是象征性地派出小股部队，不再掺和诸侯们的战争游戏。

寤生成为了这次战争的绝对赢家，不只是战场上的胜利，更是政治和外交上的胜利。寤生在繻葛之战前后的表现，可以说是“有理、有利、有节”的典范。

首先，繻葛之战不是他主动挑起的。虽然天子一而再、再而三地损害他的利益，他都保持了一颗平常心，处处忍让，仅仅采取了有限抗议的方式表达自己的不满。这是有理。

其次，在繻葛之战中，他采用公子突的战术，大胆创新，推出鱼丽之阵，将王军打得大败而归，再一次打出了郑军的威风。这是有利。

最后，在繻葛之战中，他没有乘胜追击王军，而是网开一面，放了天子一马，又在战后派祭仲前去安抚天子那颗受伤的心，进退有度，获得天下人的好感。这是有节。

后世的专制统治者和御用文人出于维护统治的目的，往往将繻葛之战视为以下犯上、大逆不道的一场战例。然而，《史记》的记载很客观，明确指出，这场战争不过是“庄公与祭仲、高渠弥发兵自救”。

既然是自救，而且也没有防卫过当，应该没有什么好批评的吧。

郑庄身后，一山不容二虎

公元前709年，鲁桓公即位的第三年，齐、鲁、郑三国同盟进一步得到加强。这一年秋天，鲁桓公迎娶了齐僖公的女儿文姜，成为了齐僖公的女婿。

齐僖公显然对这桩婚事十分重视，亲自送女儿出嫁。但是这种高调的做法，在当时却是十分失礼的行为。《左传》对此作出了解释：

第一，但凡诸侯国的公主出嫁到“敌国”（即地位相等的国家），都应该派大臣送亲。如果这位公主是现任国君的姐妹，则派上卿送婚，以表示对先君的尊重；

第二，如果出嫁的是现任国君的女儿，则派下卿送婚。如果公主出嫁到大国，即使是现任国君的女儿，也要派上卿送婚；

第三，如果是嫁到天子家里，则众卿全体出动送婚，国君本人不去。如果公主出嫁到小国，只派上大夫送就行了。

一句话，公主无论嫁到哪里，国君都没有必要亲自送亲，否则就是失礼。

说起这位文姜公主，乃是倾国倾城的美人，原本齐僖公是打算将她许配给郑国的世子忽的。

当时，郑国的势力如日中天，在齐、鲁、郑三国同盟这个铁三角中，郑伯寤生也是一个最核心人物，齐僖公希望通过婚姻这种形式来进一步强化两国之间的友好关系，也希望和郑国的下一代建立感情，将这种友谊持续下去。而站在郑国这个角度，如果能够通过婚姻加固与齐国的同盟，对于郑国在中原地区的发展，无疑也大有好处。

世人看来非常一桩美满的婚姻，世子忽却婉言谢绝了。他的理解是："结婚要门当户对。齐国是大国，郑国是小国，我如果娶了齐国的公主，人家会觉得我高攀了齐国。人要自求多福，凡事靠自己，靠岳父算什么本事？"

用现在的观点来看，世子忽的想法无可挑剔，甚至很令人钦佩。但《左传》论及此事，评论是"善自为谋"。这不是一个很好的评价，意思是，世子忽只顾洁身自好，没有站在世子的立场上考虑国家的利益。

从这里也可以看出世子忽这个人的性格，多多少少有点孤高。这种孤高，在他父亲寤生的身上完全找不到任何影子——遗传这玩意儿，确实让人难以捉摸。

公元前706年，北戎入侵齐国。因为郑国有打败北戎的经验，又是齐国的盟国，齐国派人向郑国求援。寤生派世子忽率领军队前往齐国救援，大败北戎军，杀敌三百余人，并虏获两名首领大良和少良。那个年代，郑国的军队真是内战内行，外战也内行，是当之无愧的威武之师、雄壮之师。

郑国的强大令世人瞩目，世子忽的英武善战更令齐僖公青眼相加。齐僖公放下架子，再一次向世子忽提出，要把女儿嫁给他。此时距文姜嫁给鲁桓公已有四年，但是没关系，齐僖公有的是女儿，没嫁出去的更年轻更可爱，只要世子忽愿意，买一送一也不成问题。

无奈落花有意，流水无情，世子忽再一次拒绝了齐僖公的美意。如果说前一次拒婚还情有可原，这一次拒婚则未免太偏执了。祭仲私下批评世子忽说："娶齐国的公主有什么不好呢？娶了齐国公主，您就是齐侯的女婿，如果有什么事，齐国就是您的后盾。上次您说门不当户不对，又怕大国公主不好应付，我们也就姑妄听之。这次您有恩于齐国，齐侯又那么殷勤地想把女儿嫁给您，谁还能对您说三道四呢？再说了，您要好好想想，主公并非只有您一个儿子，那几位公子也非泛泛之辈，您要想在他们当中脱颖而出，必须要有强大的外援。否则的话，主公百年之后，谁当郑国的国君，还很难说呢！”

祭仲这番话说到了点子上，世子忽没办法反驳，只好搪塞道：“当年我没为齐侯做什么事，都不敢娶他女儿。现在我奉了主公之命前来救援齐国，如果带个老婆回去，老百姓见了，难道不会说我打仗是为了人家的女儿？你叫我把脸往哪儿搁？”

世子忽死活不愿意娶齐僖公的女儿，其实另有隐情。公元前716年，世子忽已经娶了陈桓公的女儿妫氏为妻。虽然那也是一桩政治婚姻，世子忽对妫氏却十分喜爱，还没来得及举行结婚仪式，就和她圆房了，这在当时传为笑谈。从这个细节上可以看出，妫氏对于世子忽来说，是一个非常有吸引力的女人，否则的话，世子忽既然这么爱面子懂礼数，为何会猴急着与她上床呢？世子忽与妫氏做了十年夫妻，一直琴瑟和谐，感情相当不错。当然，他也不可能只有妫氏一个女人，肯定还有其他的侧室，但这些侧室都不能危及妫氏的地位，因此相安无事。现在，他如果将齐国的公主娶回去，情况就大不相同了。齐国是大国，又是郑国的盟国，齐国公主不可能屈居妫氏之下，势必被立为嫡妻，这是妫氏难以接受的，也是世子忽不忍心看到的。

实事上，郑国的老百姓对于这桩婚姻倒是蛮期盼的，有诗为证：

有女同车，颜如舜华。将翱将翔，佩玉琼琚。彼美孟姜，洵美且都。

有女同行，颜如舜英。将翱将翔，佩玉将将。彼美孟姜，德音不忘。

这是收录于《诗经·郑风》中的一首名为“有女同车”的爱情诗，写得唯美而浪漫。《毛诗序》说，这首诗其实是郑国人因世子忽不娶齐国的公主，替世子忽感到惋惜而作。

北戎军被打败后，齐僖公慰劳前来救援的各国大夫，给大家发放牛、羊、猪等牲畜，和黍、粱、稷等粮食，并且举行了盛大的宴会。在宴会上，齐僖公请鲁国的大夫为大家排座次——这件事情本来就有点存心不良：按爵位，郑是伯爵，其他诸侯一般是侯爵，郑只能排在其他诸侯之后；但按功劳，郑军是这次打败北戎的主力，理应排在其他诸侯之前。到底是序功还是序爵？齐僖公耍了个滑头，把这个烫手的山芋交给了鲁国人。

在当时，鲁国被认为是保存了最正统周礼的国家，所谓“周礼尽在鲁矣”，鲁国人也引以为荣。鲁国的前任国君鲁隐公便是排座次的高手。有《左传》的记载为证：

公元前712年，山东的两个小诸侯——滕侯和薛侯同时来到曲阜朝觐鲁隐公，因为排座次的问题而发生争执。薛侯认为，薛国在周朝先受封，理应排在前面。滕侯认为，滕国世代为周朝的卜官之长，而薛国是异姓诸侯，滕国应当排在前面。

薛侯姓任，相传是黄帝的后裔。夏朝的时候，有一位叫作奚仲的人担任了夏朝的车正（交通部车马司司长），建立了薛国。滕侯姓姬，周朝初年由周文王的儿子错叔绣建立。在这场争执中，薛侯强调他源远流长，滕侯则强调他根正苗红，两个人闹得不可开交。

这个在别人看来很难解决的问题，鲁隐公却轻而易举地化解了。他派人对薛侯说：“承蒙您和滕侯屈尊来看望寡人。周朝有句谚语说，山上的木头交给工匠丈量，宾客的礼节由主人加以抉择。按照周礼的规定，诸侯相会，同姓在前，异姓在后。寡人如果到薛国拜访您，也不敢与任姓诸国的国君争夺位置。您要是给寡人一个面子，就请您让一让滕侯，让他排在前面吧！”一番话说得薛侯心悦诚服，于是让位于滕侯。

从这个故事中我们可以看出鲁隐公的政治智慧。但并不是每一个鲁国人都有这种智慧。公元前706年，当那位不知名的鲁国大夫欣然接受齐僖公的任务给大伙排座次的时候，他没有意识到自己的行为将给鲁国带来巨大的麻烦。

他不作任何解释，没有事前沟通，就按照周礼的规定，将郑国的世子忽排到了最后。

公元前702年，中原大地再起战端。挑起战事的是郑伯寤生，战争的对象是多年来情同兄弟的鲁国，开战的理由是四年前鲁国大夫排座次不公，侮辱了郑国。

有意思的是，寤生这次攻打鲁国，事先还派人到齐国请求支援。要知道，齐僖公正是这件事的肇事者啊！如果不是他耍了个心眼，将排座次的事交给鲁国人去办，鲁国人又怎么会得罪郑国人呢？按理说，齐僖公这时候应该出面当个和事佬，摆平郑鲁两国之间的矛盾。毕竟，一方面事因齐国而起，另一方面鲁桓公是他的女婿，不看僧面看佛面，好歹斡旋一下嘛。可是，齐僖公见到郑国的使者，二话不说，就答应派兵支援，并且还主动提出，可以叫卫国一道参与此事，共同讨伐鲁国。

卫国与郑国为敌多年，公元前707年的繻葛之战中，又参加讨伐郑国的王军。齐僖公在这个时候要卫国人参与郑国的战事，实际上很有可能是卫宣公主动提出来的。繻葛之战后，寤生的事业达到了顶峰，中原诸国“莫非郑党”，连齐国都唯其马首是瞻，卫宣公又怎么会不识相？逮着这个机会，他也迫不及待地跳出来，希望能够给郑伯擦上一次鞋。

齐、卫、郑三国联军包围了鲁国的郎城。《春秋》写到这事，是这样表述的："齐侯、卫侯、郑伯来战于郎。"

为什么要用"来战于郎"这样古怪的表述呢？《左传》解释说："我（即鲁国）有辞也。"也就是说，鲁国实际上无罪，而且三国联军未奉王命，师出无名，所以不能用"讨伐"或"征伐"这样的字眼，而只能书"来战"。

还有一个问题，按照《春秋》的习惯，战争的发起国应该记载于仆从国之前，但这一次是郑国发起的战争，为什么要把齐侯、卫侯列在前面呢？

对此，《左传》又解释："先书齐、卫，王爵也。"这就是文人的嘴毒：寤生不是说排座次有问题吗，我还是要这么排，就算是以你为主发动的战争，我也要严格按照周礼，把爵位高的人排到前面，怎么着？

鲁国人采取了避而不战的战略。三国联军在郎地耀武扬威了几天，自觉无趣，草草收兵回国了。

这也是寤生最后一次领兵出征。

公元前701年，杰出的政治家、军事家、外交家、阴谋家、修辞学家、周王室原左卿士、郑伯姬寤生在新郑与世长辞，享年五十一岁。郑庄公是他死后的谥号，"庄"的意思是克敌制胜、平定乱世。

寤生生于新郑的首席权贵之家，是父亲郑武公的嫡长子、社稷的法定继承人。然而，他的童年并不幸福，没有得到母亲武姜应有的爱护，反而数次被建议废为庶子。不公平的待遇养成了其喜怒不形于色的性格，也使得他精于计算且深藏不露。

当上国君之后，他的亲弟弟京城大叔段在母亲武姜的支持下密谋反叛，群臣都对此表示担忧，而他总是安之若素，放长线钓大鱼，直到段做出实质性的反叛行为，才轻而易举地将其击破，由此树立了自己的威信，巩固了政权，维护了国家的统一和人民的团结。

寤生所处的年代，正是春秋乱世的前期，王室势力衰微，诸侯你征我伐，中原战乱频仍。在复杂的“国际”环境中，他始终保持了清醒的头脑，不惹事，不怕事，不怕碰硬，但也不硬碰，静若处子，动若脱兔。四国联军围攻东门、五国联军割禾夺麦的时候，他安安静静地待在城堡之中，甘当缩头乌龟，以不变应万变，适时抛出一点小诱饵，转瞬间将敌人的攻势化为乌有。轮到他反击的时候，战争与外交手段并用，威逼与利诱共举，时而把酒言欢，时而刀兵相向，紧紧抓住矛盾的关键，狠狠地打击最凶恶的敌人，同时转化次要矛盾，团结一切可团结的力量，建立广泛的国际同盟，有效地维护了郑国的利益，增强了国际间的合作，为中原地区的社会政治稳定作出了杰出贡献。

寤生从来不打没把握的仗，不出兵则已，出兵则必胜。他内战内行，外战也内行，无论是打宋国、打卫国、打王军，还是打北戎，他都稳操胜券，牢牢控制了战争的主动权。在他的领导之下，郑国军中人才济济，既有世子忽、公子突这样的帅才，也有颖考叔、原繁、高渠弥、祝聃这样的猛将，还有祭仲这样的综合性人才。这些人有的为他出谋划策，有的为他冲锋陷阵，将郑军打造成为战无不胜、攻无不克的常胜之师，这支军队的战斗力在当时中原各国中首屈一指。

寤生行事果敢，收放自如，在重大问题上能把握一个“度”字，做到了有理、有利、有节。繻葛之战中，他果断迎击王军，将天子的部队打得落花流水；战后又及时派人向天子致以慰问之情，安抚天子那颗多次受伤的心。虽然两代天子都对他怀有成见，他却成功地应用胡萝卜加大棒的战术，把王室玩弄于股掌之上，将王室当作自己党同伐异的金字招牌，在外交与战争中灵活运用，取得了事半功倍的效果。

寤生还是一位高明的修辞学家。在任何时候，任何场合，他都注重遣词造句，文采斐然，非常人所能及。他能够用最平和的语气说出最狠毒的话，一句“多行不义必自毙”，包含了多少狡诈与智慧，被人沿用至今；而他对许叔和百里的那番演讲，措辞之谦卑，实质之倨傲，更是堪称古今一绝。

寤生在世的时候，郑国政治稳定，军力强大，国际地位崇高，虽然没有称霸，却已经具有霸主的实质。而这一切，都建立在一个只有几十年历史的新兴国家的基础之上，郑桓公和郑武公泉下有知，当为这位噩梦中出生的后人感到骄傲与自豪。

寤生死后，世子忽顺理成章继承了君位，成为郑国的主人，也就是历史上的郑昭公。

郑庄公留给郑昭公的是一个强大而稳定的国家和一批精明能干的朝臣。这些朝臣当中，最受郑昭公信任且最有权势的是祭仲。

据《左传》记载，祭仲同样深得郑庄公宠信，曾经作为郑国的迎亲大使，前往邓国为庄公迎娶公主邓曼为夫人。邓曼就是郑昭公的母亲。因为有这段渊源，祭仲与郑昭公的关系十分密切，可以说一直以来就是郑昭公的老师和智囊。而郑昭公的即位，按《左传》的说法，也是“祭仲立之”，是靠了祭仲才上台。这样说似乎夸大了祭仲的作用，因为按照嫡长子继承制的原则，郑昭公作为世子的身份是早已经明确的，无须通过祭仲来确立。祭仲最多作为辅政大臣，在政权交替的过程中帮助郑昭公接管各项国家事务，确保其顺利上位。

在郑庄公的诸多儿子当中，郑昭公和公子突最为能干。公子突的母亲名叫雍姞（jí），是宋国权臣雍氏的女儿。郑庄公生前十分宠爱雍姞，爱屋及乌，本来就对公子突特别喜爱，再加上公子突长于军事，在几次重大战役中都提出了正确的意见，为郑军克敌制胜立下奇功，更加令郑庄公佩服，同时也令他感到担心。郑庄公知道，一山不容二虎，为了避免郑国再次出现兄弟相残的悲剧，他在临死的时候，安排公子突移居到宋国的外公家，交给宋庄公照顾。

回想起来，当年宋穆公临死时，同样是为了避免兄弟相残，曾将公子冯交给郑庄公照顾，结果与夷上台之后，为了杀死公子冯，“十年十一战”，不但没有避免兄弟相残的悲剧，反而造成郑、宋两国之间长期的矛盾，可谓事与愿违，得不偿失。现在郑庄公又走了宋穆公的老路，他的儿子们又会重蹈与夷与公子冯的覆辙吗？

答案是肯定的。

郑庄公七月下葬。按照规矩，郑昭公虽然已经执政，却要等到第二年的正月才能正式即位。就在这一年的九月，隐居宋国的公子突忽然潜回新郑，发动了政变。郑昭公仓皇出逃到卫国。十二天之后，公子突即位为君，成为了历史上的郑厉公。

令人意想不到的是，这场风云突变的现场导演，竟然是深受郑昭公信任的祭仲；而它的幕后总策划，就是曾经在郑国客居住过十年的宋庄公。这两个人，一个是郑庄公的老臣，一个曾受郑庄公多年恩惠，现在联合起来颠覆了郑昭公的政权，开启了郑国的动荡年代。

历史，仿佛给郑庄公开了一个巨大而残酷的玩笑。

祭仲为什么会背叛郑昭公，转而扶持郑厉公呢？《左传》解释说，郑厉公的外公雍氏家族在宋国很有权势，他们对宋庄公施加影响，派人将祭仲引诱到宋国，绑架起来，说：“如果不立公子突为君，就杀死你！”祭仲为了保命，只好答应了宋国人的要求。同时，宋庄公又派人将公子突也抓了起来，逼他立下字据，答应事成之后送给宋国一大笔贿赂。结果祭仲就暗中将公子突带回了郑国，发动了政变。

这种说法存在诸多疑点。

第一，祭仲作为郑国的权臣，何以在新君刚上台的时候就被宋国人绑架？要知道，在任何年代，绑架一位宰相级的人物都不是一件容易的事。如《左传》所言，祭仲是被人引诱到宋国才被绑架，那么在当时那种情况下，究竟要采取什么办法才能将一位宰相级的人物引诱到数百里之外的国境，而不被人察觉呢？

第二，就算是祭仲在宋国受到威胁，不得已答应了宋国人的要求，当他回到郑国，还有必要履行自己的诺言，帮助公子突发动政变吗？

第三，最令人疑惑的是，公子突本人似乎对这场政变并不积极，也是被人拿着刀子威逼才参与其中。这样一场你不情我不愿的政变，何以不费吹灰之力就取得了成功，改换了新郑的主人呢？

我上小学的时候看小人书《东周列国志》，看到祭仲这一段故事就表示过怀疑，一直到上高中的时候才算把这事想明白，这要归功于一本叫作《鹿鼎记》的皇皇巨著。

第一，雍氏实际上也是某一江湖团体的龙头大哥，手下不乏武林高手，要绑架祭仲轻而易举。

第二，祭仲必定是被雍氏强迫着喝下去某种定时发作的毒药，必须按时吃独门解药才能保住性命。

第三，以此推论，公子突也很有可能喝了这种毒药。

本来这个问题到此就算结束了。但是没想到，上过大学之后，我不小心又看到了一本解释《春秋》的《公羊传》。这本书对祭仲其人其事都持褒扬的观点，甚至将他上升到“贤相”的高度，认为他是“知权”的典型。所谓“权”，并不是指权力，而指为了达到某种善良的目的，在必要的时候不惜离经叛道，换句话说，就是为了正确的目的可能使用了不正确的手段。为此，《公羊传》也对祭仲为何被宋国人绑架作了一番推演，说祭仲是外出办事，途经宋国而被绑架。宋国人拿刀架在祭仲脖子上的一刹那，祭仲明白，他现在面临选择：如果他不听宋国人的话，则郑国必然灭亡，郑昭公也不得好死；反之，如果他听宋国人的话，则郑国不至于灭亡，郑昭公也不用死，再过一些日子，他还可以想办法让郑昭公回来，将公子突赶走。经过这番思想斗争，祭仲决定不顾自己的名声，忍辱负重，与宋国人合作。

这话听上去很有道理，但我不是很明白，如果祭仲不和宋国人合作，郑国为什么就会灭亡？郑昭公就不得好死？

我们还是就此打住，继续带着各种疑问，关注这些人物的命运吧。

公子突——现在应该叫作郑厉公，是一个面色冷峻的年轻人，喜欢皱着眉头。他寡言少语，不说话则已，一说话必定挟持风雷，掷地有声。他和父亲郑庄公是两种性格。

他不像当时大多数诸侯子弟那样，喜欢捧着竹简研读诗书礼乐。在他看来，那些看似高深的文字无非是些过时的文物，与时代的精神格格不入。

他喜欢打仗，并非有嗜血的偏好，而是享受运筹帷幄的乐趣，喜欢看到敌人在自己的摆布之下兵败如山倒。战斗进行的时候，他甚至独自驾车跑到战场的最高点，以一种置身事外的冷漠眼神观察着战场上的动静，把敌我双方的弱点都看得很清楚。就这样，每次他都能给父亲提出独到的建议，而郑庄公每次也都采纳了他的建议，结果总是大获全胜。

他那高人一筹的战术其实很简单：第一，了解敌人的弱点；第二，避实击虚，各个击破。

除此之外，他并不喜欢政治，或者说不喜欢玩弄权术。否则以他的智商，又有郑庄公这样的好老师，他完全有可能在权谋领域青出于蓝。但他的兴趣爱好限制了他在这一领域的发展，而且他认为自己不过是次子，没有权力继承君位，也就没有必要去考虑那些折腾人的尔虞我诈，转而将全部精力放在对战争的研究上。他甚至想过，如果哥哥世子忽即位，他仍然会像对待父亲一样对待哥哥，替他领兵打仗，克敌制胜。

然而，这种想法随着父亲的死，竟然变成了一种奢望。参加完父亲的葬礼，他就被送到宋国，过起了隐居的生活。

他对于背井离乡倒也没什么太多怨言，宋国的饭菜与郑国的饭菜一样香，外公家里的人也似乎没把他当个外人看待。他难以接受的是，从今往后，他就只能老老实实寓居宋国，不能再指挥郑国的虎狼之师活跃在中原大地上了。

他开始读诗书礼乐，开始种花养草，准备颐养天年。

但是，这种平静的生活持续了不到三个月，那场突如其来的阴谋就将他卷回到故国，一直将他送上郑国国君的宝座。

登上君位没多久，宋国的使臣就到了，一方面是祝贺新君即位，另一方面则是要求兑现贿赂。

郑厉公想不通：宋庄公还是公子冯的时候，受郑国庇护多年，吃喝拉撒都由郑国供给，父亲郑庄公为了保护他，曾以一国之力与五国联军对抗，始终没有将他交出去，最终顺利将他扶上了宋国国君的宝座。按理说，宋庄公应该知恩图报才对，怎么好意思反过来向郑国伸手索要财物呢?

郑厉公先是拖延，既而提出先支付一小部分，接下来开始赖账，最后干脆板起脸来，把宋国的使者拒之于门外。

在宋庄公看来，这笔看似一本万利的政治投资还没分到红利，就已经面临清盘的危险。郑、宋两国的关系，因为宋庄公的贪得无厌，再一次走到了悬崖边缘。

这个时候，鲁桓公出面来斡旋了。

仅仅是一年多以前，郑庄公还带着齐、卫两国的军队讨伐鲁国，

“来战于郎”，现在鲁国为什么愿意出面来摆平郑国与宋国之间的这笔肉账呢？

《左传》对此没有解释，只写道：“公欲平宋、郑。”我想，之所以出现这种情况，应该首先是郑国主动找了鲁国，要求恢复友好关系，并请鲁国出面解决郑、宋争端；其次是因为一年多前的“郎之战”，起因与郑庄公有关，但现在郑庄公已经去世，鲁国朝野也就消了气，毕竟是以和为贵，想通过调和宋、郑两国这样的外交活动来重新建立友好的国际格局。

宋庄公还是蛮尊重鲁桓公的。没办法不尊重，当年贿赂人家的郜大鼎还在鲁国的宗庙里放着呢。两国元首在句渎会盟，就解决郑、宋争端的有关问题进行商讨，然而没有取得一致性意见。鲁桓公锲而不舍，又约宋庄公在虚地会谈，仍然未果。到了冬天，鲁桓公又不辞严寒与宋庄公在龟地会晤，但宋庄公没有被感动，他表面上答应，背地里还是坚持要郑国把账付清楚。

鲁桓公毛了，干脆和郑厉公在武父结了盟，两个国家联合起来，把矛头对准了宋国。宋国也不示弱，联合一些小诸侯国讨伐郑国，于公元前698年打到新郑城下，烧了新郑的城门，捣毁了郑国的大宫，并将郑国大宫的大椽取下来，带回宋国做了城门的大椽。战争的机器又开动了，越来越多的国家因各种各样的原因卷入战争，鲁、郑、纪和齐、宋、卫、燕两个集团互相攻伐，中原大地又乱成了一锅粥。

第二章

新鲜血液的注入：外族崛起

南蛮入侵，不能小看的邻居

《左传》记载，公元前710年，“蔡侯、郑伯会于邓，始惧楚也。”当时的郑伯还是郑庄公寤生，那一年蔡、郑两国的关系其实还处于互相敌对的状态，两国元首之所以平心静气地坐到一起开研讨会，主要是因为两国都感受到了来自南方楚国的威胁。

有必要先简单介绍一下楚国的历史。

楚国的先祖据说是黄帝的孙子高阳，也就是上古五帝中的颛顼。高阳有个孙子叫重黎，在帝喾（*也是五帝之一*）时期担任了“火正”，也就是主管火烛事务的官，为当时的“火利事业”作出了重大贡献，被帝喾封为祝融氏。到了商、周时期，祝融氏有个后代叫鬻（yù）熊，在今天湖北荆门一带立国，与中原互有往来。周成王年代，鬻熊的后人熊绎

“桃弧棘矢以共王事”，拿着桃木弓和棘枝箭侍奉周天子，替天子驱邪除灾，被封为子爵，立“楚”为国，定都丹阳，可以算作是楚国的第一任君主。

古代交通不便，信息难通，楚国所处的地区山高皇帝远，经济也不发达，历代周天子对于楚国的事情很少过问，基本上是任其自生自灭，因此中原各国对楚国也没有太多重视。而楚人久居蛮夷之地，渐渐也形成了自己独特的文化，信巫鬼、重淫祀、长于幻想玄思，与中原地区的周文化截然不同。

在政治上，楚人更将自己置于中原诸国之外。周夷王年代，楚子熊渠大规模扩张自己的势力，得到江汉之间（长江与汉水流域）人民的拥护，将势力范围扩大到今天的安徽省境内。熊渠自觉劳苦功高，不满足于周朝敕封的小小子爵称号，公然宣称：“楚国乃是蛮夷之国，与中原诸国不同，不必听从周朝号令！”一口气将自己的三个儿子都封为王。要知道，周朝封给诸侯的最高爵位也不过是公，王是周天子独有的称号，熊渠将自己的儿子统统封为王，可以说是对周朝统治的公开反叛。周夷王为人懦弱，也懒得去管熊绎这个山大王，但是他的儿子周厉王是个出了名的暴君，脾气相当火暴，对熊渠那一套另立中央的做法深为不满。熊渠掂量了一下轻重，怕周厉王派兵打到山里来，几年后又主动将那几个王爷的封号取消了。

等到周平王东迁，周室明显衰落，楚国人称王的心思又动了。公元前741年，楚子蚡（fén）冒去世，他的弟弟熊通发动政变，杀死了蚡冒的儿子，自立为君。

熊通统治楚国的年代，正是中原各国开始战乱纷争的年代，诸侯不尊天子，卿大夫不听令于诸侯，弑君灭国的事情不断发生。而楚国偏居南方，远离战乱的中心，一方面努力发展经济，一方面不断侵略汉水流域的小诸侯国，其眼光也开始窥探中原诸国，隐然已有问鼎中原之志。

一句“始惧楚也”，足见当时中原诸国对楚国这个“非我族类”国家的防范和畏惧之心，而像郑庄公这样雄才大略的君主，对楚国的威胁自然不会掉以轻心，所以不惜纡尊降贵，与敌对的蔡国共同商议防楚大计（从后来发生的事情看，郑庄公之所以盯住蔡国而非其他国家，是很有远见的，在此不提）。

打个不恰当的比方，当时的中原地区就好像一个村，村里的村民以姓姬的为主，即便也还有为数不多的外姓，但把这个村叫作姬家村也无妨。

姬家村有一个村长，在名义上管理着大大小小百十来户村民。这些村民原来一直依照着一套叫作《周礼》的规矩生活，相互之间基本上能够和睦相处，就算是有点矛盾，请村长出个面也就解决了。可是自从村长为了躲避村子外头野人的骚扰，从村子西头搬到村子东头，他的威信就下降了。大伙儿有了矛盾，也不再去找村长评理，先是互相骂街，发展到用拳脚相加，再发展到拉帮结派打架，闹得不可开交。

闹归闹，可终究还是一个村里的人，说的基本上是同一种语言，风俗习惯也大致相同，相互之间的交通与沟通不存在大的问题。大伙虽然相处得不太好，但如果村外的野人跑来抢牲口，就近的几户人家也总是能够互相帮助，齐心协力把野人给赶跑，内部矛盾与外部矛盾那还是区别对待的。

不知道从什么时候开始，村子外头的山林里，出现了一户陌生人家。这家人的穿着打扮、语言习俗都与村子里的人不同，喜欢装神弄鬼，逞勇好斗。据有知识的人说，这家人的祖先原来也是村长家的朋友，村长还给过他一个地保的名分，让他去南边的山上殖民，后来他家就与山里的野人混到一起，久而久之，也养成了野人的生活习惯，断发文身、茹毛饮血，甚至吃人肉，不一而足，总之是相当可怕！

更可怕的是，这家人根本没有把村长放在眼里（虽然大家也没把村长放在眼里，但自己并不觉得是多大不了的事），并且不满足于在山上做地保，总想着怎么跑进村子来干坏事。村子外围的十几户居民都受到了那家人的威胁，以至于村子里头那几户德高望重的大户人家，都开始考虑怎么应付他了。

公元前706年，熊通亲率大军入侵汉水之东的随国。随国姬姓，是周王室的后裔，也是汉水之东最大的一个诸侯国。

之所以选择这个时候进攻随国，估计与一年前周桓王在繻葛被郑国人打得落荒而逃有关。

天子连自己都顾不上，哪还顾得了随国呢？熊通如是想。

楚国军队驻扎在随国的瑕地，熊通一边休整战备，一边派大夫薳（wěi）章前往随国，表达发展两国友好关系的诚意。

和郑庄公一样，熊通也总是先礼后兵。

随国派了大夫少师前往楚军大营与熊通谈判。

这边，楚国军营彻夜商量对策。大夫斗伯比作了一通自我批评说："我们多年以来想在汉水以东扩展势力而不能如愿，主要责任在自己身上。我们总是整顿军备，耀武扬威，用武力压迫这些小国家，搞得这些小国都很害怕，联合起来对付我们，没有办法各个击破。随国是汉东各国中最大的国家，如果骄傲自大，必定会与其他小国产生隔阂，我们也就有机可乘了。"他建议熊通将老弱病残的部队摆出来给少师看，让少师产生楚军不堪一击的错觉。

另外一位大夫熊率且比马上提出反对意见："这个搞法恐怕不行，随国有季梁这样的人物，我们骗得了少师，恐怕骗不到季梁。"

斗伯比也相信得宠的蠢人更容易骗，但他有另外的想法："眼光放长远一点撒，少师很得随侯宠信，总有一天随侯会听他的话。"

熊通原来的计划是先和谈，谈不拢就用武力威胁。听了斗伯比的建议，他觉得很有道理，下令把精兵都藏起来，只派一些老弱病残的军士无精打采地迎接少师。

少师来到楚营，与熊通闲聊了一通国际形势，八卦了一下两国的民俗风情后就回去了。他来的时候慢慢吞吞，回去的时候快马加鞭，急着向随侯汇报情况。

"快，快……赶快发兵攻打楚军大营。"一见到随侯，少师顾不上擦汗，上气不接下气地说。

"少师你是说……现在……就发兵吗？"随侯抚着少师的后背，结结巴巴地问，对此建议不是很确定。

"没错，我去看过了，楚军尽是老弱病残，楚将都是酒囊饭袋，更搞笑的是那个什么熊通，见我的时候还带着两个妖里妖气衣不蔽体的女人，左拥右抱，全无体统。请您赶快下令，动员全军部队，一举歼灭楚军！"少师兴奋地说。

随侯高兴得都合不拢嘴，跳起来说："好，咱们一举歼灭楚军，也让各国好好见识一下随军的战斗力！"他一边说，一边示意身边的侍从给他穿上盔甲。

"且慢。"站在旁边一直沉默不语的大夫季梁突然说道。

"机不可失，时不再来，您有什么话不能等到打完仗再说吗？"少师不满地说。对于人称智囊的季梁，少师总是带有一种天生的抵触情绪——他那张圆饼样的脸毫无英气，也看不出有多少智慧，说话却慢吞吞，老气横秋，尤其喜欢泼冷水。

季梁并不理会少师，伸手挡住随侯说："请您且慢发兵，以我之见，楚国是故意摆出一些老弱残兵来引诱我们上当。”

“胡说！”少师的脸都扭曲了，蹦到季梁跟前质问道，“你难道是说，我在撒谎吗？难道我会背叛主君吗？”

随侯只是站在原地一动不动，等着季梁的长篇大论。

“请您想一想，这些年来楚军纵横江汉之间，所向无敌，正所谓气势如虹，怎么可能尽是老弱病残之辈呢？”见随候若有所思，他又继续道，“自古以来，小国能战胜大国，是因为小国得道多助，大国失道寡助。主公您知道何谓道吗？道，就是忠于人民而获信于神。作为君主，要多想和多做对老百姓的福利有益的事，就是忠；主持祭祀的时候不说假话，就是信。”随候听到这里还一脸茫然，干脆一屁股坐下来，“现在百姓都吃不饱，您却总想着表现自己，主持祭祀又总喜欢夸大其词，欺骗鬼神，以这样的品德，居然想以弱胜强，打败楚国人，我……真不知道您是怎么想的！”季梁说到最后，握着拳头，跺着脚，一副恨铁不成钢的样子。少师连忙后退了几步。

随侯激动得跳起来，脸红到脖子根，强辩道：“我祭神，总是用最肥壮的牲口，最丰盛的谷物，您说说，我倒是怎么欺骗鬼神了？”

季梁长叹道：“您知不知道，人民意志就是鬼神的意志啊。所以圣贤之君总得想尽办法先填饱老百姓的肚子让他们安居乐业，然后才敢在祭坛上摆上肥壮的牲畜、美味的五谷、甘甜的酒水，心安理得地感谢神明庇佑风调雨顺，国泰民安，百姓安居乐业，朝野上下同心协力。这样社会和谐，神也赐福，工作也顺利。现在人民三心二意，鬼神也六神无主，您一个人独自丰盛，何福之有啊？我劝您啊，赶快整顿内政，团结周边的兄弟国家共同对付楚国，才能免于祸患。”

随侯愣了半晌，看了看少师，又看了看季梁，垂头丧气地说：“大夫言之有理，寡人受教了。”

熊通在瑕地等了两天，不见随军前来挑战，叹息道：“看来这位季梁确实是我们的眼中钉啊。”

斗伯比安慰他说：“急事慢做，咱们有的是时间，不争朝夕。”

楚军偃旗息鼓，回到了国内。当然，这次远征也并非完全无功，熊通临走之前，派人给随侯捎了一句话，大意是，我熊通乃是蛮夷之人，现在看到诸侯不尊王室，互相侵伐，天下已乱，我也没有别的本事，只有一些穿着破烂的武士，想凭借他们插手中原的政治，请您向王室转达我的意思，给我一个尊贵的配得上的封号。

所谓尊贵的封号，自然是封他为王。随侯派人将熊通的要求报告给王室，遭到王室的断然拒绝。

如前所言，古代交通不便，信息难通，人们的办事效率也不高，楚国与中原的交流更加困难。当随侯将王室的答复反馈给熊通，已经是一年多之后的事了。

熊通得知自己的要求被拒，勃然大怒：“寡人的先祖鬻熊是周文王的师傅，先公熊绎仅仅被周成王封为子爵，统治南方。现在蛮夷部落都臣服于寡人，而王室却拒不承认寡人的地位，也罢，那寡人就不客气，自尊为王了！”

从此之后，熊通就不再是楚子，而被称为楚王。因为他死之后的谥号是“武”，所以在历史上，他又被称为楚武王。

公元前704年，楚武王率军进攻江汉以南的濮族部落，将濮地并为楚国的领土，进一步增加了楚国的实力。

同年秋天，志得意满的楚武王在沈鹿召开诸侯大会，邀请汉水流域各国国君共商合作大计。据史学家考证，这次大会堪称春秋史上第一次诸侯大会，远比齐桓公“九合诸侯”要早，可以视为楚国称霸汉水流域的标志性事件。

可是，河南南部的黄国和汉东的随国没有派代表参加大会，这也是对楚国的霸道表达的一种无声的抗议。面对这种公然不合作情况，楚武王也理所当然要采取行动，一边派薳（wěi）章前往黄国进行外交施压，一边亲自率大军第二次讨伐随国。

同样是不赴会，黄国受责而随国受兵，一方面是因为黄国太远，地处中原地带，以楚国当时的实力，还没有能力远袭黄国；另一方面是因为“汉东诸国随为大”，随国树大招风，如果随国屈服，其他小国家也就只能乖乖就范了。

这次，楚国大军驻扎在汉淮之间休整，静观随国如何应对。

对于楚国人此来的目的，季梁是相当清楚的：楚国人不是为了消灭随国而来，只是希望随国臣服于楚国，给汉水流域各国做一个表率。对比了双方的实力和优劣势之后，他给随侯提了一个先礼后兵的建议：楚国以不赴会为由来讨伐随国，我们应当避其锋芒，派人到楚王那里去认个错，请求免于惩罚。楚国人如果得理不饶人，我们再战不迟。

在中国的历史上，每当一个国家到了危急关头，就会出现主战派和主和派两种不同的声音。一般来说，主战派慷慨激昂，无所畏惧，恨不能早日开战；主和派慢条斯理，思前想后，不到最后关头不放弃外交努力。季梁就是主和派，他深知楚国战斗力之强，不到逼不得已，他是不愿意看到两国开战的。但是，深受随侯宠信的少师是一个不折不扣的主战派，他对季梁的谨慎深感不屑。以他的经验来看，楚军就是一块自动送上门的肥肉，上次随侯原本已经要发兵了，被季梁一通长篇大论砸得晕头转向，士气大伤，这次决不可再让他当面指着鼻子说我们不懂得治国之道，不得神明庇护啦。因此少师向随侯提出了一个完全相反的建议：“必速战，不然将失楚师！”

这是《左传》记录的原话，如果翻译成现代文，就是：必须要速战速决，否则的话，再也找不到更好的机会来消灭楚军了！

言下之意，他是怕楚国人又像上次那样，还没开打就跑了。

随侯也许是被楚国咄咄逼人的气势给惹恼了，也许是对季梁的批评还耿耿于怀，决计要做出个样子来给这个只懂得讲道理的胖子看看，于是随侯听从少师的建议，将全军拉出城去，跟楚国人打起了野战。

本来，楚国人远道而来，后勤和后卫线都被拉得很长，随国人就算要打，也完全可以以逸待劳，躲在坚固的城防设施背后消耗楚军的实力，待其疲惫之时再奋力出击，或许还有几分胜算。但是，在少师的眼中，楚军还是几年前看到的那样羸弱不堪，完全没有必要凭借城防设施来取胜，即便现在兵强马壮，以他们的蛮夷粗俗也万万敌不过我们泱泱随国的智勇双全，因此采取了主动出击的战略，希望一战定胜负。

即便事情发展到这个地步，但只要随军指挥得当，战局还不至于太糟糕。季梁对楚国人的习俗很了解，建议随侯："楚国人以左为尊，楚王必定在其左军，其左军必定是精锐部队。请您避其锋芒，率主力进攻其右军。楚右军力量单薄，必定溃败，那时我们再集中力量攻其左军，应该可以获得胜利。"

季梁这一套避实就虚的战术，与当年繻葛之战中郑军打败王军是同一个道理，应该说是一条好计。

但是，少师狠狠地瞪了他一眼，用一种近乎歇斯底里的腔调说："你这是什么话，咱们难道还怕楚国人不成？这一仗，我们就是要避虚就实，轰轰烈烈地和楚国人大战一场，打得他们不敢再跑到汉东来撒野！"他非但不同意季梁的战术，还执意要将主力部署在楚国的左军对面，与其硬碰硬。

随侯被少师这番气壮山河的豪言壮语给震动了，于是坚决地站在少师这边，不愿意再听季梁的大小道理了。

两军在速杞发生遭遇战。不出季梁所料，长年未经战阵的随军根本不是楚军的对手，面对楚国左军的随军部队更是被打得丢盔弃甲，溃不成军。

战争结果：随侯逃逸，连戎车都被楚国人抢走；少师被俘，死于楚军阵中；楚军获得了完全胜利。

随侯跑得快，态度转变得更快，连夜派人到楚营认错求和。楚武王很想趁势把随国给灭了，斗伯比又站了出来（打，他谏；杀，他也谏，春秋时期的领导还真不好当），劝谏道："老天借我们之手替他们除了少师这个祸害，随国一时还亡不了。"楚武王想着打仗的初衷就是杀鸡儆猴，既然随国打算起这个模范带头作用，又何乐而不为呢？于是听从斗伯比的建议，与随国结盟而还。

所谓结盟，其实也就是将随国变为其附庸。

楚、随结盟为楚国称霸汉水流域打下了基础。自此之后，楚武王发动了一系列攻势，逐渐将汉水流域的各个小诸侯国纳入自己的掌控。

公元前701年，也就是郑庄公去世的那年，楚军将领屈瑕率军前往汉东，以武力胁迫贰、轸两个小国家与楚国结盟。

公元前700年，楚武王亲自率领大军讨伐绞国，绞国人闭城不出，楚军的攻势一度受阻。屈瑕几经波折找到了对方的弱点，对楚武王说："绞国面积狭小，国人心浮气躁，不善谋略。请派樵夫到其城外砍柴，引诱其出城进攻。"楚武王听从了屈瑕的建议，绞国人果然派兵出击，第一天便俘获了三十多名楚国人。第二天一早，尝到甜头的绞军再次争相出城，将楚国的樵夫赶到山中，结果中了楚军的埋伏，被打得大败。楚武王趁机派人向绞君施压，迫使其与楚国签订了城下之盟，成为了楚国的附庸。

公元前699年，屈瑕又率军讨伐彭水之滨的罗国。斗伯比代表楚王送军出征，回来的路上跟自己的车夫说：“屈瑕此行必败，你看他那趾高气扬的样子，已经飘飘然浮在空中了，还怎么能平心静气领军作战呢？”他越想越不放心，连夜跑去对楚武王说，屈瑕带的兵不够，一定要赶快派援军。

楚武王对此一笑了之，不以为然。回到宫里，还把这事当笑话讲给夫人邓曼听。

邓曼一听就着急了，对楚武王说：“您误会斗伯比大夫的意思了。他并不是说屈瑕带的人马不够，而是在告诉您，作为一国之君应该以诚信安抚小民，以身作则教育各级官员，以严格的律令制约带兵打仗的将领。屈瑕这些年来连续打胜仗，自信心膨胀，很容易独断专行，犯轻敌的错误。您必须亲自对其进行训诫，好好约束他的行为，才能防止这种错误的发生。您还真以为大夫不知道部队已经全部开出去，在跟您说疯话哪？”

楚武王吓了一跳，暗自骂斗伯比：“你这厮有话就直说嘛，还跟老子打什么哑谜哟？”连忙派人前去追赶屈瑕大军，但是没追上。

果如邓曼所言，屈瑕刚愎自用，不听任何人的意见，甚至给部下发布了一道命令：“提意见者受刑！”部队开到鄢水，也不防备敌人突袭，乱哄哄地过了河。罗国军队和当地的南蛮部族武装两面夹击，大败楚军。屈瑕自觉无脸见人，一个人跑到山里面自缢了。逃回来的楚军将领自囚于治父，等待楚武王发落。

楚武王哀叹：“这全是我的过错啊。”将他们全部赦免了。

作为一位领导，在出现重大失误时敢于承担责任，不推三阻四，也不嫁祸于人，就是一位好领导。

楚武王统治楚国的时期，楚国在汉水流域不断发展壮大，虽未染指中原，却不断蚕食南方小国，成为地方一霸。

然而，屈瑕讨伐罗国的失败，给楚武王很大打击，从此退而整修内政，富国强兵，十年未曾对邻国动武，江汉诸国得以安生十年。

从这件事也可以看出，在楚武王的统治之下，楚国虽然崛起，力量却仍然有限，一次军事失败之后，需要很长时间来恢复元气。

公元前690年，周王室将随侯召到雒邑，调查楚子熊通自立为王这件事，认为随侯在其中起到了推波助澜的作用，毫不客气地进行了严厉批评。

平心而论，随侯这顿板子挨得一点也不值，周王室如果管得了熊通，大可以自己去管，何必怪罪于他这个小国诸侯？退一万步说，随国好歹还跟楚国打过一仗，周王室却连一个谴责的使者都不敢派往楚国，这不是欺软怕硬吗？

那边，楚武王得知随侯去雒邑朝觐天子，认为这是没有将他这个楚王放在眼里，一怒之下，再一次举兵讨伐随国。随侯这回两面不是人。

十年磨一剑，楚武王此举的目的不仅仅是消灭随国，也许更有一举并吞汉东诸国的意思。一时之间，江汉流域各国战战兢兢，生怕祝融的火把烧到自己头上。

出征前夕，楚武王突然对夫人邓曼说了一句奇怪的话："我突然觉得心里摇摇晃晃。"

邓曼听了，半晌没说话。夫妻两个相对无言，预感到有什么事情要发生。许久，邓曼才眼泪汪汪地说："大王的天命已尽，水杯注满水，则容易晃出来，乃是天理使然。这是楚国列祖列宗在天之灵在召唤您啊！如果此去战争顺利，部队全师而还，您就算逝世于军中，也是国家的福分了。"

大军出征，邓曼说出这样不吉利的话，本来是不应该。楚武王低头沉吟了片刻，道："既是天命使然，我避之何益？"

有学者认为，社稷为重、君为轻的思想，在邓曼这句话里已经得到了体现。而我很佩服这个女人，刚强、温柔、多情、重义、理智集于一身；也很佩服楚武王，对于一个男人而言，以一种平静的姿态坦然面对自己的命运，更是一种高尚的品德。

楚军按原定计划出发攻打随国，路程未行一半，楚武王突然发病，死在一棵樠（máng）树下。这一年，是他在位的第五十一年。他的死讯被隐瞒起来，楚军在令尹斗祁、司马屈重的带领之下继续前进，遇山开路，遇水架桥，加快行军速度，直奔随国城下。

随国人被楚国人这种势不可挡的气势压倒了，没有进行任何抵抗，主动向楚国人求和，再一次与楚国结成盟国。司马屈重以楚王代表的身份会晤了随侯，不但没让随侯看出楚武王已死的半点迹象，还装模作样地与随侯约定，来年两国君主再在汉水之滨举行会谈。

做完这些，楚国大军开始胜利班师回国，当全部人马都渡过汉水之后，斗祁等人才对外发布了楚武王去世的消息。

如此国君，如此王后，如此众将，如此士卒，国家想不强大都难。

坏事的背后总有一个女人

老爸亲，还是老公亲？

一个女人如果被问及这样一个问题，恐怕一时回答不上来。这就好比热恋中的女孩子时常也会问男朋友："如果我和你妈同时落水，你先救谁？"男孩子恐怕也只好搔头挠耳，不知怎么回答才好。

最早提出这个问题的是一个叫雍姬的郑国女人。

雍姬从夫姓，她的丈夫叫雍纠，是郑国的大夫。雍姬的老爸叫祭仲，祭仲是历经郑庄公、郑昭公、郑厉公三朝老臣，在郑国的地位可以用根深蒂固四个字来形容。

说起来，雍姬的丈夫雍纠也是有来历的人。公元前701年，宋国的权臣雍氏绑架祭仲，逼他立公子突为君，顺便把这位叫作雍纠的子弟塞给了祭仲做女婿，目的是为了在郑国内部安插自己人，好监视公子突君臣的行为。按照这种关系，雍纠很有可能也就是郑厉公的舅舅或是表兄弟之类的亲戚。

郑厉公是靠了祭仲的支持才得以上台的。但是如果纵观整件事情的始末，我们不难看出，郑厉公和祭仲之间并没有多少感情纠葛，只不过是拴在同一条绳子上的两个蚂蚱，不得已而合作罢了。

等到政权稳固，宋庄公这个幕后操纵者也不能再威胁他们的时候，两个人的矛盾很快便暴露出来。《左传》这样记载：“祭仲专。”

专就是专权，就是横行霸道，就是飞扬跋扈，就是目无主君，自己想怎么办就怎么办。祭仲为什么这么蛮横呢？

第一，他是郑厉公政变上台的执行导演，如果不是他将郑厉公偷偷地从宋国带回新郑，这场政变就不可能发生，郑厉公也就不能成为郑厉公，鬼才知道他公子突会在宋国的哪个犄角旮旯里颐养天年呢。换句话说，没祭仲就没有郑厉公的今天。

第二，祭仲是三朝老臣，为郑国服务多年，他不但具有居功自傲的资本，而且具有丰富的人脉资源，朝中的大臣不是他的朋友，就是他的世侄，或者是他的亲戚，总之都有着千丝万缕的联系。换句话说，他的群众基础很牢靠。

第三，郑厉公打仗是一把好手，搞政治斗争却是门外汉。而祭仲呢？他是深得郑庄公真传的权术高手，善于揣摩人的心思，极少感情用事，知道什么时候该坚持原则对主君保持忠诚，什么时候该抛弃自己的主子。换句话说，他能够与时俱进，不拘泥于忠君报国的条条框框。

祭仲自然有其蛮横的理由，郑厉公却也不是等闲之辈，更不是甘受人挤捏的软柿子。自从登上君位的第一天，他无日不在思考一个问题：如何才能除去祭仲？

攻城掠地常用的招数——里应外合，他首先想到了祭仲的家里人：雍纠。

雍纠是一个身份很特殊的人：首先，他是宋国人，到郑国的时间也不长，政治背景相对简单；其次，他是郑厉公娘家的亲戚，与郑厉公有血缘关系；最后，他还有一个特殊的身份，那就是祭仲的女婿，可以名正言顺地接近祭仲。

站在雍纠的立场，郑厉公与祭仲，一个是表亲，一个是岳父，究竟谁更亲呢？这个问题不太好回答。但是，雍纠之所以娶祭仲的女儿，不是因为爱情，也不是因为门当户对，而是宋庄公强行摊派给祭仲的。这是一桩建立在不信任基础上的婚姻，姑爷的任务是监视泰山，两个人之间又怎么会有好感呢？因此，在郑厉公与祭仲的君臣之争中，雍纠坚定不移地站在了郑厉公这边。

公元前697年春天，郑厉公和雍纠商定，借举行郊祀的机会，由雍纠在路上设宴招待祭仲，并趁机刺杀。

所谓郊祀，是春秋时期的一种祈祷仪式。每逢春季惊蛰前后，国君要带领众臣前往城郊举行祭祀众神的活动，祈祷风调雨顺，五谷丰登，称为郊祀。在郊祀的途中，女婿请岳父喝杯小酒，想必不会引起什么怀疑吧。

计是好计，但我实在搞不明白，雍纠为什么一根筋会把这事透露给自己的老婆。

而他老婆雍姬得到这个消息，第一个念头也不是告诉老爸，而是急哄哄跑到老妈那里，问了前面说的那个问题：“妈你说，老爸亲，还是老公亲？”按她的想法，如果老妈说“老公亲”，她就捂住嘴巴，不再往下说了。

老太太撇撇嘴：“那还用说，当然是老爸亲。”

“为什么啊？”

老太太说了一句足以雷倒众生的话：“人尽夫也，父一而已。”

这句话不难理解：人尽可夫，老爸只有一个。话说得倒也在理，只是“人尽夫也”四个字，让人看了忍不住喷饭。

雍姬恍然大悟，连忙将老公的阴谋告诉了老妈。老太太吃了一惊，暗自庆幸自己在这个大是大非的问题上没有说错话。

第二天早上，郑国大夫周氏家的池塘里，发现了一具浮尸，打捞上来后，虽然血肉模糊，但还是有人指认出那是大夫雍纠的尸体。

周氏连忙跑到宫里向郑厉公报告。

郑厉公亲自驾着马车到周家的池塘边看了一下，一言不发，将雍纠的尸体抱上车，在众多目光的注视下绝尘而去。

事情败露，走为上计，他绝不拖泥带水。

“谋及妇人，宜其死也。”这是他对雍纠的评价，意思是这么重要的事居然让一个妇人知道了，死得活该。然而他还是带走了雍纠的尸体，找了个地方埋葬起来。雍纠既然为他而亡，他就不会抛弃雍纠，哪怕只是一具尸体。

单凭这一点，这个世界上还有他的舞台。

公元前697年六月，郑国的前任国君郑昭公又回到了新郑，重新成为郑国的主人。当然，这一切还是出于祭仲的安排。

俗话说，一朝天子一朝臣，郑昭公再回来的时候，祭仲已经来回折腾着做了四朝君主的臣工。无论年龄还是精力，他都明显地老了。

我们不知道郑昭公有没有发出“前度刘郎今又来”之类的感慨，但我可以肯定，他看着面前这个眼神依旧锐利、身材依旧瘦削、态度依旧谦卑的祭仲，不免百感交集。

四年前，就是这个干巴巴的老头儿把自己扶上国君的宝座，屁股还没坐热，又被他赶下台来；四年后，他又派人将自己从卫国接回来，再一次送到了国君的位置上。取舍予夺，仿佛都在这老头的股掌之上。

他没有对祭仲说太多，只是拍拍他的肩膀，淡淡地说了一句：“辛苦了。”

祭仲将头低下去，眼角流下一滴浑浊的泪珠。

谁辛苦？郑昭公辛苦，还是祭仲辛苦？也许生活在这个礼崩乐坏的年代，大家都很辛苦。

毫无疑问，郑昭公和他的弟弟郑厉公一样，都不是善于玩弄权谋的人。他很单纯，甚至单纯到固执的地步，否则的话，他也不会两次拒绝齐僖公把女儿许配给他的好意。他似乎总弄不明白，既然生于公卿之家，婚姻就是政治，与爱情和个人气节是没多少关系的。

如果那时候娶了齐国的公主，想必不会有这四年的流亡生涯吧？宋国人就算是想动他，也要考虑一下后果，齐僖公这个岳父老子可不是好得罪的。那样的话，不只是自己免受颠沛之苦，郑国也不会陷于混乱，父亲郑庄公的威名也不会受到损害……总之，一切都会不同。

不过，如果他知道那位从齐国抱得美人归的鲁桓公是一个什么下场，也许能冲淡这种后悔。

公元前706年，鲁桓公迎娶文姜的第三年，他们的爱情结出了果实——这一年九月，他们的儿子诞生了。因为出生的日期与鲁桓公相同，这个孩子被命名为同。

以“周礼尽在鲁矣”而著称的鲁国人用盛大的排场迎接了这位大子的诞生：鲁桓公斋戒沐浴，以大牢（牛、羊、猪三牲）之礼献祭于列祖列宗；由国家级占卜师郑重其事地卜卦，选择吉利有福气的下层贵族人士来服侍婴儿，又挑选德才兼备、美貌的下层贵族的妻子来给他喂奶；鲁桓公、文姜和血统纯正的高级贵族公室妇女一起为他举行命名礼。

大子同诞生的时候，正是齐、鲁、郑三国同盟的鼎盛时期，但是三国诸侯之间的关系并不对等，简单地说：郑庄公是这个同盟的“轴”，也就是核心人物；齐僖公是这个同盟的“辐”，也就是支撑同盟运转的实力派；鲁隐公本来在同盟中地位不低，但是鲁桓公上台后，三国诸侯的关系就开始发生变化了：齐僖公和郑庄公仍然亲密无间，鲁桓公这位后来者却始终没有被摆到平等对话的位置上。这也难怪，前两者在历史上有“僖庄小霸”之称，鲁隐公之所以能够与这两位平起平坐，主要是因为他正直厚道，为人忠憨，受到他们的尊重。而鲁桓公既不正直，也不厚道，用了阴谋诡计杀死鲁隐公才上台，本来就做贼心虚，在两位小霸面前就显得愈发渺小，更何况齐僖公还是他的岳父，从辈分上来讲，已然矮了两位大爷一辈。

对于齐僖公这位岳父，鲁桓公的态度可以用八个字来形容：战战兢兢，如履薄冰。有事例为证：

公元前706年冬天，纪武公来到曲阜朝觐鲁桓公，一方面庆贺大子同的诞生，另一方面是觉察到齐国有进攻纪国的迹象，想请鲁桓公出面，在齐僖公面前说说好话，放弃进攻纪国的念头。

纪国是山东的姜姓小国，与鲁国有姻亲关系。纪武公心想，鲁国是齐国的盟国，鲁桓公又是齐僖公的女婿，找鲁桓公帮忙准错不了。但是没想到，鲁桓公听说要他到齐僖公面前斡旋，就开始捻着胡须支吾其词了，又是天气不佳又是道儿不好走又是老婆黏得紧啊……绕了半天弯子，就是不正面答应纪武公的请求。

纪武公再迟钝，也看出鲁桓公在齐僖公面前说不上话，转而请求鲁桓公到天子面前说几句好话，再请天子出面做齐僖公的工作。但是这个要求鲁桓公也没敢答应，他和群臣们商量了半天，想出了一个曲线救纪的办法：由鲁国牵线搭桥，促成了周桓王与纪国公主纪姜的婚事。

按照鲁桓公的想法，纪武公既然成了周桓王的岳父，齐僖公不看僧面看佛面，多少要给天子一点面子吧。

从这件事情可以看出鲁桓公对齐僖公的畏惧。另外值得一提的是，他这个高明的主意也未能挽救纪国。若干年后，齐国还是吞并了纪国，而王室对此也没敢发表任何意见。

力求明哲保身的鲁桓公却未能确保鲁国的平安，公元前702年冬天，郑庄公借口鲁国人在排座次的问题上侮辱了郑国，悍然发动战争，联合齐、卫两国包围了鲁国的郎城，史称“来战于郎”。

接着，两位小霸相继去世，郑庄公于公元前701年去世，三年后齐僖公也去世了。齐僖公去世后，公子诸儿继承君位，也就是历史上的齐襄公。齐襄公对鲁桓公这位妹夫也不太友好，公元前695年夏天，两国因为边境小事发生冲突，齐国军队便入侵了鲁国边境。鲁国边境长官派人跑到曲阜报告情况。鲁桓公这回果断地一拍桌子：“边境部队的任务，就是要提高警惕守住自己的阵线，防备突发事件。敌人来了就要全力应战，还请示什么？”鲁国边防军这才展开反击，与齐军在奚城发生战斗。

在双方边境摩擦不断的情况下，公元前694年春天，鲁桓公带着夫人文姜前往齐国拜访齐襄公。这一方面是为了协商解决两国边境冲突，另一方面是周天子要将女儿嫁给齐襄公，指定鲁桓公为主婚人，因此他要与齐国方面商量有关操办婚礼的事宜。

国家元首出访，第一夫人作陪，在今天看来是很正常的事，在当时却引起了鲁国群臣的强烈反对。大夫申繻把头摇得跟拨浪鼓一样，说："女各有夫，男各有妻，互不亵渎，就叫作有礼。如果违反这一伦常，必定会出问题！"

鲁桓公明白申繻说得不错，不过他想，文姜是齐襄公的妹妹，兄妹见面自然温情许多，谈国事谈家事想必也轻松不少，万一谈崩了，还有个顺虎毛降火的救星呢，说不定很多难题都可以迎刃而解；加上文姜嫁到鲁国来十余年了，趁此机会让她回国看看，也不失为一件好事。

就这样，文姜便跟着鲁桓公来到了齐国。

对于文姜来说，齐国的一山一水，一草一木，都如同十几年前一般亲切，只不过所见到的人都有了不小的变化，尤其是她那位当了国君的诸儿哥哥。

文姜与诸儿并非一母所生，然而自幼在一起玩耍，感情笃深，到了十五六岁年纪，一个青春萌动，一个情窦初开，竟隐然有了相恋之意。据说当年文姜出嫁，诸儿曾以诗相赠："桃有华，灿灿其霞。当户不折，飘而为苴。吁嗟兮复吁嗟。"诗的意思是，桃花如同红霞般美丽，虽然种在我的家门口，我却没有采摘，现在飘落于地，真是让人唏嘘！文姜亦以诗相和："桃有英，烨烨其灵。今兹不折，讵无来春！叮咛兮复叮咛。"桃花每年都会盛开，就算是今年不采摘，难道来年春天都不开花了吗？千万记住我的叮咛啊！——这是哥哥妹妹的离别诗吗？

一晃十余年过去，文姜由花季少女变成了风韵少妇，比往日更多了一分妩媚，一分娇艳，一分性感；而诸儿也由风流倜傥的公子哥儿变成了一呼万应的大国诸侯，比往日更多了一分成熟，一分稳重，一分威严。两个人一见面，齐襄公（诸儿）的眼睛都看直了，而文姜也不胜娇羞，眉来眼去之间，已然有了暧昧的情愫。只有鲁桓公仍然蒙在鼓里。这也难怪，戴绿帽子的人总是最后一个知道实情的。

齐襄公与鲁桓公在泺（luò）地相会，宾主相谈甚欢，该消除的误会都消除了，王室与齐侯家的婚事也谈妥了。齐襄公很高兴，邀请鲁桓公夫妇再到临淄去住上一段时间，鲁桓公喜滋滋欣然应允。

到了临淄，齐襄公与文姜便有了单独相处的机会，两个人干柴烈火，一点就着。想想看，文姜十余岁出嫁到鲁国，算起来已有三十来岁了吧，三十来岁是女人最漂亮的年龄，因为她知道青春正从发丝间滑走，所以要拼了命来绽放自己。而齐襄公呢，虽然他有三宫六院，但自古妻不如妾，妾不如妓，妓不如偷，何况偷的还是自己的妹子？如果要兰陵笑笑生来写这个故事，肯定写得激情四射。而鲁国的史官显然没那个兴致，只写了干巴巴的四个字："齐侯通焉。"通就是通奸，你要是不研究文言文，根本不知道发生了什么事。

鲁桓公虽然迟钝，在临淄住的日子一久，对文姜与齐襄公的迎来送往也心知肚明了。当时齐国人写了一首诗：

> 敝笱在梁，其鱼鲂鳏。齐子归止，其从如云。
> 敝笱在梁，其鱼鲂鱮。齐子归止，其从如雨。
> 敝笱在梁，其鱼唯唯。齐子归止，其从如水。

这首名为"敝笱"的诗收录于《诗经·齐风》。破鱼篓儿横在水坝上，只见鱼儿互相追逐，快乐得像云像雨又像水。只不过，齐襄公和文姜将自己的快乐建立在了鲁桓公的痛苦之上。

再老实的人也不甘心戴绿帽子。武大郎得知自己的老婆与西门庆有染之后尚且怒发冲冠，威胁潘金莲说，要叫他的兄弟武二回来收拾这对奸夫淫妇。鲁桓公虽然身在异国他乡，只能任由别人摆布，但还是可以找机会向文姜发一通脾气，责骂她不知廉耻。但这一骂，骂出问题来了：文姜跑到宫里，向齐襄公狠狠地告了他一状。

文姜向齐襄公哭诉，也许只是觉得委屈，想在情人那里撒撒娇，获得一些额外的安慰。但是这位齐襄公听了之后，做贼心虚，担心闹成国际丑闻，立刻作了一个决定，要一劳永逸地解决那位吃醋的丈夫。

这一年的四月初十，齐襄公设宴招待鲁桓公。在宴会上，齐国群臣不停地给鲁桓公敬酒。鲁桓公心情郁闷，正好借酒浇愁，很快被灌得烂醉如泥。宴会过后，齐襄公令公子彭生驾车将鲁桓公送回宾馆。彭生是齐国有名的大力士，走到半路略施手脚，将鲁桓公肋骨拉断。鲁桓公就这么不明不白地“薨”了。

《春秋》简单地记载：“夏四月丙子，公薨于齐。”而《左传》也仅仅是语焉不详地说：“（齐侯）使公子彭生乘公，公薨于车。”翻译成白话：齐侯派公子彭生为鲁桓公驾车，鲁桓公死在车里。

一桩证据确凿的谋杀案，鲁国的史书为什么要记载得这么遮遮掩掩呢？那是因为：第一，鲁桓公带着文姜去齐国访问，本来就是一件“非礼”的行为，他本人应该对此负责任；第二，鲁桓公正月访问齐国，四月被杀，整整在齐国流连了三个多月，不理国内政事，虽然情非得已，但也不可原谅；第三，鲁桓公的死事关国家级绿帽子，所谓家丑不可外扬，鲁国人写起这段历史，总是感觉难堪，难以下笔。

鲁桓公死得暧昧，当时鲁国的群臣对于这件事的态度就更暧昧。他们给齐僖公发了一份含糊其词的外交照会，大概意思是说：我国元首畏惧您的虎威，不敢安坐家里，前来贵国修好，事情办成了，非但没有回国，还稀里糊涂地死在贵国，也不知道找谁负责任，搞得我国在各国面前抬不起头。请您杀了公子彭生，也好让我们对各国有个交代。

这份照会结结巴巴，前言不搭后语，有点想讨回公道，却又怕对方发威，有点想指桑骂槐，却又欲说还休，堪称是春秋外交史上一篇奇文。齐襄公收到这份照会，倒是毫不含糊，将公子彭生当作替罪羊给杀了，算是给了鲁国人一个说法。

大子同即位为君，也就是历史上的鲁庄公。

鲁桓公死后，文姜一来留恋与齐襄公厮会的快乐，二来也无脸回鲁国见人，干脆在齐国定居下来。《春秋》和《左传》频频记载了那些年间文姜与齐侯私通的丑事：

“十二月，夫人姜氏与齐侯相会于禚（zhuó）地。”（庄公二年）

“夫人姜氏在祝丘宴请齐侯。”（庄公四年）

“夏天，夫人姜氏进入齐国军中。”（庄公五年）

“春天，夫人姜氏与齐侯在防城相会。”（庄公七年）

“冬天，夫人姜氏与齐侯在谷城相会。”（庄公七年）

……

这哪里是偷情，简直就是明火执仗！

我有点怀疑，鲁国人是不是派了一支跨国狗仔队，专门盯着文姜，一有信息就直接向鲁国的史官报告，然后记录在案。又或者鲁国上下已经对文姜产生了浓厚娱乐兴趣，将其所作所为一一记录在案以便让她遗臭千年，以至于忘记了这位文姜还是现任主君的亲娘。

鲁国人对这对奸夫淫妇的愤恨，由此可见一斑。夹在中间难以做人的是鲁庄公，既要忍受丧父之痛，又要顺应国民的情绪，埋藏对母亲的思念，实在是难为他了。公元前690年，十七岁的鲁庄公偷偷越过边境，前往齐国的禚（zhuó）地与齐襄公会猎。说是打猎，实际上还是想探望一下自己的生母文姜。鲁国的史官对此不满，因此在《春秋》上记载："冬，公及齐人狩于禚。"越过边境去和齐国的人打猎，当然是"非礼"的行为。然而，母子之间的舐犊之情，又岂是一个"礼"字所能泯灭？公元前689年，齐、鲁等国联军讨伐卫国，"夫人姜氏如齐师"，一方面是为了和齐襄公相会，另一方面恐怕也是为了看一看自己的儿子吧。

既贪恋肉体的欢愉，又思念他乡的儿子，这位绝世佳人文姜分身乏术，难以两全。《左传》在"七年春，夫人姜氏会齐侯于防"之后，紧接着又记录："夏，恒星不见，夜明也。星陨如雨，与雨偕也。"

读起来宛如一首带着淡淡忧伤的小令。

较之齐姜的乱伦，她姐姐宣姜的故事同样令人唏嘘。

当年州吁谋杀卫桓公，自立为国君，卫桓公的弟弟公子晋出逃到国外。后来州吁政权垮台，卫国人又将公子晋接回国，立为新君，也就是卫宣公。然而这位卫宣公，却是历史上有名的昏君。

《左传》记载了他的一桩风流事："卫宣公烝（zhēng）于夷姜。"夷姜是卫庄公的小妾，按辈分是卫宣公的庶母。"烝"则是特指以下淫上，也就是晚辈与长辈通奸。春秋时期，诸侯娶十几个小老婆是很正常的事，而诸侯的精力有限，加上年事已高，小老婆久旷，难免成为怨妇，被诸侯的儿子偷偷"烝"掉的事情时有发生。至于诸侯死后，新君即位，既继承老爸的江山也继承老爸的美人，就更不足为奇了。

卫宣公和夷姜通奸，夷姜为卫宣公生下了一个儿子，取名为急子。卫宣公对夷姜倒也不错，即位之后，立夷姜为夫人，立急子为大子，并且任命大夫公子职担任急子的老师，负责培养这位未来的接班人。

卫宣公既然立急子为大子，就想替他娶一个好老婆，于是向齐僖公提亲，齐僖公正想加强对卫国的控制，也欣然答应，于是将女儿宣姜嫁到卫国去做大子妃。没想到，卫宣公这老头子一看到宣姜就傻了眼，做了一个让所有人大跌眼镜的事：儿子的婚礼不办了，儿媳妇带回自己的寝宫去享用！

新台有泚（zǐ），河水瀰（mí）瀰。燕婉之求，籧（jū）篨（chú）不鲜。

新台有洒，河水浼浼。燕婉之求，籧篨不殄。

鱼网之设，鸿则离之。燕婉之求，得此戚施。

这首名为“新台”的诗收录于《诗经·卫风》。卫宣公将儿媳妇抢到手之后，为了讨新人欢心，就在黄河岸边建立了一座亭台，成天与她在这里嬉笑游乐。卫国人民对国君的行为深感不齿，写了这首诗进行讽刺，大概意思是：新建的楼台光鲜明亮，河水潺潺从它旁边流过，美丽的人儿哟，竟然嫁给了丑陋不堪的糟老头。

老头丑是丑点，然而生育能力尚在。短短数年之间，卫宣公和宣姜生了两个小孩，大儿子叫作公子寿，小儿子叫作公子朔。他将公子寿交给大夫公子泄调教。

从来只有新人笑，有谁听到旧人哭？人老珠黄的夷姜眼看着本来应该成为自己儿媳妇的女人霸占了自己的老公，不免又想起自己的老公原本是自己的儿子（名分上），已经去世的公公又是前任老公……真是剪不断，理还乱，只觉得了无生趣，神经也发生错乱，于是找了一根绳子自缢而亡。

夷姜死后，宣姜理所当然成为了卫国的第一夫人。随着时间的推移，她的两个儿子，公子寿和公子朔也逐渐长大成人。

理所当然，宣姜希望自己的儿子将来能够成为卫国的君主，而一个现实的障碍摆在了她面前：夷姜虽死，急子却仍然是卫国的大子。如果不除掉这位原来应该成为自己的老公的人，她的希望就只能落空。

小儿子公子朔很理解宣姜的心情。大儿子公子寿自幼接受公子泄的教育，满脑子仁义道德，反倒对宣姜的想法感到难以接受。在公子寿的眼里，急子是一位性格温和、为人宽厚、知书达礼的兄长，总是抱着一种乐天知命的态度，飘然物外地观察着周围的世界。这样一个人，难道自己非要取而代之，甚至不惜伤害他的生命吗？公子寿时常这样问自己，然后摇摇头，自我解嘲般笑笑。

公子寿的仁爱并不能浇灭宣姜心中争权夺利的火焰，眼见卫宣公日益垂垂老矣，她和公子朔决定赶紧行动。她在卫宣公面前诬告急子，说某一天公子朔与急子喝酒，急子喝得醉眼惺忪，借着酒性，竟然呼公子朔为儿子，而且拍着胸脯说："你母亲原是我妻子，你便称我为父，也是理所当然。"

树怕揭皮，人怕揭脸，卫宣公做贼心虚，最怕人提起他筑台纳媳的往事。听了宣姜的诬告，他恼羞成怒，也不问青红皂白，立刻决定除掉急子。

这一年冬天，卫宣公派急子出使齐国，宣姜与公子朔预先派刺客埋伏在莘地，准备刺杀急子。

这个消息被公子寿得知，连忙跑去给急子送行，兄弟两人在黄河边摆酒话别。公子寿向急子透露了宣姜的阴谋，劝他赶快逃离卫国，以免遭到不测。

天下之大，何处不能安身？但是胖乎乎的急子听了公子寿的话，只是摸着肚皮，淡然一笑："出使齐国是父亲委派的任务啊，如果弃父命于不顾，还要儿子干啥呢？你说，这世上有没有哪里是没有父亲的，如果真有这么个地方，我倒是可以逃到那里去。”

作为现代人，我们可以笑话急子的迂腐，但不能笑话他的乐天知命。这是生于乱世的人对于荒唐乱世的无语抗争，视死如归的姿态令人心生敬意。

公子寿不再说什么，举酒敬急子。三杯两盏下去，急子酣然大醉。等到他醒来，才发现公子寿已经穿了他的衣服，带走了他的仪仗，替他前往齐国出使去了。

公子寿走到莘地，埋伏在那里的刺客远远看见一行人举着大子的仪仗过来，以为就是急子，于是一拥而上，驱散随从，将公子寿杀死。杀死之后才发现认错了人，正在郁闷呢，只见急子匆匆忙忙追上来，大声呼喊道：“我才是你们要杀的人，快来杀我！”既然送货上门，刺客们也不手软，又将急子杀死。

《诗经·卫风》中有一首名为“二子乘舟”的诗，据说是卫国人为哀悼公子寿与急子而作：

二子乘舟，泛泛其景，愿言思子，中心养养。
二子乘舟，泛泛其逝，愿言思子，不瑕有害。

“二子”自然就是指公子寿与急子。从卫国前往齐国是否乘舟而行，现在已经无从考证。当我读到这首诗，首先想起的是北岛的诗句：卑鄙是卑鄙者的通行证，高尚是高尚者的墓志铭。

就事论事，我想再加上一句：高尚在很多时候其实是一件很无可奈何的事。

宣姜处心积虑要杀死急子，她的目的达到了，但是没想到搭上了自己儿子的性命。这个结果显然并不是她想要的。当她听到公子寿被误杀的噩耗时，哭得死去活来。她始终未能明白自己的良苦用心怎么就不值得体谅，公子寿连同父异母的兄弟尚且不忍背弃，那背叛自己的亲生母亲难道就可以理所当然？也许她隐约领会到了公子寿慷慨赴死的一片苦心，乃是希望用自己的死为母亲减少一丝罪孽。当然，仅仅是也许。

这场政治谋杀的最大获益者是人小鬼大的公子朔。急子死了，哥哥公子寿也死了，接下来卫国君主的宝座，理所当然要由他来继承了。公元前700年，卫宣公去世，公子朔即位，成为了历史上的卫惠公。

但是卫国人对他没有任何好感，反而更加怀念急子和公子寿。公元前696年十一月，公子职和公子泄发动政变，立急子的同胞弟弟公子黔牟为君，卫惠公仓皇出逃到齐国。

至于宣姜，尽管作为一位母亲她很不幸（两个儿子一死一逃），作为一颗政治棋子却发挥了重要作用。就在卫惠公即位的那一年，宣姜的父亲齐僖公以强硬的态度干涉了卫国的内政，他命令急子的另一个同胞弟弟公子顽与宣姜通奸。

据《左传》记载："齐人命昭伯烝于宣姜，不可，强之。"昭伯就是公子顽。从辈分上讲，宣姜是公子顽的母亲，公子顽不愿意"烝"宣姜，齐国人就强迫他！

这道匪夷所思的命令体现了血缘政治的荒唐与无赖。齐僖公深知卫国人怀念急子而憎恶卫惠公，担心卫惠公势单力薄，地位不稳。因此他未雨绸缪，要公子顽与宣姜通奸，目的是要他们生出既有齐国血统、又有宣姜血统的后代——齐国可以通过这些后代来加强对卫国的控制，同时这些后代在感情上也能被卫国人民接受。

公子顽开始对这一任务强烈反对，但是在齐国人的威逼之下，不得已与宣姜睡了。没想到，徐娘半老的宣姜仍然魅力无穷，公子顽很快就乐不思蜀，两个人翻云覆雨，如胶似漆，前后竟然生了五个儿女，大大超出了齐僖公的任务指标。更重要的是，这些儿女长大成人之后，果然成为连接齐国与卫国的桥梁，在齐桓公年代发挥了重要的作用。这是后话，在此不表。

细节决定成败：一颗甜瓜引发的血案

公元前695年冬天，也就是郑昭公复辟的第三年冬天，郑国的首都新郑再次发生政变，大夫高渠弥蓄养死士，刺杀了郑昭公，并立郑昭公的弟弟公子亹（wěi）为君。

高渠弥是郑庄公时代的猛将，随着郑庄公东征西讨，立下过汗马功劳。因其战功赫赫，郑庄公曾经考虑提拔高渠弥为上卿，但是因为世子忽（也即是后来的郑昭公）的坚决反对而作罢。高渠弥由此对世子忽怀恨在心。郑昭公二度为君后，高渠弥又怀疑郑昭公终归有一日会对自己下手，怨恨加上恐惧，使得他铤而走险，发动了政变。

公子亹因高渠弥而上台，自然对其感恩戴德，封高渠弥为上卿，与四朝元老（现在应该称为五朝元老）祭仲共同执掌朝政。

自郑庄公去世后，新郑的主人如走马灯一般轮换，今天世子忽，明天公子突，后天又是世子忽，大后天则变成了公子亹，城里的百姓看着这几兄弟走马灯似的轮番粉墨登场，对于举办即位大典之类的盛事已经没有任何新鲜感了。但是，这一次仍然没有剧终。公子亹昙花一现，仅仅过了一年，也走到了生命的尽头。

公元前694年，齐襄公亲自率领大军从临淄出发，来到郑、卫边境上一个名叫首止的地方，对郑国形成窥探之势。

齐襄公此来，最主要的原因就是不久前鲁桓公在齐国被杀，这事虽然最终嫁祸给了公子彭生，但是国内外舆论仍准确地将矛头指向了他，搞得他灰头土脸，很不好受。为了转移大家的注意力，同时也是为了改变自己的形象，齐襄公决定做一两件有国际影响力的大事，其中第一件事就是拿郑国的公子亹和高渠弥开刀，替郑昭公找回公道。

平心而论，齐襄公这个切入点找得不错。一方面，高渠弥弑君乃是大逆不道的行为，讨伐高渠弥就是拨乱反正，替天行道。另一方面，郑昭公还在当世子的时候，曾经领兵替齐国打败北戎，有恩于齐国，齐襄公的父亲齐僖公也一直对郑昭公青睐有加，数度想将女儿嫁给他，可以说，郑昭公是齐国人民的老朋友了。老朋友被人杀害，齐襄公不能坐视不管。

可笑的是，公子亹和高渠弥竟浑然不知齐襄公屯兵首止的真实意图，当齐襄公派人邀请他们前来会盟的时候，这两个人欣然赴会，还以为从此攀上了一棵大树，可以高枕无忧了，结果一到齐营就被抓起来。公子亹被齐国的武士乱刀砍死，而高渠弥被处车裂之刑——所谓车裂之刑，就是五牛分尸，受刑者死状极其惨烈。齐襄公给高渠弥下这么重的药，自然是为了昭告天下，他让正义得到了伸张。

公子亹此行，本来也想带上祭仲同去，但祭仲已经是一只众所周知的老狐狸，怎么会看不穿齐襄公的把戏？他借口患病，坚决不去首止，因而躲过一劫。公子亹和高渠弥死后，他又出来主持大局，从陈国迎立了郑昭公的另一个弟弟公子仪为君。真可谓铁打的祭仲，流水的国君，这样算起来，他已经是郑国的六朝元老了。真不明白，郑国上上下下怎么就能容他翻手为云覆手为雨，把迎立国君当把戏呢？

郑国的老百姓再一次打起精神，欢天喜地地庆贺了新君的即位。

齐襄公重塑形象的第二件大事，是帮助卫惠公复国。

前面说过，卫国人于公元前696年发动政变，立公子黔牟为君，将宣姜的儿子卫惠公（公子朔）赶到齐国。

卫惠公在齐国一住七年。齐襄公即位之后，本来对卫惠公也不感冒，长期将他晾在一边，不闻不问。现在为了扬威于诸侯，齐襄公决定尽舅舅的一份力量，将这个外甥送回去。

公元前689年，齐襄公发动诸侯讨伐卫国。参加讨伐的有齐、鲁、宋、陈、蔡等多国部队。这是一场没有悬念的战争，齐襄公甚至将文姜带到军中，一路玩乐，迤逦而行。联军于这一年夏天举兵，直到第二年春天才进入卫国边境。

出人意料的是，自从繻葛之战后就断绝了征伐之念的周王室，这次竟然麻起胆子，派了一位叫子突的下级官员，带领一小支王室部队前往卫国，对黔牟进行支援。

这种支援充其量只能算作声援，然而竟也起到了一定的作用。

联军春季进入卫国，初夏就结束了战事，卫惠公顺利地重登君位。由于王室的干涉，这次复辟没有给卫国带来太多的腥风血雨。卫惠公大手一挥，仅仅杀了当年政变的主谋公子职和公子泄，同谋的大夫宁跪被流放到秦国，而做了七年国君的黔牟被子突带回雒邑，在王室的庇护之下安度余生。

《左传》这么评论这件事，认为公子职和公子泄当年发动政变，立黔牟为君，行为过于草率鲁莽。凡立君而且能够稳固其政权的，必先考虑其本末，然后采取适当的方式立其为君。如果其人没有充分的理由被立，或者立后不能安定国家的，不予以考虑。

这是废话。

齐襄公帮助自己的外甥重登君位，当然也不能亏待自己，他顺手从卫国带走了大批宝器。这些宝器，多半是周朝初年周成王赏赐给卫国的第一任国君卫康叔的，至此已有三百余年的历史，不只价值连城，更象征着卫侯受命于周天子管理一方领土的权力。

对于自己的另一个外甥——文姜的儿子鲁庄公，齐襄公更是照顾有加，将这批宝器分了一部分，派人专程送到鲁国去。不过，鲁国人并不领情，在史书上酸溜溜地记载说："文姜请之也。"说是文姜吹了枕边风才给的。

有了这次分赃，又有文姜从中调和，齐襄公与鲁庄公的关系越来越融洽。公元前686年，舅甥两个联合起来讨伐倒霉的郕国。郕国再一次放弃抵抗，向齐襄公请求投降。齐襄公单独接受了投降，而将鲁庄公撇在一边。这种"吃独食"的行为有违利益均沾的国际合作准则，鲁庄公的弟弟庆父很不服气，一时间恶向胆边生，向鲁庄公建议说，我们最好趁这个时候偷袭齐军，齐军没有防备，必定大获全胜。鲁庄公吓得连忙捂住庆父的嘴，小心翼翼把他拉到角落里，批评说："人家投降齐国而不投降鲁国，是我们的德行不够，齐军有什么罪呢？《夏书》上说，要下苦功培养德行，德行俱备之后，别人自然会降服。这就是所谓的以德服人，我们现在这水平还是老老实实回去修行，等待时机吧！"悄然领兵回国。

对于鲁庄公的行为，后世的评价很高，认为他注重反思自己行为操行，遇到任何问题，总是从自身出发找原因，严厉批评自己，很少责难别人。在那充满怨恨的杀伐之世，能够不为血气所驱使，不轻易挑起与大国的战争，是明君应有的风范。

我只能说，他的脾气真好。

就在齐襄公踌躇满志，准备倚仗武力号令中原，重振大国雄风的时候，公元前686年冬天，一场宫廷政变击碎了他的春秋大梦。和那个年代诸多盛极一时的人物一样，他那看似强大的国家政权和战争机器，其实都建立在一种极度脆弱的平衡之上。一旦这种平衡在某个方面被打破，很有可能导致整座大厦失去平衡，轰然坍塌。只不过，齐襄公的倒台比别人更富有戏剧性，起因只是一个甜瓜。

事情还得从一年前说起。公元前687年七月，正是甜瓜成熟的季节，齐襄公派大夫管至父、连称前往葵丘戍边。

镇守边疆是一份很辛苦的工作，按照当时的通例，士兵戍边满一年就要轮换，如果超过一年还没有人前来换岗，可以擅自离岗，不作逃兵处理。当时齐襄公也是这样安排管、连二人，说："及瓜而代。"意思是明年瓜熟的时候，寡人派其他人去葵丘轮换二位，不必担心。

有了齐襄公这句话，连称和管至父虽然不太情愿，但还是带着士兵前往葵丘去了。边疆的生活着实单调，不只人烟稀少，还单调乏味，远不如城里的丰富多彩，两个人在那儿的生活百无聊赖，业余时间也就是钓钓鱼，打打牌，喝喝酒；实在郁闷不过，便光着膀子站在旷野里喊几嗓子，听听远处的回音；憋不住了就跑到附近村里抓几个姑娘，有时其乐也融融，有时其乐也泄泄……总之，一年时间晃晃悠悠也就过去了。

某个炎热的夏日，两个人铺了张席子，坐在大树下纳凉，士兵端了一盘新鲜的甜瓜给他们解暑。吃着吃着，连称突然说："瓜熟了啊。"管至父一只脚踩在凳子上，一脸络腮上还挂着甜瓜汁，也恍然大悟道："瓜熟了啊。"

可是瓜熟了很多天，也不见齐襄公派人来接管工作。

看来齐襄公把这两个人的事给忘了。这也难怪，他成天想着东征西讨，干涉他国的内政，还要抽时间和文姜约会，不在戎车上，就在文姜的绣榻上，不在文姜的绣榻上，就是在去文姜绣榻的路上，哪里还记得起葵丘有那么两个人在傻乎乎地等着他派人去轮岗啊。

没过多久，葵丘的边疆部队派专人不远千里给国君送来一个熟透了的甜瓜。齐襄公吃了两口，觉得味道很不错，点着果盘责备使者说，这么好吃的瓜，应该多送两车来，怎么只有一个？

使者说："这个……嗯……啊，那个连称大夫和管至父大夫说，嗯……这个瓜，您知道的，就那什么……"

齐襄公把瓜往盆里一扔，瞪了他一眼，使者吓得打了一个寒噤，头垂得更低了："他们说，瓜又熟了，您该找人去代他们了。"

齐襄公又好气又好笑，抄起一块甜瓜，咬了一口："那么点破事，犯得着兜这么大一圈子吗？你回去告诉他们，下次瓜熟的时候再说。"

使者这回没敢多说："是。"一溜烟跑了。

这时候齐襄公还没有意识到，他的言而无信已经给自己埋下一颗定时炸弹。使者回到葵丘，将齐襄公的话对连称和管至父一说，这两个人当场便跳起来，也顾不得有旁人在场，吹胡子瞪眼，摔杯子摔碗，发了一晚上牢骚。发完牢骚，他们端起酒杯，瞪着两双布满血丝的眼睛，眨巴眨巴就作了一个大胆而草率的决定：杀掉昏君，以泄心头之恨！

荣格的共时性理论告诉我们，几件毫不相干的事如果在同一时空相遇，产生的效果往往是极其巨大的，以至于人们禁不住以为这些事情其实是冥冥之中已经注定。公元前686年，当连称与管至父阴谋作乱的时候，一个叫公孙无知的人进入他们的视线，使得他们眼前一亮，暗自感叹：这个人简直就是为了造反而生的。

公孙无知是齐国的公室子弟，他的父亲夷仲年是齐僖公的同胞弟弟。齐僖公在世的时候，对公孙无知这个亲侄子宠爱有加，允许他穿着打扮如同嫡子。

在那个年代，嫡子的地位远远高于庶子，嫡子不只享有继承权，在平时的穿着打扮、出行仪仗甚至膳食待遇上也区别于庶子。这样做的目的，主要是为了体现封建等级制度的权威性，培养庶子对嫡子的服从意识，以维护统治阶级内部的稳定。对于齐僖公来说，公孙无知连庶子都不是，却让他穿上嫡子的衣服，享受了嫡子的待遇，对他来说其实不是一件好事。

齐襄公还在当大子的时候，对公孙无知享受与自己同等的政治待遇就很有意见，等到他即位为君，立刻抓住公孙无知越级穿衣服这件事做文章，在众人面前将他好好数落了一番，降低了他的政治待遇。

齐襄公这么做，当然是简单粗暴了点，但是并没有做错。只不过公孙无知也是骄傲惯了的人，当众挨了一顿批之后，颜面尽失，自然就对齐襄公产生了不满，进而有了取而代之的想法。

连称和管至父想杀齐襄公，但他们不能解决杀死齐襄公之后的问题，没有办法建立一个具备合法性的新政权；公孙无知想取齐襄公而代之，但他现在无权无势，手里无兵，只能依靠别人。这三个人凑到一起，上面的问题就基本上解决了，他们很快达成一致，分好了工：连、管二人负责杀人，公孙无知负责以公室子弟的身份，建立新的政权。

一个女人在这桩阴谋中起到了间谍的作用。她是连称的堂妹、齐襄公的小妾，在史料上没有记载其名字和称谓，我们姑且称她为连妃吧，虽然也许并不准确。

和公孙无知一样，连妃也是个郁郁不得志的人，只不过她不得志的场所不在朝堂，而在后宫。

连妃为什么不得志？岂止她不得志，几乎后宫所有女人都不得志。前些年周天子郑重其事地将女儿王姬嫁给齐襄公做老婆，第二年也就郁郁而终了。这一切，都是因为那个从鲁国回来的文姜，她以酥风媚骨带给齐襄公无限美好的偷情感觉，成为了齐国后宫佳丽共同的噩梦。

为了争取连妃入伙，公孙无知牺牲了自己的色相。他许诺，如果事成之后当上国君，就立她为夫人。这个诱惑实在太大了，连妃不用掰手指头都算得出国君夫人与小妾之间的差距，她立马答应了公孙无知的要求，同意当他的同伙，为他们提供齐襄公的情报。

齐襄公并未意识到危险临近。这一年十二月，他带领群臣和宫内人员前往姑棼（fén）赏雪，并计划在贝丘举行狩猎活动。这一消息通过后宫被传到公孙无知那里，他与连称、管至父三人决定动手。

说来也是冤冤相报，齐襄公在贝丘打猎，冷不丁冒出一头野猪来，挡在他的车前。齐襄公命贴身小厮孟阳射杀它，孟阳拉开长弓，瞪大眼睛一看，大惊失色："这哪里是猪，分明是公子彭生！"

齐襄公又惊又怒，骂道："彭生哪敢见我？"抢过弓来搭箭便射。没想到，那野猪如人站立，不住哀啼，把齐襄公吓得魂飞魄散，从车上滚下来，不但崴了脚，还丢了鞋，十分狼狈。

回到姑棼的行宫，齐襄公方才发现自己有一只鞋不见了，叫了徒人费（徒人即寺人，也就是后世所谓的太监）来问。徒人费说："鞋子大概被野猪给叼去了吧。"这不是哪壶不开提哪壶嘛，齐襄公一肚子火正没处发泄，正好拿徒人费来撒气，亲自操起皮鞭，将徒人费打得皮开肉绽，鲜血淋淋。

徒人费好不容易一拐一拐地出了宫门，没走几步，就遇到一群黑衣武士。他想叫，还没叫出声，被对方拿刀柄一撞，就倒了。"昏君呢？"问话的人是连称。

"在，在寝宫睡觉……"

"把他杀了。"连称简短地吩咐，便带着人就往里冲。徒人费一把抓住他的衣角："千万不要杀我，留我的小命，我可以进去做内应。"他把衣服褪下来，让连称看他背上的伤口。

没错，新鲜的，还流着血。

连称信了他，让他先潜回行宫当内应。这一举动虽然没有影响这次行动的最终结果，但从战术上讲，显然是犯了个低级错误，错就错在连称低估了徒人费的奴性。

徒人费跌跌撞撞跑回寝宫，上气不接下气地把外面遇到的事讲给齐襄公听。齐襄公吓得脸色煞白，不知道如何是好。倒是徒人费有主见，将齐襄公藏在帷幕之后，又要孟阳穿上齐襄公的服装，躺在齐襄公的床上当他的替身。徒人费自己则装作向连称通风报信，再一次出宫，企图趁连称不注意将其刺杀。

当然，徒人费没有成功。连称等人杀死徒人费，又在宫门之内杀死了护卫石之纷如，径直闯进齐襄公的寝宫，将孟阳砍死在床上。

孟阳的死到底没能挽救齐襄公。刺客们都是老手，将孟阳砍死之后，拿灯一照，年少无须，发现那不是要杀的人，遂四处搜索，忽然发现帷幕之下露出一只鞋，便知齐襄公藏在幕后。拉出来一看，齐襄公脚上只穿着一只鞋，原来刺客看到的是另外一只，而且就是原先以为被野猪叼去的那只！

我不能只站在现代人的立场上来评价古人的所作所为，比如徒人费的所作所为。一代人自有一代人的价值观，脱离历史背景来对他们评头论足等于是放马后炮，很有失公允。但我忍不住要说，徒人费，如果有来生，还是继续做奴才吧。

齐襄公这个人，在历史上的口碑不太好，主要原因：一是作风不检点，长期与自己的妹妹文姜乱伦通奸，还公开高调得丝毫不避人耳目；二是生性残暴，连别国的国君臣子也照杀无误，先后杀死了鲁桓公、公子亹和高渠弥等人；三是嫁祸于人，公子彭生杀鲁桓公，明明是他的主意，但他为了掩饰自己的罪行，又将公子彭生杀掉；四是好坏不分，卫惠公明明是个阴险小人，在卫国很不得人心，他硬要帮助卫惠公复国，连周王室都看不下去，要出面干涉；五是言而无信，派连称和管至父守卫葵丘，到了约定的时间又不让人回来，结果引发叛乱。

齐襄公在位的时候，行事反复无常，让人捉摸不定。他的弟弟公子小白深惧伴君如伴虎，在鲍叔牙的陪同下，早早避往莒（jū）国。公孙无知弑君之后，齐国大乱，齐襄公的另一个弟弟公子纠则在管夷吾、召忽的陪同下逃往鲁国寻求政治避难。

公子小白和公子纠的故事，很快就要讲到。这里有必要先将另外一个重要人物文姜的命运作一番交代。齐襄公死后，文姜回到了鲁国，在鲁国度过了自己的余生。公元前679年，齐桓公开始崭露头角的时候，她曾经有一次回齐国省亲的记录。按照当时的规矩，女人出嫁之后，如父母在，可以归宁；父母不在，则只能派卿大夫回国代为问候娘家人。因此，文姜的这一次省亲，又被鲁国的史官视为“非礼”的行为。从当时的国际环境来看，文姜的这次省亲，倒很有可能是正儿八经地前往齐国开展夫人外交，以齐桓公姐姐的身份，为齐、鲁两国建立战略同盟牵线搭桥。

而公元前675和公元前674年，她又有两次前往莒国的记录，目的不明。后世有人大胆推测，说她很可能与莒国的某人有奸情，因此连连前往莒国与之相会。这种推测站不住脚，按照时间推算，那时文姜至少也有五十多岁了，早已经年老色衰，哪里还能招蜂引蝶？比较靠谱的推测是，齐桓公上台得到莒国人的鼎力相助，因而齐桓公对莒国人总是礼遇有加，文姜前往莒国，乃是致力于搞好鲁国与莒国的关系，曲线外交，间接为鲁庄公讨好齐桓公。

公元前673年，乱世佳人文姜寿终正寝，结束了她风流多情、蔑视礼法、充满争议的一生。后世的中国人习惯于对她口诛笔伐，将她与妲己、褒姒等人同列为“政治荡妇”，但是很少有人客观地问一句：在那个礼崩乐坏的年代，女人何为？

龟兔赛跑，公子小白的险胜

公元前686年冬天，连称杀死齐襄公之后，公孙无知如愿以偿，当上了齐国的国君。连称和管至父也官升三级，被封为上卿。但是，这个通过政变上台的政权缺乏群众基础，齐国大多数卿大夫和传统的权贵家族都持观望态度，对其不支持，不反对，不表态。到第二年春天，大夫雍廪发动政变，杀死了公孙无知和连、管二人。对于这件事，《春秋》的记载是：“齐人杀无知。”《左传》的记载是：“雍廪杀无知。”用的都是杀人的“杀”，而非弑君的“弑”。这就说明，当时的社会舆论并没有承认公孙无知政权的合法性。

《春秋》微言大义，对于遣词造句非常讲究。同样是死，有的人叫作“崩”，有的人叫作“薨”，有的人叫作“卒”；有的人本来应该“薨”，却因为丧礼没有办到位，变成了“卒”；有的人本来应该“崩”，却因为死得太早，变成了“薨”。

公孙无知的死给齐国造成了权力真空。公室的子弟都跃跃欲试，准备争夺国君的宝座。在这些人当中，夺标呼声最高的当属公子小白和公子纠。

不妨对这两个人进行一下对比：

首先是比出身。公子纠和公子小白都是齐僖公的庶子，也就是齐襄公同父异母的弟弟。论年龄，公子纠长于公子小白。公子纠的母亲原本是鲁国公主，而公子小白的母亲是卫国公主，地位上难分高下。

其次是比人脉。公子纠和公子小白在齐国都有支持者。公子纠的支持者，在史料上没有具名。而公子小白的支持者，按《史记》记载，是齐国的传统贵族——国氏家族和高氏家族。

说起国、高二氏，在齐国乃是名门中的名门、望族中的望族。周朝初年，王室为了加强对各诸侯国的监管，除了在军事上保持王军的绝对优势外，还确立了一套由王室来任命诸侯卿士的制度：一般的诸侯国设置三卿，其中两卿由周天子任命，称为上卿；一卿由诸侯自行任命，称为下卿。国、高二氏就是当时周天子任命的上卿，在齐国执掌政权已经有三百年的历史，树大根深，足以左右政局，非同小可。从人脉上看，公子小白胜过公子纠。

第三是比外援。公子纠的母亲是鲁国公主，因此齐襄公死后，他逃到了鲁国避难，实际上也就是希望借助鲁国的力量来争夺君位。公子小白则逃到了莒国。鲁国是大国，莒国是小国，双方实力不可同日而语，公子纠胜过公子小白。

最后是比智囊。智囊就是两个人背后的竞选团队。公子纠的智囊主要有两个人，一个叫管仲，一个叫召忽；公子小白的智囊就是鲍叔牙。召忽在历史上没有留下多少记录，我们只能将管仲和鲍叔牙来作个对比。但是这个对比没有太多的悬念，因为大家都知道，管仲比鲍叔牙厉害，甚至鲍叔牙本人也是这么认为的。

据《国语》记载，鲍叔牙曾亲口说过："治理国家不是我所长，能够治理国家的人是管夷吾（管仲字夷吾）。"他还信誓旦旦分别举了几点来说明："我有五点不如管夷吾，一是安抚百姓，使他们安居乐业；二是治理国家，不失其根本；三是忠诚信义，获得百姓的信任；四是制定规章制度，规范人们的行为；五是击鼓呐喊，鼓舞国民的斗志。”

正确评价一个人的才能，前提是对这个人有充分了解。鲍叔牙了解管仲吗？答案是肯定的，有管仲本人的话为证：“生我者父母，知我者鲍子也。”这句话很有名，它所表达的信息，不仅仅是鲍叔牙很了解管仲，更多是管仲对鲍叔牙的感激之情。

据管仲后来自述，他与鲍叔牙自幼相交，从穿开裆裤的时候开始，就成为了死党。管仲家里穷，鲍叔牙是个富家子弟，很关照管仲。两个人曾经合伙做生意，赚到了一些钱，每次分红的时候，管仲总是给自己多分一份，而鲍叔牙知道他穷，更需要钱，所以从来不计较。鲍叔牙托管仲办事，管仲给办砸了，鲍叔牙也没什么抱怨，反而安慰管仲说，那是时运不济，不要有心理负担。齐襄公年代，管仲三次出来当公务员，三次被单位开除，也是鲍叔牙安慰他，告诉他是金子总会发光，总会有时来运转的一天。更让管仲感动的是，他们一伙人出去找人打架，打三次他竟然跑三次，兄弟们都很看不起他，鲍叔牙还替他开脱：“管仲家里还有老母亲要服侍呢，如果被打死了，谁来照顾老人家啊！”其实，谁也不是石头缝里蹦出来的，谁都有老有小。鲍叔牙这样对待管仲，让管仲十分感动，所以才会说：“生我者父母，知我者鲍子也！”

通过以上对比，公子纠和公子小白的竞争态势就比较明朗了：公子纠的优势在于外援和智囊，公子小白的优势在于人脉。客观地说，公子纠的综合实力略高于公子小白，但是不具备压倒性的优势，究竟鹿死谁手，要看谁能最大限度地发挥自己的优势，找到对手的漏洞并给予狠狠的打击——当然，也许还要看看谁的运气更好，命更硬。

齐国的动乱使得一向韬光养晦的鲁庄公突然活跃起来。公元前685年春天，就在公孙无知死后不到一个月，鲁庄公与“齐大夫”在既地举行会晤，双方签订协议，就立公子纠为齐君的有关事宜达成一致意见。这里的“齐大夫”不知姓甚名谁，总之是齐国国内“挺纠派”的代表。同年夏天，鲁庄公亲自率领大军从曲阜出发，护送公子纠回国。

几乎与此同时，齐国的名门望族国、高二氏也在暗中联络公子小白，准备迎立小白为君。得到“挺纠派”与鲁庄公会盟的情报，公子小白同他的追随者觉得情况紧急，在莒国派出的小股部队的护送下，急急忙忙启程赶往齐国。

这是一场政治赛跑，谁先抵达齐国的首都临淄，谁就可以振臂一呼，掌握竞争的主动权。公子小白在距离和速度上具有优势：莒国离临淄很近，只有短短数日车程，而且他轻车简从，速度远远快过公子纠。管仲意识到了这一点，他向鲁庄公建议说，公子小白急于回国，难免防备不周，如果借给他三十乘兵车，抄小路去截击公子小白，必定可以一击而中，解决公子纠的后顾之忧。鲁庄公答应了管仲的请求。

事实证明管仲的判断是准确的。那天清晨，当他带着突袭部队出现在公子小白的队伍面前，公子小白甚至没来得及表示惊讶，就被管仲射出的一支箭击中。

战车飞驰，电光石火的一瞬间，管仲没有意识到自己与眼前这位年轻人在冥冥之中存在着某种更为密切的联系。他只记得自己冷静地拔箭、扣弦、张弓、发射，一气呵成。随后他看到小白口吐鲜血，面目扭曲地倒在了车上。接着他听到莒军士兵的惊呼，中间夹杂着鲍叔牙野兽般的长啸，他很难相信，这竟然是平素温文尔雅的好友发出的声音。他不敢回头，只是催促驾车的士兵快马加鞭，迅速离开了案发现场。

“原谅我，叔牙！”他心里暗自说，丝毫感觉不到成功的喜悦。

应该说，在这次政治赛跑中，管仲作出了准确的判断，实施了准确的行动，而且也射出了准确的一箭。但是，人算不如天算，他那一箭看似射中了公子小白的腰，实际上正好射中了腰带上的带钩（带钩是古人用来挂玉器等饰物的装置，一般由金属制作而成）。公子小白命真够硬的。马车夫见到拦截者惊得张口结舌，一个急刹车急转弯，小白往后栽倒时不小心磕破了嘴唇。说时迟那时快，还没来得及站稳，利箭已经射到了跟前，腰间一受力，公子小白又重重地撞倒在车板上，刚好又咬到了舌头，口吐鲜血，晕厥过去。

小白演得实在是太逼真了，不但骗过了管仲，也骗过了鲍叔牙等一干随从。

等到管仲走远，小白苏醒过来，即刻招呼队伍，整理队形，马不停蹄地赶往临淄。在国、高二氏的主持下，临淄的居民开城迎接了这位流亡的公子，并且奉他为君，也就是历史上的齐桓公。

管仲的这一失误，直接导致了公子纠的败亡。十天之后，当鲁庄公和公子纠以为万无一失，慢悠悠率领大军来到齐国边境，却被齐国人拒之门外。齐国人告诉他们，公子小白于数天之前抵达首都，已经在各位大臣的拥戴下，就任国君了。

公子纠和管仲面面相觑，管仲恨不得找个地洞钻进去。

事已至此，只能接受现实。然而鲁庄公对此很不服气：因为齐国人和他有盟约啊，说好要公子纠即位的，怎么一下子就变卦呢？

对此，齐国人的解释很是直白：盟约嘛，确实是有那么回事，但那是敝国的大夫某某私下和您签的，并没有得到国君的授权，再说那个时候敝国正处于动乱时期，根本就没有国君，怎么可能授权呢？

齐国人的说法很合理，你要是和一个公司签合同，得找这公司的法定代表人，或者是找法人代表，如果一个公司群龙无首，根本就没有法定代表人，即便是签订了合同，法律效力又从何谈起呢？

鲁庄公却想不通，觉得自己被人当猴耍了，很不爽。他没有意识到自己从一开始就犯了错误，不该派那么多军队前往齐国护送公子纠。数万大军前往齐国，看起来很威风，但是有两个致命的弱点：一是行动迟缓，被公子小白抢了先机；二是明显带有威压的性质，很容易引起齐国上下的反感。要知道，任何事情只要上升到民族感情的高度，就不那么容易解决了。

一个人感到很不爽的时候，往往容易犯更大的错误。鲁庄公脑子一热，心想，反正部队已经带来了，不能只当摆设，打吧！

齐桓公针锋相对，派大将王子成父等人率军抵抗入侵，双方在一个叫乾时的地方相遇。

这场史称“乾时大战”的战役以鲁军的惨败而告终。据《左传》记载，鲁庄公在战场上被齐军追得东奔西跑，走投无路，连戎车都不敢坐了，换了一乘轻车逃离战场。而他的戎车驾驶员秦子和贴身护卫梁子二人继续驾着他的戎车引诱齐军，结果连车带人被齐军俘获。

成者王也败者寇。公子纠离国君的宝座只有一步之遥，终被小白捷足先登。争夺继承权的斗争是你死我活的，同胞兄弟尚且相煎，同父异母的兄弟就更不在话下。

齐桓公乘胜追击，派鲍叔牙率军直逼鲁国边境，给鲁庄公开出了谈判的条件：

第一，公子纠乃是齐侯的兄弟，虽然有罪，齐侯实在不忍亲自动手，有请鲁侯代劳。当然，人头还是要送到齐国来验货的。

第二，管夷吾和召忽多年来与齐侯为敌，大逆不道，必须送到齐国来，由齐侯亲自监斩，以快齐侯之意。

事到如今，鲁庄公也只能以鲁国的大局为重，派人把公子纠给杀了。召忽不愿意回齐国受死，自杀殉主。而管仲则被装在一辆囚车里，押送往齐国。

鲁国有一位大夫叫作施伯，很了解齐国的情况，他很看不惯管仲这种苟且偷生的行为，因而一把拦下囚车，对鲁庄公说："管仲这个人有经天纬地之才，如果为齐国所用，对鲁国有百害而无一利。现在齐国要回管仲，表面上看是为了报一箭之仇，实际上肯定是想重用他。"

鲁庄公斜眼瞅了瞅囚车里相貌平平矮墩墩的管仲，捏着胡须问道："那该如何是好？"

施伯做了个刎颈的动作，"不如杀了他，把尸首交给齐国使者带回去。"这消息不知为何让齐国使者知道了，他马上闯入宫中找到鲁庄公，再一次强调，齐侯必须亲自在群臣面前处死管仲，如果只给一具尸首，那就请鲁侯整顿好军备再打一仗！

鲁庄公刚刚打了败仗，元气尚未恢复，不想在这些小事上节外生枝，于是将管仲交给了齐国人。

以管仲的聪明机智，怎么会不知道这全是鲍叔牙的安排？据说，囚车自曲阜出发，前往齐国的路上，管仲生怕鲁庄公反悔派人来追杀他，于是编了一首《天鹅之歌》，教给押送的士兵唱。大意是："天鹅啊天鹅，可怜羽毛被剪，双足被系，不能飞也不能鸣，只能在笼子里待着。天虽然高，地虽然厚，又有什么用？天鹅啊天鹅，天生羽翼就是为了飞翔，天生双足就是为了奔跑，身陷囹圄谁来救你？总有一日你会冲破樊篱，飞上青天，远离地面，让那些手执弓箭的人空自叹息！"士兵们一边唱一边走，忘记了行路的艰苦，很快来到了齐国边境。

囚车一入齐境，鲍叔牙就把管仲放出来，给他换上好衣服，好酒好菜招待。

什么叫管鲍之交，这就叫管鲍之交，管袍又管饱。

齐桓公见到管仲，第一句话就是："拉出去斩了。"

鲍叔牙大吃一惊，一把挡在管仲身前，说："大老远把管仲给弄回来，不是给您砍的。"

齐桓公用手指戳戳自己的腰："这里，嗯？差一点被这家伙射死，这样的人不杀，我还配当国君吗？"

鲍叔牙跺脚道："他当初射您，那是各为其主，无可厚非。现在您若用他，您就是他的主人，他照样会为了您去射别人……咳，咳……您如果只用管仲去射人，也未免太大材小用了，他可以为您射天下！"

"得了吧，我有您当帮手就够了。"齐桓公挥了挥手，转过身去，腮帮子鼓鼓的，上回磕伤的牙至今还疼着呢。

鲍叔牙拉着管仲的手，继续道："瞧您说的啥话？我是个很平庸的人，您让我吃饱穿暖，我也就满足了。说到治国平天下，还非得靠管仲不可。"

齐桓公转过来，瞄了瞄管仲，眨眨眼说："他有那么神？"

"我虽然没有什么本事，但是跟着您出生入死，把身家性命都寄托在您身上了，我又怎么会有片言只语骗您呢？"鲍叔牙一把把管仲推到齐桓公跟前，信誓旦旦，"您尽管用管仲，他的才能在高傒之上啊。"

高傒就是齐国的上卿高敬仲，也就是前面说的国、高二氏中的高氏。高氏在齐国德高望重，而且直接主导了迎立齐桓公的行动，为他登上国君宝座立下首功。齐桓公对于高傒的感激和倚重可想而知。

听鲍叔牙这么一说，齐桓公不由得仔细打量了管仲一番："这还真看不出来。"

"您不妨试试。"鲍叔牙说。

接下来的故事比较老套。齐桓公先是对管仲拱拱手，管仲也对齐桓公拱拱手，两个人算是见过了礼。

齐桓公率先长叹一声，说：“先君襄公在位的时候，不好好料理国政，只喜欢游山玩水，放鹰打猎；不尊重人才，只喜欢讨好妇人。后宫的女人多达数百，都是锦衣玉食，好生供养，军费开支都被用在后宫，而前线作战的将士吃不饱也穿不暖，贤能之士的地位反而不如女人的地位高。国家被搞得乱七八糟，宗庙也被弄得乌烟瘴气。管先生给我说说，有什么办法改变这一切？”

齐桓公这个题目出得很大，管仲的回答却很简单：“要想改变这一切，关键只有两个字——秩序。”这就是管仲的聪明，没有长篇大论，只是拣最关键的要点说。因为只有这样，才能吊起这位国君的胃口，引他继续往下问。

果然，齐侯盯着管仲的眼睛，紧接着就追问：“如何确立秩序？”

管仲捏捏胡子，若有所思地说：“很久以前，古代的圣王治天下，用的是‘叁其国而伍其鄙’的办法，让老百姓各居其所，各安其业，各就其位，国家也就大治了。”

管仲的治国之道在于先治民，把国民分为士、工、商、农四个阶级，各个阶级均为世袭，不能互相转换。简单地说，父亲当农民，儿子必定是农民，孙子也是农民，代代相传，不可变更。根据这一阶级划分，再将全国分为二十一个乡，士居十五乡，工居三乡，商居三乡（所谓的叁其国）。其中十五个士乡，国君自统五乡，国、高两大家族各统五乡（所谓的伍其鄙）。

齐桓公听到这里，已经入味，兴致勃勃地坐直了接着问：“如果那样做，我就可以号令诸侯了？”齐桓公的兴趣很明显不在治国上，而在于号令诸侯上。这一点，他其实和哥哥齐襄公很相似，但他比齐襄公幸运，因为他遇到了管仲。

管仲微微一笑：“别急，刚刚讲的不过是治民之道。治民为治国之本，我接着给您讲讲安国之术。”

齐桓公有点失望：“好，先生您接着说。”身体又靠了回去。

管仲的安国之术说起来也比较简单：检视原有的法令，择其善者而留用，不善者则加以修订；安抚和尊重百姓，并为生活困难者提供一定的社会福利。

齐桓公一听，这还不容易，马上又问：“现在可以号令诸侯了？”

管仲搓了搓手，说：“这个……恐怕还不行。”

齐桓公打了个呵欠：“那……先生您接着说。”

管仲一看架势不对，临时改变了教课顺序：“号令诸侯这件事嘛，也不是没有速成之法。”他半眯着眼睛斜了齐桓公一眼，果然，那家伙立刻竖起了耳朵。

管仲接着说：“如果您光靠整兵备战，那么别的大国也会整兵备战，双方势均力敌，不能速成；如果针对小国，您用的是平常的攻伐之器，而小国也自有其防备之术，同样不能速成。所以，速成是很难的。但我可以教您一个绝招，包管您心想事成，而且无须长久等待。”

这回齐桓公身体前倾，急切地搓搓手：“愿闻其详。”

管仲给开出的速效药叫作“作内政而寄军令”。根据士、工、商、农的阶级划分，士这个阶级具有很高的社会地位，同时也为国家提供充足的兵源。每五个士乡出兵一万，编为一军，全国十五个士乡，总共编制三军，其中齐侯自领中军，国、高两个家族分别领左、右两军，形成以乡土、血缘、宗族为基础的军事单位。士兵们“居同乐，行同和，死同哀”，守卫国土则同仇敌忾，讨伐他国则齐心协力。有这样的常备军三万人，齐侯就可以替天行道，攻无不克，战无不胜了。

管仲还提出，为了解决战备物资短缺的实际困难，可以采取“轻过而移诸甲兵”政策。一个人如果犯了重罪，可以出一副盔甲和一支长戟抵罪；犯了轻罪，可以一副盾牌和一支长戟抵罪；小罪则可以罚金；嫌疑犯就放了算了。一个人如果被告，与原告相持不下，只要向国家交纳一束箭矢，就可以走人。这样的话，既可以增加武备，又节省了办监狱的开支，一举两得。

齐桓公大喜，拍着案几道：“这下我可以号令诸侯了吧？”

管仲摇摇头：“还差一点。”

“请先生继续说！”

管仲说，搞好内政是为了富国强兵。富国强兵之后，还要注重搞好外交，先和周边的邻居搞好关系，退回齐国侵占的别国的土地，不要收受他国的贿赂，“以亲四邻”。再派游士八十名，前往各诸侯国打探情报，看哪个国家的君主昏庸无道，再发动诸侯联合讨伐他。（齐桓公心里犯了个嘀咕，敢情这号令诸侯，也全然不是想打谁就能打谁，还得挑对象啊？姑妄听之。）通过讨伐“无道”的诸侯，齐国的威望树立起来，再率领诸侯朝觐周天子，尊崇王室。到那个时候，您不想号令诸侯，诸侯都哭着喊着要您来号令了。

齐桓公听到这里，一拍大腿，站起来对一直恭候在旁边的鲍叔牙说：“您说得对，就是这个人！”

这边，管仲还意犹未尽呢，急忙说：“您……我还没说完哪。”

齐桓公笑眯眯地拍拍他的肩膀：“不急，以后有的是时间。”

接下来，齐桓公郑重其事地斋戒沐浴三天，在大庙里当着全体官员贵族的面拜管仲为相。

据《史记》记载，鲍叔牙极力成全管仲，而且甘居其下。相较于管仲的治世之才，当时天下的人们更看重鲍叔牙的知人善任。

齐桓公和管仲：变法是第一生产力

公元前684年，齐桓公即位的第二年春天，齐军进犯鲁国。齐桓公此举，显然违背了管仲给他订的先亲四邻的政策，遭到管仲和鲍叔牙的强烈反对，但是齐桓公急于称霸天下，执意要出兵。

而在鲁国这方面，去年乾时大战惨败的阴影尚未消失，现在齐国大军压境，全国上下弥漫着一种悲观的情绪。

一个叫曹刿的人出其不意地登上了历史舞台。

正史没有记载曹刿的年龄、出身和籍贯，我们只知道他是一个鲁国的乡下人，听到齐国入侵鲁国的消息，他放下锄头，前往曲阜请求面见国君。

乡亲们都劝他：打仗，那是吃肉的人操心的事，你一介草民瞎掺和个啥？

古代生产力低下，农民难得吃上一顿肉，一般的士族阶层也很少吃肉。所谓吃肉的人，是指大夫以上的贵族，他们天天可以吃肉。

曹刿拍着身上的草灰说：“吃肉的人脑满肠肥、不学无术、鼠目寸光，没有深谋远虑，我这草民不掺和怎么行？”于是不顾乡亲们的劝阻，上路去曲阜了。

鲁国没有信访局，自然也没有驻京办之类的截访机构，各地官员也没有截访任务和指标，农民曹刿一路通行无阻，竟然很快就见到了鲁国的最高统治者鲁庄公。

简单地见过礼之后，曹刿就直入主题：“您打算依靠什么和齐国人作战？”

这还用问，打仗靠的是战车、是兵、是武器、是粮草。但是鲁庄公觉得这个问题没那么简单，这就好比一个成年人被问到一加一等于几，总觉得不应该等于二那样。他想了老半天，眼睛看着地面，战战兢兢地说：“吃的穿的，不敢一个人独享，总要分给别人一些。”说完偷偷看了曹刿一眼。

曹刿粗声粗气说：“那只是小恩小惠，范围也有限得很，老百姓不满意。”

鲁庄公又想了老半天，说：“那，祭祀祖先和鬼神，摆两头牛就说两头牛，不敢说有三头，诚实可靠。”

曹刿整了整腰带，不耐烦地说：“那些也只是小信，鬼神其实并不满意。”

鲁庄公头都大了，面上也有点挂不住了，事不过三，再答错一次，脸都不知往哪儿搁，他深呼吸几次，然后尽量沉缓地说：“大大小小的官司，虽然不能一一明察，但总是本着以民为本的原则，正确对待。”

这句话的原文是：“小大之狱，虽不能察，必以情。”说句题外话，若能将这十一个字挂在全国公、检、法机关的墙上，也许可以减少某些人的傲慢、粗暴和急功近利。

言归正传，曹刿听到鲁庄公这么说，终于笑了：“能够忠于自己的职守，也差不多了，可以与齐国一战。如果开战，请带上我。”鲁庄公长吁了一口气，擦了一把汗，连忙答应。

鲁军和齐军在长勺（shuò）相遇。

鲁庄公的戎车在去年的乾时之战中被齐军缴获。现在他换了一辆新的戎车，请曹刿和他同车。与国君同车是非常恩宠的待遇，草民曹刿愉快地接受了。

两军对阵，鲁庄公想先发制人，拿起鼓槌准备擂鼓进攻。曹刿将他的手按住，说：“不是时候，让敌人先敲。”

齐军的鼓敲响了，全体士兵举起兵器，有的敲盔，有的敲盾，齐声呐喊：“风，风，大风，大风。”声势极为浩大。

按惯例，鲁军这时候不能在气势上输给人家，也要擂鼓呐喊，两军随之各自发动，战车在前，步卒在后，冲向敌阵厮杀。可是齐军吼了一阵子，士兵们嗓子都有点发甜了，鲁国人还是毫无动静。大风呼呼地刮过鲁军阵地，吹得战旗猎猎作响，除此之外，整个鲁军方阵一片死寂。

鲁国人不按常理出牌啊！齐国人没见过这种阵势，本来想跃马进攻，战车又悄然往后退回了起跑线，步卒手里的长戟也握出了汗，大伙儿都不知道对手葫芦里卖的是什么药。

其实连鲁庄公也不知道曹刿在搞什么名堂，他很想擂鼓进军，可是曹刿将他的鼓槌牢牢抓在手里，就是不给他敲。

齐军的战鼓再一次擂响。

鲁军仍然纹丝不动。

齐军第三次擂响了鼓。站在鲁庄公车上的曹刿松开了手，说：“可以了。”

鲁军的战鼓终于轰轰隆隆地响起来。听到鼓声，数百辆战车以势不可挡的速度冲向齐军阵地，战车后面的步兵也挥舞着手中的利刃，嗷嗷叫着冲过来。

齐军先是惊愕，既而骚动，然后像退潮一般溃散。鲁军如同参加冬天的狩猎一般在战场上四处屠杀着齐军士兵，那场景，连一贯温文尔雅的鲁庄公都禁不住在车上面红耳赤地吼起来：“杀啊，冲啊，把齐国人统统杀光！”

齐军全线败退。鲁庄公下令全军追击，又被曹刿制止了。他仔细查看了齐军战车留下的车辙，又站在戎车前面的横木上，朝着齐军溃逃的方向眺望了一阵（我们也许搞错了，他原先不是农民，而是乡间杂耍演员），然后才说：“可以追击了。”

这一仗以齐国人的惨败而告终。

《左传》记载，鲁庄公赢了一场战争，却不知道是怎么赢的，于是很虚心地向曹刿请教。

曹刿毫不客气，说：“打仗，比的就是勇气。一鼓作气，是斗志最盛的时候；第二次鼓起勇气，就不如第一次；第三次基本上就毫无勇气可言了。敌人丧失斗志，而我方斗志旺盛，所以能打胜仗。至于追击之前，俯看地上的车辙，眺望敌人的旌旗，那是为了判断敌人是不是故意诱我军深入。我是确定齐军车阵已乱，旌旗靡倒，才敢放手追击的。”

我要替曹刿补充说明一下：打仗是件会死人的事，对于双方士兵来说，举起武器冲向敌阵，都是一个极其痛苦的过程，充满着恐惧、战栗，甚至还有对人生的虚无感。两军阵前战鼓齐鸣、士兵高声呐喊，就是为了消除和掩饰这种恐惧感，增强自身的勇气。一旦鼓起勇气，又被硬生生憋回去，就很难再次振作了，遑论第三次？所以才会有“一鼓作气，再而衰，三而竭”的说法。

同年六月，齐桓公不甘心长勺之败，联合宋国再次出兵进犯鲁国，两国联军越过鲁国边境，驻扎在曲阜附近的郎城附近。

宋庄公已经在八年前去世，现任宋国君主是他的儿子捷，也就是历史上的宋闵公。

鲁国大夫公子偃对鲁庄公建议说：“宋国部队军容不整，我军可以避强就弱，先打垮宋军。宋军一败，齐军也就只能撤退了。请您派我攻击宋军。”一向慎重的鲁庄公考虑了半晌，没有答应他。

当晚月色朦胧，公子偃命令属下将虎皮蒙在战马身上，偷偷打开城门去偷袭宋军。鲁庄公得到消息，连忙动员全军接应他。

宋国人果然没有防备，被打了个措手不及。士兵们在恍惚之中，只见百余头猛虎在营中横冲直撞，惊惧不已，全军崩溃。

在这种情况下，宋国的猛将南宫长万仍然奋勇抵抗，左冲右突，鲁军无人能敌。鲁庄公远远地看见了，取出自己祖传的长箭“金仆姑”，弯弓搭箭，射中了南宫长万的右肩。中箭之后南宫长万被数百名鲁军士兵包围，仍然勇不可挡，直到鲁庄公的贴身护卫遄（chuán）孙加入战团，鲁军才合力将他擒获。

宋军的溃败引发连锁反应，齐军见势不妙，连夜撤退。

一连两次讨伐鲁国失败，齐桓公刚刚开始的雄图霸业，显然有点流年不利。

公元前683年夏天，宋闵公为报去年战败之仇，再一次兴兵攻打鲁国。越来越有战争经验的鲁庄公前率部队迎击，趁宋军立足未稳就发动攻击，一举击败宋军。左丘明对此喜不自禁，在《左传》中记载：举凡战事，敌未列阵就被击溃叫作“败”，敌已经列阵叫作“战”，全线崩溃叫作“败绩”，敌我相当叫作“克”，敌人全军覆没叫作“取”，王室部队失败则叫作“王师败绩”……时隔数千年，字里行间仍能感受到当年鲁国上下的得意之情。

回想去年的鲁、宋之战，宋军之所以速败，同样也是因为军容不整、防范不周。一连两次重蹈覆辙，这位宋闵公的治国治军之才，实在令人担心。

相比之下，经历了诸多磨难的鲁庄公显得成熟多了。同年秋天，宋国遭遇洪水灾害，鲁庄公及时抓住这一时机，向宋国伸出了橄榄枝，派人到宋国致以慰问之情，说：“天降大雨，毁坏了庄稼，使百姓流离，我怎敢不来慰问？”

对于鲁庄公的好意，宋闵公的答复也相当得体：“因为孤不敬鬼神，所以老天降祸于宋国，还要劳烦您担忧，在此拜谢您的好意！”

这里的“孤”是宋闵公自称。按照周礼，诸侯在天子面前自称其名，平时自称寡人，国内有凶事则自称孤。对此，鲁国大夫臧文仲表扬道：“宋国有这样的君主，想必要兴旺了。当年大禹和成汤敢于担当责任，说‘天下有罪，都是我一个人的责任’，得到天下人的拥护，终成大业；夏桀和商纣将责任全推给别人，不想承担任何责任，结果很快就灭亡。国家有灾难，君主自称为孤，合乎礼制。宋公言辞谦卑，深知礼数，算是不错的啦！”

然而没多久，又有消息传出说，那番话并非出自宋闵公本人之口，而是公子御说（宋庄公的另一个儿子、宋闵公的兄弟）代为捉刀写的。臧文仲又感叹道：“这个人有体恤百姓之心，应该当国君才对啊！”

事实上，宋闵公不只是治国无道，治军无方，还有一个坏毛病，那就是口德很差，说起话来肆无忌惮，口无遮拦。

随着鲁、宋两国关系的修好，宋国向鲁国提出，将一年前被俘的南宫长万归还宋国，鲁庄公同意了。

南宫长万苦战被俘，回到宋国，没有得到一句安慰的话，反而被宋闵公当众奚落了一番：“原来我尊重你，因为你是勇士。可你居然当了鲁国人的俘虏，叫我如何再尊重你呢！”

很难理解宋闵公为什么要说这一句话，听起来仿佛仅仅是为了向大家证明自己没水平。一年前那场战争的失败，责任不在南宫长万，而在宋闵公自己身上。现在他不但不反省自己的过失，反而当众奚落曾经奋勇杀敌的南宫长万，这究竟是什么心态呢？

常言道，士可杀，不可辱。南宫长万虽然是个粗人，但是将自己的名誉看得很重。公元前682年，也就是南宫长万回国的第二年秋天，宋闵公带领群臣到蒙泽狩猎，因为一场棋局与南宫长万发生口角，宋闵公旧事重提，又揭了南宫长万的旧伤疤，戏称其为“鲁虏”。这一次，南宫长万没有客气，拿起石头做的棋盘，一下就将宋闵公给砸死了。接着他又打死了宋闵公身边的几个侍从，闻讯而来的大夫仇牧和大宰华父督也未能幸免。

事情发展到这个地步，这场本来没有预谋的个人行为自然也就演变成了政变。宋国的公族子弟纷纷逃亡，公子御说逃到了亳城。南宫长万匆匆立宋闵公的弟弟公子游为君，并派自己的儿子南宫牛和部将猛获带兵进攻亳城，想杀死公子御说。

到了冬天，在萧叔（萧地领主）的组织下，公族子弟联合起来，并从曹国搬来救兵，开始反攻南宫长万。公子御说也率领亳（bó）城之兵，里应外合，斩杀南宫牛于亳城。

立足未稳的公子游政权很快垮台，他本人也被处死。公子御说众望所归，成为宋国的新一任君主，也就是历史上的宋桓公。

混乱之中，猛获逃往卫国寻求政治避难，而南宫长万则逃往陈国。南宫长万是个孝子，逃跑的时候，妻子儿女均顾不上，唯独将家中的老母亲带上，用独轮车推着她一起逃亡。据《左传》记载，自宋国到陈国的路程约有二百六十里，南宫长万以人力推车，早晨出发，晚上便到。如若记载无误，南宫长万堪称春秋时期第一好汉。

宋国一定下来，就向卫国提出引渡猛获，向陈国索要南宫长万。猛获也是一员虎将，卫惠公本来想留为已用，大夫石祁子跳出来晓之以理，说：“万万不可，此人犯下逆反之罪，人神共愤，我们不应该保护他。您得到猛获，只不过得到一匹夫，却因此得罪了宋国。袒护罪人而失去盟国，这笔生意恐怕不划算吧。”卫惠公权衡再三，最终还是将猛获交给了宋国。

那边，陈国人收受了宋国人的贿赂，遂答应引渡南宫长万。但是南宫长万不好对付，蛮干肯定是不行的。于是陈国人找来一群美女陪南宫长万喝酒，把他灌得烂醉之后，用犀牛皮将他包裹起来绑紧。即便是这样的措施仍然不保险，当他们把南宫长万押送到宋国的时候，南宫长万居然已经挣破了犀牛皮，手脚都露出来了。

这两个人的下场都很惨，被剁成了肉酱，至于有没有被用来包饺子后人就不得而知了。

齐桓公自即位以来，两次对鲁作战都没有取得成功，使他意识到战争并不是一件好玩的事，转而听从管仲的劝告，专修内政，致力于提升国力，富国强兵。

公元前683年冬天，齐桓公亲自造访鲁国，到鲁国迎娶了周天子的女儿共姬。

这里说明一下，周天子嫁女，鲁侯为主婚，是周朝初年就形成的传统。当年齐襄公迎娶王姬，也是由鲁桓公从中牵线搭桥的。

通过操办齐桓公的婚事，鲁庄公与齐桓公之间有了面对面的接触，两国之间也冰释前嫌了。

公元前681年春天，齐国向各国发出邀请，以“平宋乱”为名，在北杏举行首届诸侯大会。但是，这次大会其实举办得不怎么成功，至少没有齐桓公希望的那么成功。一是应邀来参加会议的国家很少，只有区区宋、陈、蔡、邾四个，更多国家持观望态度；二是有些国家的与会代表并非诸侯本人，而是上卿甚至是大夫这个级别的人物；三是会议没有形成纲领性的文件，也没有取得实质性的成果。

后世有一种观点，认为北杏之会是春秋史上第一次由诸侯主导的国际性会盟，这显然是错误的。因为早在公元前704年，楚武王就在沈鹿召开过汉水流域的诸侯大会，比齐桓公整整早了二十三年！

可想而知，齐桓公对北杏之会的成果很不满意，他迅速调整策略，打出了两张牌。

第一张牌，以不赴会为罪名，派兵消灭了遂国。

第二张牌，主动与鲁国修好，并于当年冬天与鲁庄公在柯地举行了会盟。

据《史记》记载，这次柯地会盟的过程中发生了一件意想不到的事。就在两国君主准备歃血为盟的时候，鲁庄公的随从武将曹沫突然跳上台来，手执匕首劫持了齐桓公，要求齐国归还在战争中侵夺的鲁国之地。齐桓公被逼无奈，只好答应了他的要求，曹沫这才扔掉匕首，回到自己的座位上，从从容容坐下，就像什么事情也没发生一样。齐桓公对此非常恼火，打算对逼迫下的承诺置之不理，被管仲劝阻了："诺言就是诺言，因为蝇头小利而失信于诸侯实在不划算，还就还吧。"于是齐国将曹沫参与过的三次战争中所侵占的鲁国土地悉数归还。

此事被记载于《史记》的"刺客列传"中。然而，其真实性很值得怀疑。因为据《左传》记载，自乾时之战后，齐、鲁之间的数次战争，都是鲁国获胜，不存在齐国侵占鲁国土地的可能性。柯地会盟之前，齐桓公曾经到鲁国来迎娶共姬，以王室为纽带，两国关系已经有了改善。柯地会盟可以视为两国邦交正常化的标志性事件，以鲁庄公的慎重，不太可能冒着撕破脸皮的风险，采用曹沫这种手段来对付齐桓公。因此，曹沫的事迹很有可能是司马迁杜撰出来的。

不管怎么样，齐、鲁两个东方大国终于实现了和平共处，这对于饱尝战乱之苦的百姓来说，是一件好事，至少表面上看起来如此。

前面说过，北杏之会是以“平宋乱”的名义召开的。但是过了不到一年，宋国人就背弃了北杏之会签署的盟约，不承认齐国的领导地位。

为了树立自己的威信，公元前680年春天，齐桓公纠集陈国和曹国，发兵讨伐宋国。根据管仲的建议，出兵之前，齐国派了一位使者前往雒邑，恳请周天子派部队前来助威。

此时的周天子，是周桓王的孙子周僖王，即位才两年。我们可以想象得到王室的列位大臣收到齐国请求之后的惊愕表情。

自平王东迁以来，“礼乐征伐自天子出”就成为了一句空话。诸侯国之间你攻我伐，东征西讨，完全没有把周天子放在眼里。诚然，有那么一段时间，周天子的战旗也曾多次飘扬在战场上，但那并不是出于王室本身的意愿，而是郑庄公那位乱世奸雄在假借天子旗号讨伐异己，牟取私利。公元前707年，周桓王鼓起勇气，自作主张搞了一次“征伐”，却在繻葛被郑庄公打得铩羽而归，周桓王本人也被射中肩膀，差点把命丢在了战场上。自那以后，王室对于“征伐”二字就不再作任何指望。公元前688年齐襄公讨伐卫国的黔牟政权，护送卫惠国回国，王室壮着胆子派了一小支部队前往声援黔牟，也是很明智地把自己定位为联合国观察员或国际红十字会的角色，为黔牟等人提供了政治庇护之后就悄然撤军了。

现在，齐国要讨伐宋国，居然前来请求天子恩准，王室受宠若惊之余，又难免思前想后，顾虑重重。然而，齐国派来的使臣态度实在是很谦卑，齐桓公亲自写的请愿书又是那么殷勤有礼，使得王室上下都有一种如沐春风的感觉，一些老臣说，恍惚间还以为是回到了西周年代呢！

感觉固然重要，实惠更让人心动。王室的经济一直很拮据，据《左传》记载，公元前697年，天子特意派了一位大臣到鲁国来，要求鲁国给王室提供一些车辆，被当时的国君鲁桓公拒绝了，理由是“诸侯不贡车服，天子不求私财”，毫不客气地给了天子一个难堪。天子连辆像样的车都没有，王室经济的紧张，由此可见一斑。

经过深思熟虑，周僖王决定派大夫单伯代表天子，率领少量军队前往齐国助战。

虽然只是象征性的部队，但是对于齐桓公来说，已经足够。只要天子的战旗与自己的战旗一起飘扬在战场上，他的目的就达到了。

宋桓公审时度势，选择了和谈。而且，这次和谈之后，齐国与宋国建立了长久的良好关系。在齐桓公称霸天下的道路上，宋桓公一直在鞍前马后效力，直到他去世。

之后齐桓公急于稳固外交成果，于是请单伯牵头，召集宋、卫、郑等诸侯在卫国鄄（juān）地会晤，讨论天下大事。也许是不久前楚国入侵蔡国的举动吓坏了大家，加上有王室的代表与会，各国均派出国家元首参加了会议。

在各国元首中，最引人注目的是二度为君的郑厉公姬突。

二次夺国，郑厉公的回马枪

公元前680年，郑国的首都新郑再一次震动。

十七年前被迫流亡国外的前任国君郑厉公率领军队自栎城启程，如急风骤雨般朝新郑进发了。

栎是郑国的一座大城，自郑武公年代，它就被当作郑国的别都。公元前707年，郑厉公派雍纠谋杀祭仲失败，虽然被迫离开了新郑，却没有离开郑国，而是于当年九月在栎城百姓的帮助下，杀死了栎城守将檀伯，从此将栎城作为自己的根据地，在距离新郑仅仅九十里的地方，建立了地方割据政权。

郑厉公进驻栎城的十七年间，新郑的主人如走马灯般轮换，郑昭公、公子亹、公子仪几兄弟相继登台，他们对于栎这块割据势力不是无暇顾及，就是因为畏惧郑厉公的威名而不敢动手。

公子仪曾经打主意对栎用兵，被祭仲制止了。

“那个人深得兵法之妙，军中将士都把他视为战神，如果您要讨伐他，只怕部队还没到栎城就哗变了。我看啊，只要那个人不主动出兵来攻打新郑，咱们就偷着乐了。”祭仲说。对于曾经侍奉过的君主郑厉公，他总是用“那个人”来替代，不直呼其名。

祭仲这话很伤公子仪的自尊，但那毕竟是事实。不只是军中将士对郑厉公存有崇拜之情，郑国的普通百姓其实也对他心存好感，在他们看来，作风硬朗的郑厉公比眼前这位庸庸无为的公子仪不知道强了多少倍。如果在郑国搞一次全民公决，恐怕百分之九十以上的国民会选择让郑厉公担任君主。

期望郑厉公复辟的民意逐年高涨。公元前686年，郑国朝野甚至传出了所谓两蛇相斗的故事，有人宣称在新郑的南门看见两条蛇互相厮咬，一条自门外而入，另一条则坚守门内，结果外蛇咬死了内蛇。这个故事的含义简直不言而喻，而且流传得很广，连远在山东的鲁庄公都听到了。公元前680年，当他听到郑厉公率军前往新郑的时候，禁不住抚住胸口，问大臣申繻：“世界上果真有妖孽吗？”

申繻的回答很有点禅意：“人心里有鬼，则妖孽自作；人心里无鬼，则无所谓妖孽；人如果抛弃伦常，则妖风大盛。如此说来，当然有妖孽。”

郑厉公就是在这种情况下开始他的复辟之旅的。部队在大陵轻而易举地打败了郑国守军，俘获了守将傅瑕。傅瑕向郑厉公请求：“饶了我吧，我还能为您出点力，让您兵不血刃地进入新郑。”郑厉公很爽快地答应了傅瑕，并与他签订了盟约，放他回新郑。

《左传》记载：傅瑕杀死了郑子和他的两个儿子，以此来迎接郑厉公复位。

郑子就是公子仪，因为死后没有谥号，所以只能称为郑子。

郑厉公的复辟没有带来太多的腥风血雨。郑厉公进入新郑之后，反倒是先处死了复辟有功之臣傅瑕，同时审判当年参与了雍纠一案的几个人。审判的结果：

主犯祭仲已经去世，免于处罚；

从犯公子阏，死刑；

从犯强鉏（chī），刖（yuè）刑（砍腿）；

从犯公父定叔驱逐出境，流亡卫国。

值得一提的是，定叔乃共叔段之孙。三年之后，郑厉公又派人把他从卫国接回来，恢复原有的待遇。对于这一安排，郑厉公说了一句让大伙都很唏嘘的话：“不可使共叔无后于郑。”

父亲郑庄公兄弟相争，你死我活；父亲死后，同辈兄弟又陷入争权夺利的怪圈，已经有三个人死在这国君的宝座上；而郑厉公本人也经历了长期的流亡，两度为君。他说这样的话，也许是因为心里对兄弟相争的因果循环感到疲惫，希望历史不再重演，才有感而发吧。

如果说，郑厉公第一次登上君位的时候，群臣对他并不看好的话，当他第二次登上君位，朝中大臣可以说是一边倒地支持他。其中一个最主要的原因，郑国太需要一位强有力的领导者来结束动乱，重振郑庄公当年纵横河雒的雄风了。

然而也有个别人拒不接受郑厉公，那就是在郑庄公时代与颖考叔、高渠弥等猛将齐名的老臣原繁。自郑厉公回到新郑，他就闭门谢客，称病不朝。郑厉公派人去原繁府上，对他说：“傅瑕虽然杀公子仪有功，但仍然对我有二心，根据周朝的刑罚，我将他杀了。群臣当中，真正想要我回来而没有其他想法的，我都许诺其担任上大夫。我是真心实意想与伯父您共商兴国大计。但是我在外十多年，您也没给我写过一封信，通报过一点情况，现在我回来了，您又闭门不见，实在令人遗憾。”

从这番话我们可以看出，郑厉公这十七年的流亡生涯不是白过的，说起狠话来有礼有节，颇具乃父遗风。

原繁的回答也很有意思：“我们家自先君桓公年代开始，就为郑国服务，不是只为某一朝、某一君服务。如果国家已经有主，而总是想着外面的人，难道不更是不忠的表现吗？一日为君，则国内所有人无不为其臣。为臣无二心，乃自古以来的规矩，何况公子仪在位十四年，那些阴谋迎立您回国的人，难道不是不忠吗？先君庄公的儿子还有八人在世，如果个个都拿官爵来行贿，收买朝中大臣，帮助自己登上国君的宝座，您又打算怎么办呢？我很想听听您的意见。”

郑厉公的问话狠，原繁的回答更狠。但是原繁没有给郑厉公找更多麻烦，等使者一走，就找了根绳子，自缢而亡了。

郑厉公复辟的第二年，也就是公元前679年春天，齐桓公在卫国的鄄地大会诸侯，并且请了周天子的代表单伯参加会议，因此鄄地会盟也被视为齐桓公称霸的起点。

郑厉公也参加了这次会议。在与会的各路诸侯当中，他也许是最没有将齐桓公放在眼里的。在他看来，齐桓公匆匆组建起来这个国际合作组织，既没有明确的纲领，也没有共同的目标，除了借用周天子的旗号，没有任何实质性的内容。因此，当齐桓公发动大家讨伐一个叫郳（ní）的小国家，而宋国充当了急先锋的时候，颇有侠义精神的郑厉公忍不住站出来表示反对，派兵入侵了宋国。

齐桓公对同盟国里的这位小弟弟窝里反的行为很不满意，于公元前678年夏天联合宋、卫两国，发兵攻打郑国。郑厉公当然不甘示弱，也尽起郑国之兵抵抗入侵。经历了管仲改革整顿的齐国军队战斗力不同凡响，但是郑厉公通过巧妙的用兵，抵消了联军在人数和战斗力上的优势，一连好几个月，双方都处于胶着状态。

然而，到了这一年秋天，国际形势发生戏剧性的变化，一股突如其来的外力打破了交战双方的力量平衡，其结果是迫使双方都走到谈判桌前来握手言和，一致考虑如何抵抗这股外力的入侵。

这股外力来自于南方的楚国。

楚武王去世后，他的儿子熊赀（zī）即位，也就是楚文王。楚文王将都城迁到了更加靠近中原的郢（yǐng），在他的率领下，那些断发文身的野蛮人终于走出了江汉平原，朝着中原文明的腹地进军，而且目标直指天子脚下的郑国。楚文王派使者给郑厉公送了一封信，大意是指责其从栎城入新郑，竟然没有知会楚国，完全没有把楚王放在眼里。

对于这种莫名其妙的指责，郑厉公当然是嗤之以鼻。楚文王一挥手，楚国人便浩浩荡荡地杀向了郑国，趁着郑军主力在与齐军周旋，直逼郑厉公的老巢栎城。

消息传到齐桓公耳朵里，他立刻敏锐地意识到，这不只是一个施恩于郑的有利时机，更是他号令诸侯的绝佳题材。他主动派人到郑军大营，表达了和谈的意愿。正苦于两线受敌的郑厉公马上表示答应，接受了齐桓公提出来的并不怎么苛刻的和谈条件。

同年十二月，齐、鲁、宋、陈、卫、郑、许、滑、滕九国诸侯在宋国的幽地举行会议，会议的主题是：村外的野蛮人近了，我们该怎么办？因这次会议而建立起来的国际合作组织被称为“幽盟”。

这次会议取得空前的成功，与会各国订立同盟，认同了齐桓公作为诸侯长的领导地位，决心在齐国的领导下尊重王室，共同对抗楚蛮子的进攻，为建立良好的国际新秩序而努力奋斗。

楚文王得到这个消息，悄然而退，自此之后十余年，楚国不敢复窥中原。

齐桓公现在称心如意了。四方的诸侯都对他顶礼膜拜，将他比拟为古代的“方伯（bà）”，赞美之辞不绝于耳。我不能否认他的“称霸”在客观上有利于维护中原地区的稳定，对于发展生产，提高人民生活的安全感都有好处，但是从主观上讲，他更看重的是称霸带来的心理满足感，而非其衍生的种种结果。

换句话说，如果不是因为有管仲这位高参，齐桓公和哥哥齐襄公在很多方面其实也差不多。

对于郑厉公来说，幽盟的意义远远大于去年的鄄盟，他是真心实意地拥护这个组织的纲领，承认这个组织的作用的。然而，幽盟的领导人齐桓公的霸主做派仍然使得他颇为不满。

公元前677年春天，郑厉公派大夫叔詹前往齐国朝觐齐桓公。这个在他看来已经尽到礼数的行为却引起了齐桓公的指责：别的盟国都是由国君亲自来朝觐，为何独你郑国只派了个大夫来呢?

从这件事情来看，齐桓公和郑厉公存在认识上的偏差。齐桓公认为，幽盟既然建立起来了，也就是承认了齐国的霸主地位。而所谓霸主，地位是比一般诸侯高的，是仅次于天子的第二号人物，而且是实权派，理应受到特殊的尊重。郑厉公则认为，自天子以下，诸侯皆平等，幽盟作为一个国际合作组织，是一个平等合作的实体，不存在所谓的宗主国，只有轮值的主席国。因此，他派个大夫来朝觐齐桓公，已经是对主席国极大的尊重，别的就不用再想了。

齐桓公越想越不是滋味，想发兵攻打郑国吧，去年才结盟，今年就为了些许小事翻脸，恐怕为天下人耻笑，也影响同盟国的内部团结。再说了，郑厉公这个人用兵如神，跑到他的地盘上去作战，齐军不一定占便宜，只怕劳民伤财，无功而返。想来想去，齐桓公出了个损招，把叔詹扣留起来，不让他回国，看看郑厉公有什么反应。

郑厉公的反应很出乎人们的意料，他打点行装，前往王城雒邑告御状去了。

当然，说是告御状，其实也就是想看看周王室的近况。齐桓公不是打着天子的旗号吓唬我们这些人吗？我倒是要看看，天子和你的关系到底亲近到什么程度。搞不好，我把这张虎皮扯过来，让你喝一壶！

郑厉公这样想是有道理的：第一，周天子姓姬，他也姓姬，而且是近亲，一家人不说两家话；第二，郑国就在周王室旁边，想去就去，想回就回，便于沟通感情；而且，万一王室“有事”，他这位近在咫尺的亲戚难道不比你远在山东的齐桓公来得快？

郑厉公跑到雒邑，正赶上虢公、晋侯朝觐天子。虢公、晋侯也是姬姓，三个人越说越亲，凑到一起拉家常，居然促成了当时的天子周惠王与陈国公主的一段婚事，将一个叫作陈妫的女人给迎娶到周王室来了。

郑厉公没有白去王城。就在他从王城回来的第二年，也就是公元前675年，周王室果然“有事”，五位王室重臣在苏氏的支持下发动政变，企图将周惠王赶下台去。

事情的起因还得追溯到周惠王的爷爷周庄王（周桓王的儿子）头上。周庄王宠爱一个叫王姚的嬖人，生了一个儿子，取名叫颓，按照当时的习惯，被称为王子颓。如果按照辈分，这位王子颓也就是周惠王的叔叔了。周庄王对王子颓宠爱有加，派大臣蔿国担任王子颓的老师。

周惠王即位之后，有一个很不好的爱好，和我们现在某些开发商一样，热衷于占地皮，而且不想花钱，喜欢强拆强建。短短数年间，他抢了蔿国的菜园，用来建自己的动物园；抢了边伯的住宅，用来扩大王宫；还抢了子禽、祝跪、詹父的田产，停发了王室膳食总管石速的工资……那几个人受不了，凑到一起阴谋作乱，并找到了苏氏，要他牵头起事。

前面说过，苏氏乃是周王室的传统贵族，其先祖苏忿生在周武王年代担任司寇。到了周桓王年代，天子与郑庄公交换土地，拿着苏氏的十二座城池交换郑国的四座城池，虽然当时郑国没有拿走那十二座城，苏氏却对王室产生了强烈的怨恨。

公元前675年秋天，蔿国、边伯、子禽、祝跪、詹父五位大夫发动了宫廷政变，企图拥立王子颓为王，然而因为准备不充分而失败。苏氏带着王子颓逃到卫国，并在卫国、燕国（南燕国）的帮助下，起兵进攻王城，于同年冬天赶跑了周惠王，立王子颓为王。

郑厉公怎么会放弃这么好的一个机会？公元前674年，他写了一封义正词严的信给王子颓，劝他迷途知返，尽快把王位还给周惠王。

这个建议自然没被王子颓采纳。郑厉公也不生气，派人不声不响地把南燕国的国君燕仲父给抓来了。这么做的目的是斩断王子颓的手脚。至于怎么抓到南燕国君的，历史上没有记载，但我想，郑厉公经历过宋国雍氏绑架祭仲的事件，多少学到了一些雍氏的手段吧。

而到了那年夏天，郑厉公又把流亡在外的周惠王给找到了，并将他安顿在自己曾经居住多年的栎城。我们不得不感叹，经历了一些风雨之后，郑厉公的手段越发层出不穷了。

同年秋天，郑厉公率军保护周惠王进入邬城，攻入成周，将王室存放在成周的宝器席卷一空，然后安全撤回。

事情发展到这个地步，王子颓还在乐悠悠地享受胜利的果实，到了冬天在雒邑举办了大型的宴会，热情招待造反有功的五位大夫。宴会上表演了自黄帝以来六代的大型音乐和舞蹈。参加宴会的老人都说，自平王东迁以来，很多年没有看到这么隆重的节目啦。

郑厉公听到这个消息，跑去找虢公，说："哀恸有时，欢乐有时，不该高兴的时候瞎高兴，必有祸至。你看看那个王子颓，成天歌舞升平，不知节制，这就是所谓的幸灾乐祸。过去司法官给犯人执行死刑，君主就不吃大餐，停止一切娱乐活动，以示悲哀，哪里敢幸灾乐祸啊！王子颓欺君犯上，为天下所不容，祸莫大矣，居然还敢乐而忘忧。咱们何不奉天子归位？"

虢公与之一拍即合。

公元前673年夏天，郑厉公与虢公共同出兵，讨伐王子颓。从军事实力上讲，周王室的部队根本无法和郑国大军相抗，何况还有虢国军队的支持？郑国军队保护着周惠王从圉门攻入王城，虢公则自北门攻入王城，杀死了王子颓和五大夫。

郑厉公在雒邑设宴，庆祝周惠王重登王位，并且也把六代的音乐舞蹈都表演了一番，真正是春风得意，齐桓公若是看到那幅场景，不羡慕得吐血才怪。

当年周平王曾经许诺将虎牢关以东的土地全部赐给郑武公，现在周惠王为感谢郑厉公，将周平王的承诺全部兑现，郑国的土地一下子增加了许多。即使郑庄公再生，也会为这个儿子的表现感到骄傲。

当然，在那场盛绝一时的宴会上，也出现了一点小小的不愉快。周惠王将王后使用的一块铜镜赐给了郑厉公，而将自己用的酒爵赐给了虢公。酒爵是礼器，而铜镜只是普通日用品，显然厚此薄彼，令郑厉公深感不快。不过那只是很短一段时间的不愉快。因为两个月之后，郑厉公死了。

郑厉公年轻的时候，随父亲郑庄公东征西讨，立下汗马功劳，成为兄弟中的佼佼者；哥哥郑昭公即位后，他在宋国人的帮助下，半推半就地发动政变，赶走了郑昭公；他的首任国君生涯维持不过三四年，因与祭仲争权失利，被迫流亡他乡，而且一去就是十七年，将自己风华正茂的岁月消耗在忍耐和等待中；等他重新回到新郑，天下形势已经发生巨大变化，北方的齐桓公和南方的楚文王，霸业初成；而他带领郑国这样一个中等偏小的国家，在夹缝中求生存，既保持了国家的独立，又维护了自己的尊严；短短的数年，他稳定了国内政局，又致力于参与王事，扶助周天子复国，立下奇功，使得一心称霸的齐桓公相形见绌。无奈，正当他踌躇满志，欲与齐桓楚文一较高低的时候，天妒英才，撒手西去，功亏一篑。郑国由桓公肇始、武公奠基、庄公扬鞭的强国之梦，也就此戛然而止。

寡妇门前是非多

郑厉公的死让齐桓公大大松了一口气。他抓紧时间，广泛开展外交，同时辅以军事手段，巩固幽盟的成果。

公元前672年秋天，齐桓公派高傒前往防城与鲁国结盟，决定将自己的妹妹嫁给鲁庄公为妻，作为关系巩固的纽带。同年冬天，鲁庄公不顾礼数，亲自跑到齐国下聘礼，两国关系迅速升温。

公元前671年，鲁庄公前往齐国学习考察，观摩了齐军的军事演习。同年十二月，齐、鲁两国元首在郑国的扈地会盟。

公元前670年，鲁庄公再一次不顾礼数，亲自前往齐国迎娶齐桓公的妹妹哀姜（诸侯下聘和娶妻，只需由卿大夫代劳，本人不用出马）。

鲁庄公和他的父亲鲁桓公一样，对于齐国来的公主总是抱有一种敬畏感，以至于分寸大乱，“非礼”之事时有发生。哀姜来到鲁国，鲁庄公命同宗的妇人手执玉器列队迎接。按照周朝的礼仪，贵族相见，手上必须执物以表诚敬，同时通过所执之物的贵贱来体现贵贱等差。一般来说，男子所执之物为玉帛或禽鸟，女子则用榛子、栗子、枣子等果实。鲁庄公命妇人手执玉器迎接哀姜，主要是因为他在这位大国公主面前缺乏自信，怕人家看不起自己，所以才虚张声势罢了。

公元前668年秋天，齐桓公发动鲁、宋两国共同讨伐徐国，迫使其加入到幽盟组织。

公元前667年，距第一次幽盟十一年之后，齐、鲁、宋、陈、郑等国元首在幽地再次会盟。这时候郑国的国君是郑厉公的儿子郑文公。与桀骜不驯的郑厉公比起来，郑文公显然好打理得多，没给齐桓公造成任何麻烦。第二次幽地会盟在一片祥和的气氛中落下帷幕，齐桓公进一步巩固了同盟内部的团结。

公元前666年春天，周惠王命齐桓公讨伐卫国，理由是当年卫国曾帮助王子颓谋叛。此时卫惠公已经死了三年，当政的是他的儿子卫懿公。卫国军队战败，紧接着认罪、赔款，齐桓公满意而归。

公元前664年，齐桓公通过外交施压，逼迫小国鄣国依附于齐国。

同年冬天，北方的少数民族山戎入侵燕国。燕国向齐国告急，齐桓公亲自带兵驰援，打败了山戎军队，并且乘胜追击，一直打到今天的辽宁省境内的孤竹才班师回朝。

为了矜夸自己的战功，齐桓公派人把一批北戎战俘赠送给鲁国。此举热情可嘉，但是遭到左丘明的严肃批评，理由是：但凡诸侯打败蛮、夷、狄、戎等野蛮人，应该献俘于周天子，由周天子来警惧他们，而不应该献俘于诸侯。

但是，不管礼不礼，鲁庄公对于齐桓公的馈赠受宠若惊，于第二年春天开始参与修筑小谷城，以此作为礼物赠送给管仲。诸侯筑城赠送给他国的大臣，这在春秋史上恐怕也是绝无仅有的大手笔。齐、鲁之间的关系，进入了如胶似漆的蜜月期。

值得一提的是，这些年间还发生了一件事。这件事在当时看来也许不值一提，可是很多年后，人们又不得不将它大书特书，那就是：陈国的公子完逃亡到齐国。

公元前672年，陈国发生内乱，陈厉公的儿子公子完逃亡到了齐国。春秋乱世，各诸侯国的公室子弟像蒲公英一样被风吹着飘来飘去是常有的事，齐桓公本人就有过避难于他乡的经历，因此对于公子完不但没有歧视，反而惺惺相惜，热情地接待了他。

公子完是个很稳重的年轻人，即使在流亡之中，仍然保持了高贵的气质，谈吐相当不俗。齐桓公和他天南海北地聊了一下午，快到吃晚饭的时候，突然说："你就在齐国住下来吧，即便陈国政局稳定下来，你也不用再考虑回陈国的事了，我想任命你为齐国的公卿。"

公子完听了，毕恭毕敬地拜伏在地上，表示感谢，然后说："国家有难，我跑到贵国来逃避责任，能够得到您的宽容，就已经很满足了。哪里还敢窃居高位，让人家说闲话啊！"

这种谦恭的态度使得齐桓公更加坚定了重用公子完的决心，于是任命他当了工正，也就是掌管百工的官，类似于后世的工部尚书。

后来有一天下午，齐桓公突然带着随从跑到公子完家里，坐在院子里和公子完喝酒聊天，相谈甚欢，不知不觉天就黑了。齐桓公酒兴正酣，下令说："举起火把，不醉不归。"公子完一听，马上跪倒在齐桓公跟前说："对不起，我只知道白天招待国君，不知道晚上如何陪饮。"坚决将齐桓公送走了。

《左传》对此给予了高度评价，喝酒是一种礼仪，不能豪饮无度。白天喝酒合乎礼法，晚上喝酒就等于淫乐，公子完这样做是不想让主君违背礼法而陷入淫乐啊！

公子完还在陈国的时候，陈国的大夫懿氏想把女儿嫁给他，因此要老婆算了一卦，得到的结果是："吉利，所谓'凤凰于飞，和鸣锵锵，有妫之后，将育于姜。五世其昌，并于正卿，八世之后，莫之与京。'"齐是姜姓，陈是妫姓，这段并不晦涩的文字似乎是在说，有陈国的公子将跑到齐国去安家，五世之后家业大兴，成为齐国的正卿，而八世之后，无人可以匹敌。

作为臣子，正卿已经是极限；无人可以匹敌，那不就是要当诸侯吗？事实上，公子完很小的时候，有位王室的周易大师来到陈国，曾经给他算过一卦，结果得到"观卦变成否卦"，其爻辞为"观国之光，利用宾于王"。大师解释，这是说他出国观光，能够成为天子的上宾。所谓天子的上宾，自然就是诸侯，难道这是说公子完将成为陈国的主人吗？不是。因为从卦象上来看，不是在陈国而是在异国；也不是公子完本人，而是说他的子孙。

简单介绍一下，《周易》中的六十四卦，每卦皆由上下两"经卦"——也就是基本卦构成。观卦的上卦为巽（代表风），下卦为坤（代表地），也就是所谓"风地观"；否卦的上卦为乾（代表天），下卦为坤，也就是所谓"天地否"。观卦变成否卦，是因为上卦的风变成了天。

大师接着解释说，光的特点，是照亮他物而非自身。风变成了天，而行于地上，这就是山。有了山上的物产，又兼天上的光照，美好的事物都具备了，所以说"能够成为天子的上宾"。但是仍然有待观察，所以说并非他本人，而是他的子孙。

大师还准确地算出，公子完的后人如果在异国发迹，必定是在姜姓之国。

公子完在齐国定居下来，并且改其姓氏为“田氏”，建立了齐国的田氏宗族。两百多年后，他有一位叫田乞的后代消灭了齐国传统贵族国、高二氏，成为齐国的首席执政大臣。田乞的儿子田常扶立齐平公，成为齐国的实际控制人。到了公元前379年，田氏干脆取代姜氏家族，成为了齐国的君主。当然，这是后话。当时齐桓公也万万没想到自己的一时善举，又或者叫作政治投资，竟然彻底改变了姜姓宗族的命运。这叫不叫引狼入室呢？

就在北方的齐桓公专注于建立自己的霸业的时候，南方的楚国也没闲着，灭了息国，控制了蔡国。

这两件事情均与一个叫息妫的女人有关。

息妫是陈国公室的女儿，嫁给了息侯为妻，因此被称为息妫。不用说，一个女人如果能够对历史事件产生重大影响，必定是国色天香，美艳不可方物。

公元前684年，息妫出嫁，从陈国出发，途经蔡国，前往息国。

当时蔡国的国君名叫献舞，也就是历史上的蔡哀侯，同样也娶了陈国的公主为妻，按关系算是息妫的姐夫。这位姐夫听说小姨子出嫁，非常高兴，一定要亲自请小姨子吃饭，这在当时是有些失礼的事情。而在吃饭的过程中，姐夫更是目不转睛地盯着小姨子看，两杯酒下肚，玩笑就开得很过分了。有没有动手动脚我们不知道，总之息妫后来跟老公息侯一说，息侯立刻火冒三丈。

是男人都应该火冒三丈。只是息侯发泄怒火的方式很特别，他既没有当面谴责那位连襟的无耻举动，也没胆量提出和他单打独斗，一决雌雄，而是不动声色地派一位使者去了南方的楚国，对楚文王说：“请您派兵来打我。”

楚文王傻了眼，不知道他葫芦里卖的什么药。

使者说：“我们国君深惧大王威名，很想为您效犬马之劳，以获得您的欢心。现在蔡侯献舞仗着自己是姬姓，国家不大，架子不小，完全没把您放在眼里。这种不识时务的态度，我们国君看不过去，所以宁可以身作饵，请大王派兵讨伐息国，息国则向蔡国请求支援，献舞必定亲率部队来救。到时我们配合您，合而围之，给他点教训，也让他从此知道要尊重楚国。”

这可真是一个令人难以拒绝的建议。

楚国自楚武王年代崛起，一直苦心经营汉水流域，稳固自己的势力范围。到了楚文王年代，楚国国力强大，早就不满足于独霸一方的格局，而有志于逐鹿中原，企图成为天下的霸主。楚文王天天摩拳擦掌，在姬家村外探头探脑，正不得其门而入呢，冷不丁跑出一个息侯来，谄笑着对他说：“我来带路。”

人生最大的幸福，莫过于你想睡觉，有人送枕头。楚文王真是做梦都要偷笑了。

同年九月，楚国大军如约出发，攻打息国。息侯派使者向蔡国求救。献舞听说楚蛮子要攻打小姨子的国家，果然很紧张，马上带领部队前往息国救援。

论实力，蔡国、息国加起来也不是楚国的对手，更何况息侯吃里爬外，将蔡军出动的情报一早报告了楚军。楚国人在莘地设下埋伏，将蔡国军队一网打尽，献舞本人也成为了楚国的俘虏。

这就是调戏小姨子的下场。

楚文王这个野蛮人第一次捉到姬家村里的贵人，非常开心，就要拿荆蛮之地的规矩，把献舞放到油锅里给炸了。这时有个叫鬻拳的老头跳出来说：“万万不可！”

楚文王说：“有何不可？”

鬻拳语重心长地说：“大王要是真想入主中原，就得好好改变山大王的作风，别动不动就煎啊煮啊炸啊，好像八辈子没吃饱似的。如果把这个人煮了，中原各国都怕了楚国，必定联合起来对付咱们，到时候就不好办了。”

楚文王坚持要煮。在他看来，献舞细皮嫩肉，不拿来做菜实在太可惜了。

鬻拳毛了，一手抓住楚文王的袖子，一手拔出随身的佩刀，说：“你要是不听我的，我就是杀了你这小子，也好过楚国从此断绝进入中原之路！”楚文王没想到闹出这么大件事来，吓得连连点头说：“听你的，我听你的！”命令手下将献舞释放了。

鬻拳这才放开他，又说：“我拿刀子逼迫大王，真是罪大恶极。”于是挥刀直下，砍断自己的双腿，以示惩罚。荆楚之人的行事作风，自古如此彪悍！楚文王对自己的无知感到很后悔，任命鬻拳为“大阍（hūn）”，掌管首都的城门，并且让他家世世代代担任这一职务。楚国人很尊重鬻拳，都尊称他为“大伯”。

根据《左传》的记载，鬻拳持刀谏君确有其事，但是不是为了楚文王要杀献舞一事，则很值得怀疑。再说献舞似乎也没有被释放回国，而是一直被囚禁在楚国，作为胁迫蔡国的筹码。

献舞后来明白自己是被息侯给耍了，不免又恨又恼，找了个机会，故意在楚文王面前盛赞息妫的美貌。

说者有意，听者有心，楚文王本来也是好色之徒，不觉怦然心动。

没过多久，楚文王亲自前往息国拜访息侯。

息侯没有意识到危险临近，很感激楚文王替他报了仇，热情招待，宾主尽欢。第二天，楚文王也在宾馆设宴，回请息侯。息侯欣然而往，没作任何防备，被埋伏的楚国武士绑架。

息侯没想到，自己为了报复一个流氓，要了点小聪明，却引来一个强盗，不但丢了老婆，更亡了国，得了个家破人亡的下场。古话说得好，“匹夫无罪，怀璧其罪”，在那个弱肉强食的年代，一个实力有限的诸侯，如果娶了个如花似玉的老婆，就得天天防着人家来打主意。想想看，连鲁桓公这样的大国元首都被人戴了绿帽子，丢了性命，何况小小的息侯呢?

息妫作为战利品被带回楚国。三四年间，息妫为楚王生了两个儿子，但是很少主动和楚王说话。楚王逼问得急了，她就恨恨地说：“一女事二夫，想死又不敢死，还有什么话好说呢？”

楚王知道息妫深恨献舞，为了取悦于她，于公元前680年发兵讨伐蔡国。那个时候，献舞还在楚国被囚禁着呢。蔡国的留守政府没作太多抵抗，就与楚国签订了盟约，成为了楚国的附庸。

《左传》评价献舞，说他以恶易恶，如同引火烧身，最终导致燎原之势。其实，那位引狼入室的息侯何尝又不是如此呢?

公元前678年，齐桓公建立“幽盟”之后，楚文王意识到自己尚未可以与齐桓公争锋，将目光转向南方，开始巩固楚国的后方防线。

公元前677年，楚文王出兵讨伐申国，居住在今天鄂西川东一带的巴人派兵协助。也许是楚国人的大国沙文主义惹恼了巴人，在这次合作的过程中出现了一些不愉快的事。巴人一怒之下，背叛楚国，突然袭击了楚国的那处（地名），将其占领。那处守将阎敖跳进河里，游水潜逃。

楚国人对于战败的将领处罚很重。阎敖战败，且弃城而逃，罪加一等，被判以死刑。阎敖的族人对此十分不满，他们派代表与巴人密谋，约巴人伐楚，以为内应。

第二年冬天，巴人果然如约而来，讨伐楚国。楚文王亲自率兵迎战，与巴人大战于津地。按照楚军的实力，在战场上面对面地打败巴人本来不是问题，但是阎敖的族人混入楚军内部进行破坏，导致楚军骚乱，因而大败。楚文王本人在战场上也中了一箭，情况非常不妙。

楚文王带着残兵败将一路狂奔，一直逃到郢都城下，才松了一口气。这时已经是半夜，大伙又疲又乏，都念叨着回家抱老婆洗热水澡，受伤的将士也等着接受更好的治疗。

然而，黑黝黝的城门紧闭。任城下的士兵怎么叫骂，城里头就是没有任何反应。

楚文王强忍着伤痛，站在戎车上大呼："鬻拳何在？"

鬻拳就是那个曾经拿刀劝谏楚王的犟老头儿，现在担任楚国城门总管，没有他的命令，谁也不敢擅自开城。

楚文王一叫，鬻拳果然就出来了，半坐在城楼上，颤颤巍巍地问："大王，您回来啦？"

"少废话，快开城门！"

"不行啊，大王。听说您吃了败仗，这门我没脸开呀。"

"你……"楚文王又气又急，本来想破口大骂，但是想到鬻拳的牛脾气，又强忍住了。

"大王自即位以来，大小数十战，每次都是获胜而归。如今讨伐巴人这群乌合之众，居然大败而还，实在是有失颜面，无颜面对家乡父老啊！要不这样，您好歹打个胜仗再回来，也挽回点面子撒。"鬻拳不紧不慢地说。

“我都伤成这样了，你还要我……”

“叫随军医士好好包扎一下，打个胜仗回来啊。鬻拳我年老体衰，熬不得夜，回去睡觉了。”

楚文王还想说两句，城楼上那半截人影已经不见。看那阵势，楚文王想要回到自己家里，非得再打一仗不可，要不和鬻拳的守军打，要不去找哪个小国家的晦气。

当天夜里，身心俱疲的楚军露宿城外。第二天清晨，大军悄然拔营，目标锁定黄国，北上寻回自己的光荣。史料记载，楚文王强忍着伤痛指挥作战，在碏陵打败黄国军队，才敢带着得胜之师回来。没想到因为伤势过重，又操劳过度，在半路就挂掉了。

和他父亲楚武王一样，他也是死在军旅之中。

鬻拳操办完楚文王的葬礼，自杀殉葬，死后被埋在楚文王的墓前。

生为楚国的守门官，死后继续为楚文王守门。这个看门的铁饭碗，没人敢跟他争。《左传》对鬻拳的评价很高，说他真心实意地爱自己的君主，为了劝谏君主，宁可自己接受刑罚，而自己接受刑罚的同时，又不忘帮助君主积极向善。

我的意见嘛，爱则爱矣，一而再、再而三地将自己的意愿强加于君王，未免太生硬拧巴了。

前面说到，楚文王与息妫（现在被称为文夫人）生了两个儿子，哥哥叫作熊囏（jiān），弟弟叫作熊恽（yùn）。楚文王死后，熊囏即位为君，在历史上，他被称为“堵敖”。堵敖是楚地方言，意思大概是虽然即位，但是未尽到国君的责任与义务。

堵敖在位的第五年，想杀自己的弟弟熊恽，结果反被熊恽杀死。熊恽也就是历史上的楚成王。

楚成王虽然登上王位，然而年纪尚轻，羽翼未丰，国家的大权很快落到了当时的令尹，也就是他的叔叔子元手上。

寡妇门前是非多，楚王家里也不例外。公元前666年，子元在嫂嫂文夫人的宫殿旁边修建了自己的别墅，并派人在别墅演出了极具男性荷尔蒙的“万舞”。

所谓的“万舞”，大概是围着篝火，由年轻力壮的男子戴着面具、光着膀子、举着兵器来跳的一种舞蹈。

在一个寡妇门前跳这种舞，好比给她喝春药。

文夫人于公元前684年被楚文王掳至楚国，至今已有十八年。年轻的时候遭遇过灭国丧夫之痛，人近中年，生过两个孩子，仍然使得子元神魂颠倒，不顾廉耻地想引诱她。文夫人的诱惑力，确实非同小可！

文夫人被吵得坐立不安，派侍女去见子元，说：“祖宗发明万舞，是为了激发武士们的斗志，习武备战。现在令尹不想着怎么为先君报仇，入中原一雪前耻，却在他的未亡人面前表演这种节目，不觉得很奇怪吗？”

言下之意，子元你也未免太不务正业了。

男人最怕什么？最怕自己喜爱的女人看不起自己。文夫人这么一说，子元的脸当场就红了，说：“妇道人家尚不忘中原之志，我这个大男人反而忘了！”于是撤走了舞蹈班子。

文夫人倒是站在自家的阳台上独自失落了一阵。

同年秋天，子元率领兵车六百乘讨伐郑国。一次性动员六百乘兵车，对于当时的楚国来说，差不多是倾巢而出。子元带着这么多兵车去，大有不灭郑国誓不回师之势。

仅仅在一年之前，齐桓公才与鲁、宋、陈、郑等国国君在幽地举行第二次会盟，就维护中原地区稳定结成更加牢固的同盟。幽盟的火炬还没熄灭，楚国就以倾国之力讨伐郑国，子元为了在文夫人面前一显身手，当真是拿国家的命运作赌注了。

文夫人不是说他不务正业吗？那他就要做一件惊天动地的大事来给文夫人看。

六百乘兵车一路上基本没有遇到什么抵抗，直抵新郑的桔柣（dié）之门。楚军稍事休整之后，由子元、斗御强、斗梧、耿之不比率领前军，斗班、王孙游、王孙喜率领后军，自新郑的外城门鱼贯而入，一直进到内城。

这是一次奇怪的进军。新郑所有的城门都洞开，楚军在没有任何抵抗的情况下，以整齐的战斗队形，像接受检阅一般开进了郑国的首都。

子元越看越觉得不对劲，越走越觉得心里发虚。郑国军队在哪里呢？他不断地问自己。终于，他醒悟过来了，低声对身边的耿之不比说："郑国有能人。咱们快退军！"

耿之不比没有问为什么，只是忠实地执行了他的命令。数万名训练有素的楚军一齐向后转，用楚地方言小声议论着，迅速有序地退出了新郑城。

刚刚退出新郑，探子就传来消息，齐桓公亲自率领齐国、鲁国、宋国三国大军，离新郑只有几十里的路程了，一直避而不战的郑国军队也在附近出现。

很显然，这是一个圈套，姬家村的村民很想借此机会将门外的野蛮人一网打尽。子元越想越怕，现在连新郑城外也不安全了，他带着部队连夜遁逃。

郑国军队一直跟踪追到桐丘，派出的探子回报，说楚军大营有鸟群集，郑军才停止追击。营中有鸟，说明楚国人跑得快，只剩下一座空营，再追上去也没有什么意义了。

子元以讨好文夫人为目的的战争，以虎头蛇尾而告终。不过，六百乘兵车一去一回，钱粮军备自然白白消耗掉不少，就当组织湖北人去河南旅游观光了一趟吧。

伐郑无功而返，文夫人的态度又仍旧冷淡，这使得子元相当郁闷。当年周幽王烽火戏诸侯，好歹博得了美人一笑，现在子元为了一个嫁了两次的中年妇女，不惜举楚国之力劳师远征，竟然没有获得任何回报，教他如何解忧？

从新郑回来后，子元干脆搬到王宫里去住了。他就不信，文夫人一个寡妇，能够长期忍受没有男人的日子。他在王宫一住就是两年，期间自然没有少骚扰文夫人。但是按《左传》的记载，他想要与文夫人上床的目的似乎一直没有达到。

子元这样做，不只是对先君不敬，对现任君主楚成王也是大大的不尊重。公元前664年，大夫斗廉当着百官郑重建议子元搬出王宫，以正风纪。结果被子元派人抓起来，投入大牢。

子元的行为终于惹了众怒。同年秋天，申公斗班在朝堂之上刺杀了子元。

所谓申公，就是申县的地方长官。楚国人自称为王，每消灭一个小国，就将这个国家变为一个县，县的长官也就随之被称为公。按照周朝的礼制，公是很高级别的诸侯，地位在侯、伯之上，仅次于天子，整个中国寥寥无几。但是，楚国人根本不管那一套，光县一级的公就任命了十余个。

后人评价子元，总会将他和文夫人联系在一起。文夫人还是息夫人的时候，就因其美貌而遭受蔡侯献舞的调戏，她的第一任丈夫息侯妄图借助楚国的力量陷害献舞，导致献舞长期被楚国囚禁，而蔡国也不得不听命于楚国。献舞被囚之后，回过头来报复息侯，在楚文王面前大谈息夫人的国色天香，楚文王受不住引诱，灭了息国，杀死息侯，将息夫人带回楚国，立为文夫人。楚文王既死，令尹子元掌权，同样垂涎于文夫人的美貌，多方引诱而不可得，意乱情迷，最终引起公愤，被刺而亡。女权主义者也许对此说法很是愤怒，但我还是坚持认为，文夫人在某种意义上就是息侯、献舞和子元悲剧的根源，这与海伦是特洛伊战争的根源，是同一个道理。

自楚文王去世以来，子元当政，楚国的政治相对混乱。子元死后，一位名叫斗谷於菟的人物被任命为楚国的新令尹。

斗谷於菟，姓斗，名谷於菟，字子文。楚地方言，谷即是乳，於菟即是虎。因此，谷於菟的意思就是乳虎（也有说是“乳于虎”，即被老虎喂养过的意思）。《左传》上说，这位乳虎先生担任了楚国的令尹，“自毁其家以纾楚国之难”，也就是拿出自己的家财以缓国家之急。

斗是楚国的大姓，以熊仪（楚武王的爷爷）为先祖。因熊仪被称为若敖，所以斗氏又被称为若敖氏。斗谷於菟的父亲就是楚武王年代的斗伯比。

作为名门望族之后，斗谷於菟拿出万贯家财不是难事。但是，他拿出这笔家财来，解的究竟是什么样的国难，《左传》上没有言明。我只能猜测，令尹子元这些年来关注于泡嫂嫂这件事，很少理会国家政务，再加上两年前倾国之力进攻郑国，没捞到任何好处，导致国库空虚，连公务员的工资都难以为继了。

不管怎么说，斗谷於菟一上任就拿出自己的家财奉献给国家，已经体现了一位优秀的政治家应具有的大公无私的品质。从楚武王年代至今，楚国这个蛮夷之国虽然经历了诸多磨难，但一直倚仗其优秀的管理团队，在发展速度上遥遥领先于中原各国，涌现了斗伯比、熊率且比、鬻熊、斗廉等一大批贤能之士。而在楚成王年代担任令尹的这位斗谷於菟，一般称作令尹子文，更是他们之中的佼佼者。

“齐桓公加管仲”这对北方组合，很快将感受到“楚成王加子文”这对南方组合所带来的压力。

本是同根生，相煎何太急

公元前662年，鲁国的统治者鲁庄公感觉到自己大限将至了。自父亲鲁桓公在齐国遇害，他登上了鲁国国君的宝座，至今已经三十二年。平心而论，他不是一个很优秀的国君，但也绝非昏庸之主。在他的领导下，鲁国平平安安地度过了三十二年，没有经历太多战争，百姓基本安居乐业。乱世之中，能做到这样，就算是一个合格的君主。

鲁庄公有三个弟弟，大的叫庆父，第二个叫叔牙，最小的叫季友。弥留之际，鲁庄公将叔牙找来，问他谁来继承君位比较合适。叔牙给了一个非常愚蠢的回答，说：“我觉得庆父有才，可以担当大任。”叔牙走后，鲁庄公又把季友找来，问了同样的问题。季友反问道：“这个问题难道还用问吗？我将用自己的生命侍奉般。”

般，就是公子般，是鲁庄公与夫人孟任的儿子，当时还是个小孩。

说起鲁庄公与孟任，有一段浪漫的爱情故事。

某一年春天，鲁庄公在宫内的高楼上眺望风景，看到邻居党氏家的女儿孟任在院子里和侍女嬉戏，十分惹人怜爱。鲁庄公一看见孟任就喜欢上了，顾不得什么礼不礼，下楼出宫，径直跑到党氏家的院子里，向孟任表达爱意。孟任对这位突如其来的闯入者又惊又怕，带着侍女躲进内院，紧闭大门，不让他进来。鲁庄公体现了一个中国绅士应有的风范，他文质彬彬地站在门前，说了很多肉麻的话，并许诺要立孟任为夫人。如此这般折腾了老半天之后，孟任伸出一条粉嫩的胳膊来。

“干啥？”

“盟誓啊，我妈妈说了，你们男人都不可靠，必须要发毒誓。”

鲁庄公二话不说，抽出随身携带的小刀，先在自己和孟任的手臂上各划了一个口子，然后将两个伤口紧贴在一起。血，也融于一处了。

在那个保存周礼最完好的国家，国君与邻家少女之间居然发生如此浪漫的一段自由恋爱，真是让人觉得不可思议。连左丘明老先生也被蛊惑了，写完这段故事，居然忘了加上一句：“非礼也！”

鲁庄公与孟任生了公子般，还生了一个女儿。有一年鲁国举行求雨的祭祀活动，在大夫梁氏家彩排，公子般的妹妹也跑去观看。有个养马的官，名叫荦（luò），在墙外看见公子般的妹妹，不知道她是公主，吊儿郎当地用污言秽语调戏她。公子般知道后十分生气，派人把荦抓起来狠狠打了一顿。

鲁庄公听到这件事，心里“咯噔”一跳，很快联想到当年宋国的南宫长万之乱。他对公子般说：“荦是壮士，能轻而易举地把大盖扔到城门之上，你要惩罚他，最好杀掉，不要打他。”但是事情已经过了，再回过头去把荦抓起来杀掉，显然不太合适。久而久之，这件事也就被淡忘了。

后来鲁庄公又娶了齐桓公的妹妹哀姜做老婆。这是一段政治联姻，出于对齐国的尊重，鲁庄公对哀姜礼遇有加，其尊重程度，甚至到了“非礼”的地步。史料没有记载鲁庄公如何妥善处理两位夫人之间的关系，但是很可能为了国家利益，孟任不得不屈就哀姜，将第一夫人的位置让给了她。另外还有一种可能，哀姜嫁到鲁国来的时候，孟任已经撒手西去，所以不存在第一夫人之争。

虽有这些变故，公子般的嫡长子地位却没有被改变。因为哀姜一直未曾生育。诸侯去世后，嫡长子继承君位，这一点是毋庸置疑的。唯一的问题是，鲁庄公弥留之际，公子般还只是一个小孩，与庆父、叔牙、季友三位叔叔比起来，他实在是太弱不禁风了。

鲁庄公很担心，如果自己的几位兄弟对公子般怀有异心，在他死后，公子般就会像汪洋中的一叶扁舟，被政变与夺权的浪潮席卷而去。在那个年代，这种担心不是没有道理，反而是很有必要。他将叔牙和季友找过来，问他们谁能继承君位，实际上是在试探这两个弟弟的心迹。

可想而知，季友的回答令鲁庄公很满意，而叔牙的回答让鲁庄公很不放心。

顺便说一下，季友这个人物，在出生之前就已经注定是鲁国的栋梁之材。据《左传》记载，季友即将出生的时候，父亲鲁桓公找人来给他算命，算命先生告诉鲁桓公：即将出生的是一位公子，名字叫作友，将成为国君的左膀右臂，协助国君处理朝政，成为公室的辅政大臣。

“季友亡，则鲁不昌。”算命先生甚至这样说。

鲁桓公又命人给他算卦，得到“大有卦变成乾卦”。对此，算命先生解释道：这孩子将来可以享受父亲的尊荣，人们崇敬他如同崇敬国君。说来也是神奇，等到小孩出生，打开手心一看，赫然写着个“友”字，自然给他取名为友了。

有了季友这句话，再联想到上面那个传说，鲁庄公心里那块石头也就落了地。

“如此，我就将般托付给你了。”他郑重其事地说。季友长久地拜伏在地上，接受了嘱托。

“我也问了叔牙同样的问题，他回答说，庆父有才。”鲁庄公若无其事地提起。

“哦？”

“我早听说庆父怀有二心，只是一直未能确证。今天叔牙的回答，更让我不放心了。”

兄弟俩对视了一阵。季友点点头，说：“我明白了，请交给我去办理吧。”

季友出来之后，立刻派人把叔牙带到鍼（zhēn）巫氏家里。鍼巫氏以巫为氏，想必世世代代均为巫医，既为公室贵族驱邪治病，也善于调配各类毒药，也就是武侠小说中经常出现的“国师”之类的人物吧。

“知道为什么把你带到这里来吗？”季友问。时近日暮，阳光从西边的窗子透射进来，照在他那张年轻而成熟的脸上。

“知道。”叔牙说。

“你说的这些话，既害了自己，也害了庆父。”

“此事与庆父无关，是我一时糊涂，他并不知情。”叔牙连忙说。

“庆父知不知情，我自然会弄明白。”季友将放在膝前的一个木碗推到叔牙跟前，“喝了这杯酒，你的后代还可以幸福地生活在鲁国。否则的话，你同样要死，而且……以后不会有人祭祀你。”

叔牙眼眶里盈满了泪水。

季友拍拍他的肩膀：“生于公室之家，就应当有随时赴死的思想准备。你死之后，我会告诉你的家人，就说你是得急病而死。他们将受到最好的照顾，请放心去吧。至于庆父，你也可以放心，只要他不胡思乱想，自惹麻烦，就不会有事。”

按季友的想法，庆父与叔牙自然串通一气，但看在兄弟的情分上，只杀掉叔牙一人，让庆父好好反省一下，也就可以了。后来的事情证明，他这样想是一个大大的错误。

叔牙喝了那杯酒，回来走到逵泉就死了。季友没有食言，让他的后代继续享有叔牙的俸禄，而且被立为叔孙氏。数十年之后，叔孙氏在鲁国的势力逐渐强大，与庆父的后代孟氏、季友的后代季氏一道把持朝政，被人称为“三桓”（庆父、叔牙、季友均为鲁桓公的儿子，因此为名）。当然，这是后话，在此不提。

《春秋》记载，公元前662年，“八月癸亥，公薨于路寝。”路寝就是正寝，这段记载直译成白话就是：鲁庄公死于寿终正寝。为什么要特别说明他是寿终正寝呢？我们可以翻回去看看前两任国君鲁隐公和鲁桓公的死亡记录。

鲁隐公：“冬十有一月壬辰，公薨。”

鲁桓公：“夏四月丙子，公薨于齐。”

众所周知，鲁隐公死于公子翚之手（政变），而鲁桓公死于齐国的公子彭生之手（情杀），都属于非正常死亡。《春秋》对此有所忌讳，仅简单以一个“薨”字一笔带过。现在鲁庄公好不容易正常死亡了，开创了《春秋》史上鲁国国君寿终正寝之先河，所以必须强调一下，告诉大家，他可是死在自己床上的。

看不出，这群鲁国的史官还有点黑色幽默。

鲁庄公死后，季友扶立公子般即位。

周礼规定，天子七月而葬，诸侯五月而葬，也就是天子死后七个月下葬，诸侯死后五个月下葬。这五个月里，嗣君只能居住在宫外，称为“五月居庐”。

因此，公子般就近住在外公党氏家，为父亲守丧。

同年十月，鲁庄公尸骨未寒，庆父唆使养马的荦潜入党氏家中，刺杀了公子般。

季友得到消息，连夜逃往陈国避难。他的这一举动，在历史上颇受非议。很多人认为，季友受先君之命，辅佐新君，不到两个月就被庆父钻了空子，把新君给刺杀了，这说明季友政治敏感性不强、防备不周、保护不力，是大大的失职。而公子般死后，他没有积极开展对庆父的斗争，反而独善其身，弃国家于不顾，一个人跑到外国去避难，更是不负责任的表现。这种批评不是没有道理，但是如果考虑到当时另一个人物的介入，也许人们会觉得季友这样做，其实也是情有可原。

这个人物就是哀姜。

《左传》记载，当年哀姜嫁到鲁国来，同样是买一送一，把自己的妹妹叔姜也给带来了。哀姜没有生育，但是叔姜给鲁庄公生了一个儿子，取名叫启方。鲁庄公去世的时候，启方时年八岁，还是个稚气未脱的孩童。哀姜虽然不会生孩子，但是与姐姐文姜一样淫乱，到鲁国不久，就送给了老公一顶绿帽子。

奸夫就是庆父。

庆父并非有勇无谋之辈，他想成为鲁国的国君，也不是一日两日的事。几个月前叔牙的非正常死亡，更加坚定了他谋逆的决心。他认为，如果不先下手为强，季友迟早有一天会对他动手。他尝试着把自己的想法告诉了情妇哀姜，哀姜二话没说，给了他一个深情的拥抱。她的身体告诉他，她会支持他的任何一个决定。

刺杀公子般的计划正是在得到哀姜的支持后，才得以实施的。哀姜有什么能量使得她成为庆父的后台呢?

第一，她是鲁庄公的夫人，鲁国的国母。

第二，她是齐桓公的妹妹。

庆父正是基于对哀姜的这两点认识，加上他和哀姜的亲密关系，才有恃无恐；而季友基于同样的认识，认为自己不能和庆父硬拼，才逃到陈国去避难。

打不过就跑，也是人之常情，实在没什么好指责的。

公子般死后，哀姜很想庆父接任国君，但是被庆父拒绝了。他知道这个时候如果自立为君，等于昭告天下，公子般是他杀的，在舆论上将处于很不利的地位。另外，他如果想得到齐桓公的支持，就更不能把自己推到风口浪尖，而应该先取得齐桓公的信任。在作出这一正确的政治判断之后，他继续正确地扶立叔姜的儿子、八岁的启方为国君，也就是历史上的鲁闵公。

这样做的好处是显而易见的：启方年纪小，便于控制；而且启方是齐桓公的外甥，齐桓公没有理由不支持。

为了启方的事，庆父专程去了一趟齐国，向齐桓公汇报工作。

“先君与贵国公主的儿子、公子启方被众臣推立，成为敝国国君。”庆父毕恭毕敬地说。

“如此甚好。”齐桓公仅仅是象征性地表扬了他一句，心里却在想：这家伙居然拿个八岁小孩来讨好我，八岁小孩能治理什么国家啊，还不是你庆父说了算？忽悠，继续忽悠。

话虽如此，齐桓公还是对鲁闵公这个外甥表示了极大的关注。公元前661年，他正式邀请刚刚即位的鲁闵公到齐国的落姑会晤，史称“落姑会盟”。

仔细推敲起来，齐桓公这一举动实在有点可疑。诚如他所想，八岁小孩根本不可能治理什么国家。同样的道理，八岁小孩也不可能参加什么外交活动。试问一下：一个老头和一个乳臭未干的小毛孩能够达成什么样的外交成果？

您别说，这次会晤还真达成了一个很了不起的成果。《左传》记载，鲁闵公在会上向齐桓公提出了“请复季友”的要求，而齐桓公欣然应允。

“请复季友”，就是请求齐桓公让季友回到鲁国来。这个要求也很奇怪：季友又不是齐国的臣子，他回鲁国，为什么要征得齐桓公同意呢？然而更奇怪的是，齐桓公对这一要求不但表示同意，更正儿八经地派人到陈国找到季友，召他回国。

消息传到庆父的耳朵里，他的心都凉了一截：

第一，鲁闵公肯定不会自己向齐桓公提出“请复季友”的要求，而是背后有人操纵。而这个人，八成就是季友本人；

第二，季友之所以出逃陈国，是因为他害怕哀姜，其实也就是害怕齐桓公对他不利。现在借鲁闵公之口，他知道齐桓公对他并无恶意，便可以放心地回鲁国来了；

第三，齐桓公当然也知道，季友如果回国，势必对庆父构成致命威胁。他答应季友回国，其实也就表明了自己对庆父的态度，他并非将庆父视为自己在鲁国的代理人。

从这三点看，庆父企图控制鲁闵公和讨好齐桓公的初衷，全部都落空了。

鲁闵公在落姑告别了舅舅齐桓公之后，并没有马上回朝，而是带了一批人跑到郎地，眼巴巴地等着迎接季友回国。那光景，就像是独自在家的儿童举着雨伞在巷口等待父亲下班回家。

不管庆父乐不乐意，季友就这么风风光光地回来了。

同年冬天，齐国大夫仲孙湫前往鲁国“省难”，对鲁庄公和公子般的相继去世表示慰问。说是省难，实际上也是替齐桓公打探鲁国的政治情报。回到齐国之后，他向齐桓公汇报了鲁国的情况，总结起来八个字“不去庆父，鲁难未已”。

这句成语无须解释。

齐桓公问：“怎么才能去掉庆父？”

仲孙湫一躬身，回答说：“不用谁动手，他总有一天会自己害了自己。”嗓子里透着一股轻松。这话类似于“多行不义必自毙”，齐桓公一听就明白了，继而话锋一转，问道：“那么以目前这种形势，鲁国可攻取吗？”

这才是这段时间以来，他认认真真考虑的问题。在他看来，现在鲁国由孤儿寡母执政，又有庆父这根搗屎棍作乱，必定人心涣散，趁此机会吞而并之，或者扶持一个完全听命于齐国的傀儡政权，岂不快哉？

正是基于这样的考虑，他没有接受庆父的讨好，而且积极安排季友回国。鲁国越乱，他越有机可乘。

仲孙湫愣了一下，不动声色地说：“此事万万不可。鲁国是一直坚持周礼的国家，周礼也就是鲁国的建国之本。我听说，一个国家将要灭亡，它的根基必先动摇。鲁国现在虽然有内乱，但是没有抛弃周礼，所以还不到亡国的时候。以我之见，与其对鲁动武，还不如帮助鲁国平息内乱，这样的话，鲁国人感恩戴德，两国之间的友好关系将得到进一步加强。”

“问题是，”齐桓公这才抬起头来，冷冷地说，“我为什么要加强与鲁国的友好关系？”

“亲近有礼有德的国家，依靠稳重强大的国家，离间有矛盾的国家，消灭政治昏乱的国家，是真正的霸主之路。鲁国坚持周礼，就是我们亲近它的理由。”

齐桓公怏怏地说：“知道了，不用你教训我，这一套理论管仲早说过了。”

鲁闵公在位两年多，再一次陷入鲁国国君非正常死亡的宿命，被人暗杀在宫门之内。

而操刀者，不用说，仍然是“不去庆父、鲁难未已”的庆父。

据《左传》记载，鲁闵公的师傅看中了大夫卜齮（yǐ）的属地，仗着有国君撑腰，强行将那片土地抢夺过来，而鲁闵公也没有禁止。卜齮因此深恨鲁闵公，在庆父的安排下，半夜潜入宫中，将鲁闵公刺杀了。

鲁闵公的“闵”字，意思是在国内遭难。

季友再一次选择逃亡。不过这次他不是一个人逃，而是带上了鲁庄公的另一个儿子公子申。

公子申的母亲成风是鲁庄公的小妾，她也听过季友出生时的那个传说，并且深信不疑，因而将儿子委托给季友照顾。当然，季友这个时候带上公子申出逃，还有一个考虑，他怕庆父继续乱来。鲁庄公的儿子虽多，但是按照这个速度死下去，恐怕很快要绝后，他想替哥哥保留一点香火。

如果说季友第一次逃亡情有可原的话，第二次逃亡则让人很难以接受了。这完全是不敢承担任何责任的表现嘛！

其实不然。只要想想，隔壁还有一个虎视眈眈的齐桓公，咱们不难明白季友为什么再一次选择逃避：一旦鲁国发生内乱，齐桓公肯定毫不犹豫地派兵进行干涉，趁机吞并鲁国，或者扶持傀儡政权。

为了国家，他必须忍耐和等待，等待庆父“多行不义必自毙”的那一天。

而那一天，很快就到来了。

庆父两次弑君的行为引起了鲁国国内的公愤，而且他与哀姜之间的奸情也逐渐浮出水面，成为人们茶余饭后的谈资。更让人不能接受的是，鲁闵公死后，哀姜作为国母，一点也不悲伤，反而积极活动，到处给庆父拉选票，企图立庆父为君。

在她看来，如果庆父当了国君，将她这位嫂嫂堂而皇之地立为夫人，也不是不可能的事。当年卫国的宣公连自己老爸的小老婆都敢娶，叔叔娶嫂嫂又算得了什么呢？

然而，卫国是卫国，鲁国是鲁国，国情有很大的差别。鲁国人历来以“周礼尽在鲁矣”为傲，加上因为文姜的事，鲁国本来就对齐国的女人深有成见，现在哀姜又明目张胆地与庆父淫乱，实在是太伤害鲁国人民的感情了。朝野均有传言说，鲁闵公的死，其实是庆父与哀姜合谋为之。奸夫、淫妇、乱伦、弑君种种罪行加在一起，使得庆父与哀姜在舆论上处于极其不利的地位。社会上群情激愤，公室大臣也纷纷密谋，打算将他们绳之以法。

庆父见势头不对，顾不上哀姜，仓皇逃亡到了莒国。哀姜得知消息，骂了一句“没良心的”，收拾东西，也连夜逃亡到邾国。唉，夫妻本是同林鸟，大难临头各自飞，何况是一对野鸳鸯？

庆父走后，季友带着公子申众望所归地回到了鲁国。公子申被立为君主，也就是历史上的鲁僖公。

一场本来要流血的斗争，变成了和平的拨乱反正。季友的智慧与远见，确实对得起“季氏亡则鲁不昌”这句话。

鲁僖公即位不久，派使者前往莒国，要求引渡庆父。莒国人要求了一笔贿赂，将庆父送回鲁国。走到一个叫密的地方，庆父派公子鱼先行一步，去找季友说情，希望季友看在兄弟的分上，免他一死。

其实，事情发展到这个地步，季友又如何能够赦免他？公子鱼哭着回到了密地。庆父未见其人而先闻其哭声，哀叹道：“这是奚斯（公子鱼字奚斯）的声音啊。”上吊自杀了。

哀姜的下场也好不到哪里去。齐桓公急于向各诸侯国表白他的正义感，不但不为哀姜提供保护，还派人到邾国把她捉拿归案，并且处以死刑。齐国既然表现出这么高的姿态，鲁国也不能落后于人。鲁僖公派使者前往齐国，请求将哀姜的尸体归还鲁国，并予以厚葬，以示对齐国的尊重。

对齐桓公这一大义灭亲的举动，《左传》冷冰冰地评论：齐国人杀哀姜实在是太过分。女人既然嫁出去了，就是夫家的人，如果犯了罪，也应该由夫家来处罚，轮不到娘家人越俎代庖。

左丘明不领情应该是有原因的，虽然他不明说，但是我们现在可以斗胆猜测一下：鲁国内乱，齐桓公既有趁火打劫之心，则很有可能与哀姜密谋，里应外合，以夺取鲁国的政权。但是没想到形势发展得那么快，庆父与哀姜先后逃亡。齐桓公是怕事情败露，坏了名声，所以急急忙忙杀人灭口啊。

这样猜测，算不算以小人之心度君子之腹?

第三章

第一个国际统一战线的建立

九合诸侯：齐桓公的统战工作

一直以来，中原的居民都将自己视为黄帝部落的后裔，自称为“华夏族”，中原诸国也因此自称为“诸夏”或者“中国”。而散布在中原四周的各少数民族，一概被称为“四夷”，根据其方位，又被分为东夷、西戎、南蛮、北狄。

这当然是一种笼统的称呼。如同我们当年将所有高鼻子凹眼睛的人都称作“西洋人”一样，这种称呼中包含着惊讶、畏惧、蔑视等复杂感情，还有对外来文化不求甚解的傲慢态度。

在中原人眼里，四夷均是未开化的野人，非我族类，不相为谋。即使是像楚国这样曾经受封于周王室的国家，因为长期居于蛮夷之地，也被视为蛮夷之国。在《春秋》前期的记载中，楚国从来不被称为

“楚”，而被称为“荆”。

然而，正是这些不被正视的东夷、西戎、南蛮、北狄，一次又一次地引起了中原的战栗和震动。最严重的一次，莫过于周幽王年代的犬戎之乱——西方的少数民族攻陷周朝的国都镐京，导致周王室东迁雒邑，由此拉开春秋时代的序幕。

按照周礼的规定，礼乐征伐都是天子专享的权利。各诸侯国即使对四夷用兵，也要向王室报告，捉到俘虏则献给天子，由天子来警惧外来入侵者。这一规定，随着周王室的衰落，逐渐成为一纸空文。前面提到过公元前663年齐桓公向鲁庄公献戎俘，就是典型的“非礼”，被左丘明抓着小辫子数落了一通。谁也不能说左丘明批评得不对。但是，在外族入侵面前，周王室自身尚且难保，偏安雒邑之后，更没有心思、也没有能力领导大家去征讨四夷，只能任由四夷肆虐中原。齐桓公既然以中原诸国领袖自居，主动担负起征讨四夷的责任，在客观上保卫了中原文明，就是大大的功德。至于献俘于鲁国这等芝麻小事，礼又如何，非礼又如何？想必周天子都不好意思提什么意见，何劳你左丘明搬弄是非？

何等迂腐！

公元前661年，北方的狄人大举进攻中原的邢国。据春秋时期的史料记载，狄人主要有白狄、赤狄、长狄三支，分布地域很广，进攻邢国的狄人部落当属赤狄。

管仲对齐桓公分析说：“戎、狄均是豺狼之辈，贪欲难以满足。中原各国，多为近亲，同根同种，不可见死不救。宴饮娱乐，有如鸩毒，不可以留恋。诗经上说，‘岂不怀归，畏此简书。’请您立刻响应简书，发兵救援邢国。”

所谓简书，是当年各诸侯国之间传递外族入侵信息的告急文书。因军情紧急，求援的书信写得很潦草，甚至来不及用绳子将竹简穿起来就送出去了，所以叫作简书。

邢国有没有向齐国发送简书，史料并无记载。但齐桓公听从了管仲的建议，马上动员部队前去救援邢国。

狄人来得快，去得也快，在齐国军队赶到之前，已经将邢国劫掠一番，转而进攻卫国。这是典型的流窜作案，破坏性极大，很难对付。

当时卫国的国君是卫懿公。

这里有必要简短地回顾一下：卫懿公的父亲卫惠公因为谋杀兄长急子和寿的罪行，于公元前696年被赶下台，逃到齐国投奔舅舅齐襄公。七年之后，齐襄公联合鲁、宋、陈、蔡等国，出兵讨伐卫国，帮助卫惠公重新夺回政权。但是，这个在列强刺刀的扶持下粉墨登台的复辟政权，一直没有被卫国人真正从心理上接受。据《史记》记载，直到卫惠公死后，卫懿公即位，卫国的大臣和百姓对这一家子仍然不感冒，而且“常欲败之”。

但是，这位生来不被国人拥戴的卫懿公却是一个很有爱心的人。他的爱心不是献给卫国的子民，而是献给他的宠物——鹤。

鹤是一种可爱的动物，神态飘逸，能鸣善舞。古往今来，很多文人雅士都写下了关于鹤的美好篇章，松鹤延年更是中国水墨画中长盛不衰的主题。宋朝有个叫林逋的人，甚至将鹤视为自己的儿子，同时将梅花视为自己的老婆，因此有“梅妻鹤子”之说，传为千古美谈。

一个国君喜欢鹤，很正常，人们最多说他附庸风雅。

一个国君喜欢鹤，每天供给鹤好吃好喝的，修建楼堂馆所给鹤居住，也正常，人们最多说他奢侈浪费。

但一个国君喜欢鹤，每天供给鹤好吃好喝的，修建楼堂馆所给鹤居住，还将精力全部放在养鹤的事业上，因而不理朝政，就有点问题，人们会说他不务正业。

要命的是，这位卫懿公不但每天供给鹤好吃好喝的，修建楼堂馆所给鹤居住，将精力全部放在养鹤的事业上，因而不理朝政……而且，他将养鹤和朝政混为一谈，给鹤定等级、封官位。地位最高者，享受大夫待遇，可以乘轩（大夫专用之车）招摇过市，卫人戏称“鹤将军”。

当时卫懿公听说狄人入侵，十分紧张，连忙下令动员部队，整顿军备，准备迎战。他自己也顶盔贯甲，手持祖传的宝剑，带着几位大夫站在校场的检阅台上。没想到站了一上午，准备好的演讲稿在肚子里都烂了几回，各支部队才稀稀拉拉来了不到十分之一的人。

——人呢？

——报告主公，大伙听说狄人打来了，全都跑到城外山上的树林里去了。

——咳，这都什么世道？外敌入侵，当兵的不打仗，跑到山上去当土匪哇？

——报告主公，大伙说，打仗这事不靠他们。

——不靠他们，那靠谁？

——大伙说，您不是有鹤将军吗，请叫鹤将军去迎敌！我们这些草民，不敢和鹤将军争功。

“这……”卫懿公尴尬地朝左右挤出一点笑，“这些人也真是，我就那么点爱好嘛，再说，我这爱好没妨碍别人嘛，没妨碍别人……”

他的爱好确实没妨碍别人。可是，既然身为国君，就应当知道当国君是一件很没乐趣的事。即使有点正当的个人爱好，都最好藏着掖着，不要让人家看到。当年鲁隐公跑到棠地去看鱼，都被臧僖伯叽叽歪歪说了一大通，哪有像他这样明目张胆挑战国家公器的？

卫懿公站在检阅台上发了好久愣，终于认识到问题的严重性。远方，宫中传来阵阵鹤鸣，那些清灵钟秀的羽族之物，想必正随着欢快的音乐翩翩起舞。他长叹一声，将大夫石祁子和宁庄子叫到身边："留守国都的重任，就拜托二位了。"

他将自己佩戴的玉玦交给石祁子，意思是让石祁子临危决断；又将一支箭矢交给宁庄子，意思是请他像利箭一样保卫国都。这两个人默默地接受了任务。

卫懿公亲自率领为数不多的部队出城迎击狄人。据《左传》记载，卫懿公摆出的阵容是：渠孔驾驶戎车，子伯站在车右担任护卫，黄夷为前驱，孔婴齐殿后。这是一次自杀式的进攻。毫无疑问，卫懿公是一个昏庸的国君，但他这一刻的举动，多少为他洗刷了一丝耻辱。那些躲在山林中的卫国丁壮，纵使有一万种理由不为卫懿公作战，但是将自己的家园拱手让狄人劫掠，又于心何忍呢?

卫国军队与狄军在荧泽相遇，卫军惨败。渠孔与子伯请卫懿公拔去戎车上的大旗，微服逃跑，万念俱灰的卫懿公长叹道："我就算逃回去，又有何面目见百姓？"卫懿公没有听从他们的意见，将自己当作活靶子吸引狄军的注意力，君臣几人最终全部战死。

卫国史官华龙滑和礼孔成为狄人的俘虏。狄人一看这两个老头，精瘦精瘦的，带回去的话，既不能耕田，也不能养马，只能吃饭，当场就要把他们杀掉。两个老家伙也不慌张，砍刀架到脖子上了，才慢悠悠地吐出一句："我们，杀不得。"

据两个老家伙说，他们不是一般的人，而是卫国的"大史"。那个年代，大史不光写历史，还要负责国家的祭祀工作。"如果我们不向神祷告，神，就不会保佑你们。你们，也得不到卫国。"两个老家伙一本正经地说。

就这样，狄人把他们两个给放回去了，要他们赶快向神祷告，保佑狄人得到卫国，并且说好，事成之后重重有赏。

华龙滑和礼孔回到城里，见到守城的石祁子和宁庄子，就说了两个字：“快走。”从双方的战斗力对比来看，狄人完全占据优势，卫军弃城而走，不失为自我保全之策。

到了夜里，卫国人偷偷打开城门，全体将士百姓倾城而出。

狄人得到了一座空城。这对他们来说，很显然没有达到预期目的。他们需要的是粮食、女人、壮丁、金银财宝，而不是城池。如果没有掳获到足够的俘虏和财物，这一趟就等于白跑。

因此，狄人又追踪上去，在黄河边将卫国人大杀了一阵，这才满载而归。

狄人对卫国的入侵引发其他国家的人道主义救援。宋国首先派部队渡过黄河，趁着黑夜迎接幸存的卫国子民。这个时候清点幸存者，只剩下七百三十人。在齐桓公和宋桓公的主持下，从共、滕两邑抽调居民四千余人，与卫国遗民凑足五千人之数，迅速开始了重建卫国的计划。

前面说过，齐僖公的女儿、齐桓公的姐姐宣姜本来要嫁给卫宣公的儿子急子，却被卫宣公这条老淫虫捷足先登，成为了卫宣公的夫人。宣姜生了两个儿子，大儿子寿被刺客杀死。卫宣公死后，小儿子朔则即位为君，也就是卫惠公。后来卫惠公被赶下台，逃到齐国避难七年。在这期间，宣姜又与卫宣公另一个儿子公子顽通奸，并生了一堆儿女。

关系虽然很乱，生下的这堆儿女现在却可以派上用场了。

老大是个女儿，嫁给舅舅齐桓公做小妾，被称为齐子，也就是齐国的长卫姬，深受齐桓公宠爱。齐桓公如此仗义地帮助卫国重建，很难说有没有被吹过枕边风。

老二公子申，在卫国重建的计划中，被任命为新一任卫国君主，也就是戴公。在齐桓公的主持下，各诸侯国出钱出力，借曹国的地盘为戴公修筑宫殿和城池。可惜，戴公无福消受，不久就去世。

老三继承了老二戴公的君位，也就是历史上的卫文公。

老四是个女儿，嫁给了宋桓公，成为宋桓公夫人，也就是著名的宋襄公的母亲。宋桓公积极派部队迎接卫人，参与卫国重建，多半也与这位夫人有关。

老五也是个女儿，嫁给了许穆公，在《左传》上被称为许穆夫人。在齐国、宋国热火朝天地帮助卫国重建的时候，许国却一直袖手旁观，没有任何表示。对此，许穆夫人非常郁闷，作了一首《载驰》：

载驰载驱，归唁卫侯。驱马悠悠，言至于漕。
大夫跋涉，我心则忧。既不我嘉，不能旋反。
视而不臧，我思不远。既不我嘉，不能旋济。
视而不臧，我思不閟（bì）。陟彼阿丘，言采其蝱（máng）。
女子善怀，亦各有行。许人尤之，众稚且狂。
我行其野，芃（péng）芃其麦。控于大邦，谁因谁极。
大夫君子，无有我尤。百尔所思，不如我所之。

诗中之意，既痛心于卫国的危难，又抱怨老公许穆公对重建卫国的大事不闻不问，使得自己在两位姐姐面前很没面子。

相比齐桓公、宋桓公两位姑爷的阔绰，这位许穆公实在是寒碜了点，也难怪老婆抱怨。但是，如果考虑一下许国的实际情况，他不参加卫国重建也是情理之中的事：许国国小，人少，还有过一段被郑国统治的经历（郑庄公死后，郑国军队如约撤离许国，恢复了许国的独立），自己的日子都过得紧巴巴，哪有银两去支援卫国建设？

这事给男人们一个教训，自身实力不强的话，娶老婆之前最好先看看老婆的姐妹嫁得好不好，如果遇上一两位财大气粗又出手大方的连襟，这辈子都别想在老婆面前抬起头来了。

齐桓公派公子无亏带兵车三百乘、甲士三千人保护卫国的新朝廷，赠送牛、羊、猪、鸡、狗各三百只，还有建筑材料一批，连卫国国君一家穿的衣服、布料甚至连女眷乘坐的车马都一一馈赠。

老三卫文公倒是很对得起两位姐夫的照顾，他穿着粗布短衣，与五千子民同甘共苦；大力发展农、工、商业，提供优惠政策，搞活经济；尊师重道，加强教育，努力提高国民素质；大胆任用贤能之士，同心同德，共建卫国的未来。短短两三年，卫国的实力大增，从重建之初的革车三十乘，突飞猛进地发展到三百乘。

狄人在卫国尝到了甜头，不愿意回到北方的严寒之地，稍事休整之后，于公元前659年再一次入侵邢国。

齐、宋、曹三国军队开到邢国的聂北，一方面是为邢国打气助威，另一方面则是审时度势，以待战机。但是没想到，邢国人在狄人面前不堪一击，部队很快崩溃，邢国人纷纷跑到聂北投靠联军。

不难发现，齐桓公作为当时天下的霸主，面对狄人的入侵，虽然采取了积极的应对措施，但自始至终，齐国的军队没有一次和狄人正面交锋的经历。公元前661年救邢，齐人慢半拍，狄人已经横扫而去；公元前660年救卫，还是慢半拍，卫懿公战死，卫都沦陷；这一次再救邢，三国联军作壁上观，直到邢国崩溃，狄人劫掠一空，才象征性地追击了一阵。

齐桓公为什么始终不愿与狄人交锋？笔者在此大胆猜测，可能有两个原因：

第一，北方少数民族战斗力极强，大部队交锋的话，中原军队胜算不大。回想当年，北戎入侵齐国，齐僖公还向远在河南的郑国求援，畏敌之深，可见一斑；而郑庄公派了世子忽带兵前往，斩首三百，就已经算是很了不起的战果了。一年前狄人入侵卫国，不但突入卫国首都，更将其国民杀得只剩下七百三十人。宋桓公派兵渡河迎接卫国遗民，也只敢在夜里偷偷行动，生怕狄人发觉。以现在齐国军队的实力，不至于害怕与狄人交战，但绝无完胜的把握，齐桓公和管仲不想打无把握的仗，所以采取了相对谨慎的战略。

第二，狄人来去如风，目的不是攻占城池，而是劫掠人口与财物。齐桓公率领的中原联军即使有把握一战，也不一定能求战得战，狄人很可能避其锋芒，等联军退后再卷土重来。往复数次，则中原疲惫，而狄患犹存。所以，齐桓公组织中原诸国救援邢国，更多是为了表现一种团结抗战的姿态，既提高了齐国的威望，又在一定程度上震慑了狄人。

当然，作壁上观不等于袖手旁观。

经过狄人的扫荡之后，邢国国都一片断壁残垣，惨不忍睹。齐桓公再一次扮演了战后重建者的角色，协调各诸侯国出钱出力，在夷仪为邢国建立新的城池。

与此同时，诸侯为卫国新建的都城楚丘也接近完工。公元前658年，卫文公带领子民迁入楚丘，结束了流亡生涯。

据冯梦龙说，卫文公重新立国，对齐桓公这位舅舅加姐夫（这都什么关系）十分感激，写了一首《木瓜》之诗相赠：

> 投我以木瓜，报之以琼琚。匪报也，永以为好也！
>
> 投我以木桃，报之以琼瑶。匪报也，永以为好也！

投我以木李，报之以琼玖。匪报也，永以为好也！

如果没弄错的话，这《木瓜》所写的是男女之间的情窦初开，如果用来形容两国之间的关系，未免太肉麻。还是那句话，有没有这回事，咱们姑妄听之。

《左传》记载齐桓公帮助邢、卫复国的事："邢迁如归，卫国忘亡。"意思是说，邢国人迁到夷仪，就像回到了自己家里一般开心；而卫国人进入楚丘，如同没有经历过亡国灭种的危机。

帮人帮到这个分上，无论如何值得表扬一下。

什么风都不如枕边风

周，原来只是商朝政权统治下的一个小诸侯国，或者说一个小部落也未尝不可。在周文王和周武王年代，周通过"笃仁、敬老、慈少、礼下贤者"等手段，励精图治，不断扩大影响力，终于联合其他诸侯与部落，在牧野一举打败商朝大军，并取而代之，成为中原各国的共主。

但是，必须看到，周武王之所以能够打败商纣王，是依靠了诸多受商朝压榨的诸侯部落。据《史记》记载，周武王即位的第九年，在盟津大会诸侯，商量讨伐商朝的大计，与会诸侯多达八百人。没有这些盟友的支持，单靠周的力量，完全不可能与商朝抗衡。

牧野一战无疑敲响了商朝灭亡的丧钟。但是，牧野之战并非是一场旷日持久的战争，而是仅仅在一天之内就结束了。一战定胜负，虽然简单快捷，但也意味着，商朝虽然灭亡，它的贵族势力却并未受到实质性的损伤，对于周政权来说，仍然是一个极具威胁的群体。

为了解决这一威胁，周王室除了分封了一大批同姓诸侯国，还将一批异姓贵族分封到新的土地上，用以加强对商朝遗民的监控。

对于投降的商朝贵族，周王室也采取了分而治之的办法。一是将商纣王的哥哥微子封为宋国国君，使其仍然祭祀商朝的祖先，以安抚商朝遗民；二是将商朝的士族交由姬姓诸侯带到封国去，使其成为这些诸侯国的“国人”，甚至卿大夫阶层。这样既可以消除他们聚居在一起的威胁，又可以被姬姓诸侯所用，成为诸侯国政治与军事的支柱。

正是在这种情况下，鲁国分到了“殷（殷即是商）民六族”，卫国分到了“殷民七族”，而我们即将说到的晋国，分到了“怀姓九宗”。

从地理位置上看，晋国大致位于今天的山西，在黄河中游的汾河、浍水之间，西接秦国，南靠周王室，东边则与卫国接壤。同为中原国家，晋国所处的位置使得它与西方的戎人有更多的接触。晋、戎之间既有斗争，也有通婚，民族趋于融合。

晋国的先祖叔虞，是周武王的儿子，周成王的弟弟。周成王年少的时候，与叔虞在一起玩，随手摘了一片桐叶，剪成玉圭的形状，送给叔虞，并且说：“我把这分给你。”

本来是一句玩笑的话，被辅政大臣周公旦知道了。周公旦立刻跑去找周成王，请他择日分封叔虞。

周成王有点不知所措道：“我这是和弟弟开玩笑呢。”

周公旦却一本正经地说：“天子无戏言，一言一行都被记入史册。”于是封叔虞于唐地，也就是后来的晋国。这个故事在中国历史上很有点名气，叫作“桐叶封弟”。

到了周宣王年间，晋国的国君晋穆侯的夫人姜氏生了两个儿子，大儿子叫仇，小儿子叫成师。晋穆侯死后，仇即位为君，也就是晋文侯。

晋文侯死后，他的儿子晋昭侯即位。晋昭侯居住在翼城（又名绛都），他将晋国的第一大城曲沃，封给叔叔成师，称之为曲沃伯，又号桓叔。此举实际上将晋国一分为二，一部分仍由晋昭侯统治，另一部分则由曲沃伯统治。从此，晋国进入“翼-曲沃”双城记的时代。

成师死后，他的儿子曲沃庄伯讨伐翼城，企图获得晋国的统治权，拉开了“曲沃代晋”的序幕。“曲沃代晋”的历程持续了很多年，直到公元前678年，也就是齐桓公主持第一次幽地会盟的时候，曲沃政权终于攻克翼城，取得晋国的控制权，并获得周天子的承认，被授予建立一军的权力。当时曲沃的领导人是成师的孙子曲沃武公，随着地位的改变，在历史上又被称为晋武公。

晋武公死后，儿子晋献公即位。随着晋国的统一，新的国内矛盾产生了。曲沃桓叔、庄伯的其他子孙，也就是晋献公的同族，被称为“桓、庄之族”，因为多年营聚曲沃，势力非常强盛，使得居住在绛都的晋献公十分烦恼。晋献公采用大夫士蒍的计策，从内部分化“桓、庄之族”，诱使其同室操戈，然后一网打尽，于公元前669年解除了心腹之患。因为这件事，晋献公对士蒍十分赏识，于公元前668年提拔他做了大司空。

晋献公是春秋时期晋国历史上第一个值得重墨书写的人物，据《韩非子》记载，晋献公在位期间，“并国十七，服国三十八”，基本上将周边小国和戎、狄部落兼并到晋国的统治范围内，晋国成为北方大国。在此有必要将他的主要家庭成员作一个介绍：

原配夫人。历史上没有记录其名字，只知道是从贾国娶回来的，没有生育子女；

齐姜，晋武公的小妾，按辈分是晋献公的庶母。晋献公和齐姜通奸

（又是“烝”，那个年代的人也许真有很严重的恋母情结），生下一儿一女，女儿嫁到秦国，成为秦穆公夫人，儿子申生则被立为大子；

大戎狐姬、小戎子，西方戎族的女子，晋献公的小妾。大戎狐姬生公子重耳，小戎子生公子夷吾；

骊姬，骊戎国的公主。晋国讨伐骊戎国，该国以骊姬和她妹妹献给晋献公。骊姬为晋献公生了公子奚齐，而她妹妹则生公子卓子。

另外，据《史记》记载，晋献公在得到骊姬姐妹之前，已经有儿子八人，其中大子申生、重耳、夷吾在朝野较有名望。这就说明，晋献公一生共有十个儿子，历史上留下了名字的，是申生、重耳、夷吾、奚奇和卓子五人。

也许是异域风情格外迷人，这位骊姬一嫁到晋国来，就受晋献公的特别宠爱。

据说，骊姬“貌比息妫，妖同妲己”。息妫的美艳我们在楚文王的事迹中已经介绍过，妲己的故事大家想必也不陌生。骊姬能和这两位美人相提并论，也难怪晋献公为之色授魂与。

当时晋献公的元配夫人和齐姜已死，第一夫人的宝座空缺多年，晋献公既然迷恋骊姬，很想将她扶正，立为夫人。

在那个年代，但凡国家有大事，必须先到大庙里举行卜筮（shì）活动，以预测凶吉，然后再决定做不做。立夫人这样的事情，乃是头等国家大事，自然也要先卜筮。

这里还需要特别说明一下，卜和筮是两个概念。所谓卜，就是根据龟甲的裂纹来算命；所谓筮，就是依靠《周易》来算卦。每个国家都有专司卜筮的官员，叫作卜人。按照规定的程序，对国家大事要先筮后卜，以示隆重和谨慎。

明眼人应该看得出来，先筮后卜的程序说明，假如对筮的结果不是很确定，则需要用卜的结果来作最终判断。这就意味着，卜相对于筮来说，具有更高的决断权。

晋献公欲立骊姬为夫人，卜筮的结果截然相反：筮吉，而卜不吉。

正常情况下，显然应该听从卜的结果，将立夫人的事就此搁下。但是晋献公实在太喜爱骊姬了，不忍心看到她噘起小嘴满脸失望的样子，更不能忍受被她踢到被子外面睡觉的待遇，于是他壮着胆子和卜人商量说："那……要不，就听从筮的结果吧。"

"这……不太好吧？"卜人说。

"有什么不好？"

卜人心想，你这不是摆明了明知故问吗？按照祖先传下来的规矩，如果卜筮的结果有矛盾，当以卜的结果为准，你难道不知道？但他不敢这样直接顶撞晋献公，而是很婉转地说："筮短龟长，不如从长。"

意思是，筮的卦辞简短，卜的爻辞却很长，还是按照长的来吧。

卜人还把卜的那段谣词摇头晃脑地唱出来给晋献公听："专之渝，攘公之羭（yú）。一薰一莸，十年尚犹有臭。"爻辞的意思，专宠使人心生绮念，会损害人的美德；香草与臭草放在一起，十年之后仍然臭味难除。

晋献公不听卜人的话，还是坚持立了骊姬为夫人。

古人写历史，但凡写到女人，尤其是漂亮女人，除了少数几个三贞九烈的值得称赞外，其余的大部分都被归于"红颜祸水"一类加以批判。远的妲己、褒姒不说，单在春秋时期，已经出现了孔夫人、文姜、宣姜、息妫、哀姜等一批祸水。客观地说，这些祸水有的是自己主动跳出来为祸国家（宣姜、哀姜）；有的是因为自己行为不检，导致了一些不应该发生的事（文姜）；有的则是完全无辜的弱女子，偏被强加上祸水的罪名（孔夫人、息妫）。这里说到的骊姬，我们可以将她归到第一阵营，与宣姜、哀姜为伍。

骊姬当上夫人，可以说是晋献公冒了天下之大不韪，违反了卜筮的结果才争取来的，但她还远未满足，她要为自己的儿子打算，让儿子奚奇成为晋国的大子。

她的想法很简单，老头子活不了多久，儿子才是自己终生的寄托。

这就意味着，原来的大子申生成为了她的绊脚石。

然而，要扳倒申生并不容易。申生为人谦和，在晋国历来口碑很好，深受百姓爱戴，并且有杜原款、里克、狐突等一批重臣支持和扶助，基本上没犯什么错误。冒冒失失要求废立申生的话，无疑将引起朝野的反感。

另外，还有一个重要的因素使得奚奇不容易当上大子，那就是骊姬的出身并不高贵。前面说过，春秋时期是“子以母贵”，母亲的出身往往决定儿子在同父异母兄弟中的排名。根据《左传》的记载，骊姬的父亲是骊戎国的国君，被称为“骊戎男”，仅仅是个男爵，为周天子所封的爵位中最低一等。可想而知，骊姬以男爵之女的身份在当时被归于“嬖人”一类，能当上夫人已属不易了，如果骊姬的儿子再当上晋国的大子，晋国的贵族百姓恐怕很难接受。

就像《红与黑》中的于连一样，出身低微的骊姬此时表现出一种不择手段的狠劲，不达目的誓不甘休。

像多数港台剧、古装剧的故事一样，为了争取儿子的福利，这条路再难走，她也要风雨无阻地走下去。

如果将骊姬视为晋献公的“内嬖”，这时候两个“外嬖”恰如其时地出现在她的视线中。这两个外嬖，一个叫作梁五，一个叫作东关五，均为晋国的大夫，在当时被称作“二五”。

什么叫作外嬖？外嬖就是国君的男宠。如果再不理解的话，直接用现代语言称之为“GAY”，大家就明白了。

《春秋》一直读下去，才发现那个年代不只是有男欢女爱、不伦之恋，而且还有男欢男爱、君臣鱼水，实在让人大跌眼镜。

骊姬派人以重金贿赂二五，要他们想办法使晋献公远离申生，在感情上隔断他们父子之间的联系。

二五深知骊姬在后宫的地位，对她的拉拢当然是趋之若鹜。

没过多久，二五瞅着个机会，一个对晋献公说："曲沃，是祖宗兴起的地方；蒲与屈，是边疆重镇。这三个地方一定要派可靠的人坐镇。曲沃无主则不能对百姓立威，边疆无主则戎族易生叛逆之心。戎族有心叛逆，百姓不怀畏惧，是国家的大患。"接下来另一个立马献计献策："如果派世子申生入主曲沃，重耳、夷吾分别入主蒲与屈，则可以立威于民，警惧于戎，而且彰显主公您多年来攻伐之功。"

这话说得冠冕堂皇，入情入理，简直让人没办法不接受。以骊姬的妇人之见，只能想到赶跑大子申生，二五则进一步发挥，要将重耳和夷吾两位有竞争力的公子一并赶走。可见内外合璧，威力是何其巨大！

晋献公频频点头，还在犹豫之际，二五又进一步说："边疆广阔，如果归于晋国，则可以在那里建设城市，加强控制。晋国因此而开拓疆土，难道不是好事吗？"

这话说到晋献公心坎上了。他不但采纳了二五的建议，派申生进驻曲沃，重耳进驻蒲城，夷吾进驻屈城，而且将其他儿子都派到边疆城市去镇守，只留下年纪尚小的奚齐与卓子在绛都陪伴。

骊姬初战告捷，而且战果远远超出自己的预想。等到众公子分头赴任之后，她与二五等人便开始在晋献公面前说他们的坏话。一开始晋献公仅仅是姑妄听之，但枕边风吹久了，自然便与儿子们产生了隔阂。也难怪，那个年头通讯不发达，众公子到了边远地区，除了写一两封竹简信，恐怕也没别的途径与晋献公进行更多的沟通，只能任由骊姬与二五胡说八道，三人成虎了。

但是，朝野之间对于骊姬与二五的行为倒是看得很清楚，将二五戏称为“二五耦”。耦是农村用来耕作的一种农具组合，由两个人共同操作。晋国人这样称呼二五，不只有点戏谑，甚至有点色情的味道。

公元前661年，晋献公整编部队，将全国的武装力量编制成上下二军，上军由晋献公亲自统领，下军则由大子申生统领。任命赵夙为御戎（戎车驾驶员），毕万为戎右（贴身护卫），同年发动对外扩张，灭耿、霍、魏三国。回国之后，晋献公正式将曲沃封给申生，将耿国的土地赐给赵夙，魏国的土地赐给毕万。

两百年后，赵夙和毕万的后人参加了“三家分晋”，分别建立了赵国和魏国。这是后话，在此不提。

对于申生统领下军并获封曲沃一事，大司空士蔿看到了危险的信号，他暗地里与人分析说：“申生恐怕将要被主公废立大子了。给他分封都城，并且委以卿的重任，作为臣子而言，的确是恩宠无以复加。但是大子本来就应该继承国家的一切，没有分封的先例。主公这样做，心里肯定是有其他想法。”

在士蔿看来，申生倒不如急流勇退，向吴太伯学习，顺从父亲的意愿，逃离晋国这个是非之地，既得个好名声，又得以保全性命。

这吴太伯是周王室的先祖周太王的嫡长子，本来应该继承王位。但是周太王喜欢有才能的小儿子季历，很想立季历为储君。吴太伯知道父亲的心意，于是远远地逃到南方的荆蛮之地，以示孝顺与让贤之意。蛮夷之人为其义举所感动，主动追随他，由此建立了吴国。

士蔿以吴太伯的典故奉劝申生，是希望申生审时度势，将大子的位置让给奚齐，到远方开拓自己的事业，男子汉志在四方，何患无家呢？

退一万步说，别以为待在国内就能继承君位，一切天定，如果上天真的希望申生入主晋国，不管离开与否终究还是要掌权的。

然而申生为人厚道，对于父亲的心思没有作过多的猜测，而且又正处于春风得意的时候，怎么可能轻易离开晋国去避那莫须有的祸患？

一年之后，也就是公元前660年，晋献公又命令申生单独统领部队讨伐东山的狄族皋落氏，而且下达了一个难免产生非议的命令："不杀尽敌人，就别回来见我！"

大夫里克对这一命令感到十分不解，他眨巴着眼睛对晋献公说："大子是负责祭祀祖先社稷、照顾国君饮食起居的人，片刻不离左右，所以才又被称为'冢子'。国君出行，则大子守家，叫作监国；国君抵抗外敌入侵，则大子侍奉左右，叫作抚军。而讨伐异族，劳师远征，独当一面，是国君与执政大臣的责任，不该派大子去啊。"

在里克看来，领兵打仗需要统帅临机决断，如果事事向君父禀报，则没有权威，而且延误战机；如果独断专行，不向君父报告，则又是不讲孝道。所以自古以来，大子不可以统兵出征，出征则必陷于"失威"与"失孝"的两难境地，将无所适从。"我听说皋落氏也在积极备战，大子此去，必有恶战，请您收回成命。"里克如是说。

晋献公听了，不耐烦地说："我那么多儿子，立谁还不一定呢。"

里克唯唯而退，出来之后立马去找大子申生，把这个情况说了一遍。申生这才有点发慌，觉得事态严重，一把抓住里克的袖子，追问道："这么说来，我将要被废了吗？"

里克一时间发觉自己说得太多，转而安慰道："国君授你以大任，只担心你不能胜任，哪里有废你的意思……"这话恐怕连他自己都不能自圆其说，干脆话锋一转，劝申生说："身为儿子，所担心的只有自己孝不孝，而不应该担心得不得立为大子，请好自为之，不要责怪别人，则可以免于祸患。”

就在申生即将领军出征之际，晋献公又派使者给他送来两件特殊的礼物：一件偏衣和一块金玦。偏衣是背面两色的衣服，玦是半圆环形的玉器，一般佩戴在腰下，金玦则是用金做成的玦形饰物。衣和玦并非什么稀罕之物，但是两色偏衣和金玦委实比较少见。

当时申生摆出的阵容十分强大。申生亲率上军，狐突为其戎车驾驶员，先友担任护卫；罕夷率领下军，梁馀子养担任驾驶员，先丹木担任护卫；军尉则由羊舌大夫担任。上、下二军同时出动，基本上也就是动用了晋国的全部正规武装力量。

出发之前，申生手下的众将在中军大帐开了一个战前军事会议，讨论的议题不是如何对付敌人皋落氏，而是国君赐给主帅申生两色偏衣和金玦，究竟用意何在？

从《左传》的记载来看，会议讨论非常热烈。

先友首先发言：“主公亲手给您穿上两色衣服，又让您掌握兵权，成败在此一举，请您自勉。两色衣服意味着主公将自己的衣服分了一半给您，完全没有恶意。而且您现在手握重兵，主公又对您如此亲近，不用担心什么！”

同样的事物，狐突与先友的看法完全不同，他说：“但凡要顺顺利利地做成一件事，必须做到三点，一是在适当的时间开始，二是穿衣服要穿纯色的衣服，三是佩戴饰物要佩戴温润的玉器。现在主公令您冬天出征，四季将尽，万物萧条，是想让您事事不顺；赐给您两色衣服，杂乱无章，是想要您远离他身边；要您佩戴金玦，黄金代表寒冷，玦则代表绝断。主公赐给您这些东西，有什么可以高兴的。”狐突顿了顿，泄气地垂下头去，“况且，就算咱们再努力，怎么可能杀尽狄人？”

梁馀子养也站在狐突一边，说：“大将统帅军队出征，本来应该受命于大庙，而且在祭坛下分受祭肉，穿着常规的军服。现在大子得不到常服，而获赐这么奇怪的一件衣服，主公的用心，由此可见。与其背着不孝之名战死他乡，不如现在就逃跑。”

罕夷说得更吓人：“这衣服很奇怪，不合常规。且不说金玦不能回复圆环（玦为半块圆环，所以象征不能回复），即使回复又怎么样呢，主公已经有杀大子之心了。”

先丹木面向着营帐大门，声音又粗又很直接：“这样的衣服，就算是神经病都不会穿。主公还命令您‘杀尽敌人才可以回师’，敌人是杀得完的吗？就算杀完敌人，国内还有奸臣向主公进馋。不如抗令！”

中军大帐内，一时议论纷纷嚷嚷起来，大伙儿拍着桌子，红着眼睛，很是激动。

狐突一拉袖子，说：“既然主公不仁不义，咱们也没必要为他卖命，现在就走，不干了！”

羊舌大夫连忙劝住他：“此事万万不可！违反君父之命，是为不孝；弃国家大事于不顾，是为不忠。虽然天气和人心都很寒冷，不忠不孝的事却是不能做，要死咱们一起死吧！”

此话一出，大伙都安静下来，看着主将申生，等待他的裁决。

申生的脸色一如往日的苍白和平静，他扫视了众将一遍，嘴角露出一丝惨淡的微笑，说：“既然父亲要我战，我便战，这件事似乎没有讨论的必要吧。”

君要臣死，臣不得不死；父令子亡，子不得不亡。生于乱世，生命本来就是一件无常之物，就让我申生战死沙场，以快君父之意吧！

狐突听出了申生话中的决死之意，心里很难受，他劝申生说：“现在主公宫内有骊姬为乱，宫外有二五助纣为虐，乱世已成定局。此战您如果失败，主公不高兴，有罪；如果得胜，主公更加不高兴，还是有罪。

不如别打了，顺从主公的意思，为晋国的百姓谋取一些安宁吧。”

狐突这话的意思和士蔿是一样的，是劝申生遂了晋献公的心愿，将大子之位主动让给奚奇，以免给自己带来杀身之祸。

申生拒绝了狐突的建议。他带领晋国大军与皋落氏大战于稷桑，结果皋落氏大败，晋军完胜。

捷报传到绛都，晋国上下都沉浸在胜利的欢乐之中，大子申生的威望越发提高了。这对于骊姬来说，绝对不是一个好消息，她指使二五抓紧罗织罪名，在晋献公面前集中火力攻击申生。

这个女人很明白，奚奇与申生争夺的焦点不是晋国的百姓，而是晋献公这个老头子。只要获得老头子那关键的一票，奚奇当上大子那是迟早的事。

然而，老头子那段时间似乎对二五的谗言也不是很感兴趣。一来申生获得的胜利让他没法不感到满意，二来他正在盘算着另外一件国家大事，没有太多的精力听骊姬吹枕边风。

这件大事便是讨伐同姓的虢国。

晋献公的一箭双雕之计

说起虢国的国君姬丑，他曾经在公元前676年，和晋献公一起跑到雒邑朝觐天子。天子很高兴，不但为他们举行了酒宴，还准备了礼物馈送给他们，两个人都得到白玉五双和马三匹。对此，左丘明认为是“非礼也”。理由是：天子慰劳诸侯，应该按照身份的高低区别对待。虢公丑是公爵，晋献公是侯爵，公高于侯，理应赐给虢公丑更丰厚的礼物。

在周王室分封的众多诸侯国中，虢国只能算是一个小国，为什么虢国的君主能够被封为公爵呢？这与虢国的历史有关。

在周朝初年，王室曾经同时分封过两个虢国，习惯上一个叫东虢，一个叫西虢。两个虢国的首任君主分别叫虢仲和虢叔，都是周文王同父同母的弟弟，与王室有着直接的血缘关系。自周文王年代开始，虢仲和虢叔便担任了王室的卿士，是周文王十分倚重的亲族。据《国语·晋语》记载，周文王但凡有大事，必“询于八虞而咨于二虢”。八虞是周文王的父辈，相当于族中的长老；二虢即虢仲、虢叔。由此可见此二人地位之重要，被封为公爵也是情理之中的事。

二虢的后人在周朝的历史上也曾经多次担任王室卿士，如周厉王时期的虢公长父，周宣王时期的虢文公，周幽王时期的虢石父，周桓王时期的虢公忌父、虢公林父。但是，东虢国由于不修德政，在周平王东迁前后，为郑桓公、郑武公父子所灭，其都城制也成为郑国的军事要塞。现在所说的虢国，是西虢国。

虢国虽小，然而因为有了王室这层关系，看起来地位却十分显赫。姬丑又是个不甘寂寞的人，也曾经做过一些足以载入史册的事情：

公元前673年，他与郑厉公一道保护周惠王杀入王城，平定了王子颓之乱。周惠王把自己用的酒爵赐给他，这在当时是相当隆重的礼遇。

公元前669年，晋献公用士蒍之计，消灭了盘踞在曲沃的“桓、庄之族”。少数漏网之鱼逃到了虢国，鼓动姬丑为他们打抱不平。公元前668年，姬丑不顾国力薄弱，两次发动对晋战争，公然以弱攻强，干涉晋国内政。当时晋献公就想反击虢国，士蒍劝说道：“虢公为人骄傲自大，如果军事上取得胜利，必定更加不自量力，成天想着打仗的事，而不顾国计民生，从而失去国民的支持。那时候我们再讨伐他，就算他想抵抗，又有谁愿意为他卖命呢？礼乐慈爱，休养生息，是蓄养战斗力的根本，而虢公穷兵黩武，挥霍无度，用不了多久就会捉襟见肘，不堪一击的。”晋献公听了士蔿的话，暂时放弃了打击虢国的念头。

公元前664年，周天子命虢国讨伐叛乱的王室大夫樊皮。姬丑欣然前往，带兵攻入樊城，将樊皮活捉回雒邑。

公元前662年秋天，虢国发生了一次灵异事件，有一位神仙降临到了虢国的莘地。这一消息引起了各国轰动。不久连周天子都知道了，他虽然被称为天子，却从来没见过神仙，于是跑去问大夫内史过：“神仙降临，究竟是怎么一回事？”

“哦，神仙啊，”内史过轻描淡写地回答，“其实没什么大惊小怪的。一个国家兴旺的时候，神仙就下来看一下，看看这个国家的德行；反之，一个国家将要灭亡的时候，神仙也要来看一下，是为了看看它的恶行。所以说，神仙降临，有可能是好事，也有可能是坏事，不能一概而论。”

照内史过的说法，神仙也就是下来看看热闹，不起什么作用。

天子又问：“那神仙来了，咱们该做些什么呢？”

内史过把龟板摆摆好，抬抬眉毛，说：“很简单，祭祀就行了。他哪一天来，就从哪一天开始祭祀，直到他走。”

天子就照他的话做了，相安无事。

后来，内史过听说虢公姬丑在祈求神仙保佑他，撇撇嘴说：“虢公这家伙大概是昏了头吧，不好好对待百姓，成天想着打仗，居然还敢祈求神明保佑？”

神仙在莘地住了整整半年。姬丑高兴得不得了，派祝应、宗区、史嚚（yín）等人殷勤祭祀，并向神仙祈求赐予土地。史嚚也哀叹道：“天要亡虢了吗？我听说，国家兴旺，取决政顺民意；国家败亡，则取决于神意。神是聪明而正直的，只听从人民的意愿，现在虢公毫无德行可言，凭什么要求神赐予土地呢？”

虽然大家都不看好这位虢公，他却在军事上一再获得胜利。公元前660年，他又在渭水流域打败了犬戎军队。虢国大夫舟之侨对此不喜反忧：“不修德政，却又屡战屡胜，怕是要大祸临头了。”他越想越害怕，最后干脆带着老婆孩子投奔晋国去了。

内史过、史嚚和舟之侨对于姬丑的批评都体现了周文化中“德配天命”的思想。

自有文字记载的历史以来，统治阶级都以“受命于天”作为其政权合法性的思想基础。但是，周朝的统治者吸取了商朝灭亡的教训，除了认为自己受命于天，还提出了“德配天命”的理论。

简单地说，他们坐在统治者的位置上，固然是天命所赐，但他们自己也要做到为政以德，才能配得上这尊贵的天命。否则的话，“皇天无亲，唯德是辅”，别怪老天爷六亲不认，选择有德的人来取而代之了。

姬丑不修德政，却迷信神迹、酷爱战争，在当时的知识分子看来，乃是败亡的征兆。

公元前658年，晋献公为了算十年前虢国两次入侵晋国的旧账，命令晋国军队作好讨伐虢国的准备。

大夫荀息建议，与其直接进攻虢国，不如向虢国的邻国虞国借道，打他个措手不及。

虞国和虢国一样，也是姬姓公爵。据《史记》记载，当年吴太伯为了让贤给自己的弟弟季历（即周文王的父亲），逃到南方的荆蛮之地建立了吴国。到了吴太伯第五世孙周章的年代，周武王灭掉了商朝，成为中国的主宰。周武王感念吴太伯的仁德，在大封诸侯的时候，派人把失散多年的亲戚周章找来，除了正式承认吴国的合法性，还将周章的弟弟虞仲封到中原，建立了虞国。

晋献公也觉得借道于虞国是一条好计，但是对其可行性表示怀疑。原因很简单，虢国和虞国唇齿相依，世代友好，于情于理虞公都不会答应晋国人通过自己的国境去攻打虢国。

荀息便开出一剂药方，说："虞公最爱贪小便宜，且爱玉如命，您如果用屈地的良马和垂棘的宝玉贿赂他，他必定会同意我们的要求。"

屈和垂棘都是地名，屈地出产良马，而垂棘出产宝玉，这在当时都是赫赫有名的。晋献公听了这个建议，面露难色，小气巴拉地说："荀大夫，这两样东西，可都是我的宝贝哟。"

荀息笑了笑，摆摆手说："假如得以借道虞国，这些宝贝就像存在外府一样安全。"

外府就是外部仓库。荀息言下之意，只要可以从虞国借道灭虢，则顺势吞并虞国也只是举手之劳。这些宝物放在虞国，和放在国内没有什么区别。

晋献公还是不放心，说："虞国有宫之奇这样的人物，他肯定会劝谏虞公不答应咱们的请求，言之何益？"

"宫之奇确实是个麻烦。但是宫之奇为人懦弱，不敢强硬地发表自己的意见。而且他和虞公从小一起长大，两个人关系过于亲近，就算宫之奇劝谏，虞公也不一定重视。"

晋献公将信将疑，但还是派荀息为使者，带着名马和宝玉前往虞国买路。

荀息准备了一套冠冕堂皇的外交辞令，对虞公说："当年冀国残忍无道，多次侵犯贵国，贵国坚决给予还击，好好地惩罚了冀国，这都是您的功劳啊。今天虢国和当年的冀国一样残忍无道，多次骚扰我晋国南部边境，请允许我国借道贵国，以讨伐虢国之罪。"

荀息这寥寥几句话说得很有水平。他先回顾了虞公最为得意的历史，给虞公戴上一顶高帽子，让他飘飘然，觉得自己很了不起；又将晋国讨伐虢国比拟于当年虞公惩罚翼国，唤起虞公的同情和好胜之心；最后才表达实质性的愿望，提出借道虞国的请求。

虞公见了荀息带来的名马宝玉，本来就很高兴，加上被荀息这几句马屁一拍，立刻怦然心动，不仅表示同意晋国的请求，更主动要求以虞军作为晋军先导，共同讨伐虢国。

对此，宫之奇果然提出了反对意见，果然反对无效。

公元前658年夏天，晋国派里克、荀息带领部队与虞军会合，攻占了虢国的下阳。在《春秋》的记载中，对于这段历史是这样描述的："虞师、晋师灭下阳。"

左丘明老先生说，之所以将虞国排到晋国的前面，是批评虞公贪图贿赂，见利忘义。

然而就在这一年，虢公姬丑居然又在桑田打败了犬戎。晋国大夫卜偃对此评论："虢国必定要灭亡了，丢了下阳不反思自己做错了什么，现在又有了战功，这是老天爷不给他反思的机会，让他一步一步滑向深渊啊！"

对虢国的战争暂告一段落，骊姬又催着晋献公考虑立奚奇为大子的事了。

站在晋献公的立场上，真的有那么强烈的愿望要废除申生的大子地位吗？我看未必。

首先，他和申生毕竟有多年的父子之情，申生的母亲齐姜也曾经深得晋献公宠爱，否则申生也不会早早地被立为大子。

其次，申生为人谨慎，有德有能，在朝野之间均有良好的口碑，由他来继承晋国的大业，乃是众望所归。晋献公对这个儿子各方面的表现应该是十分满意的。如果没有骊姬这一因素，他恐怕绝不会考虑更换大子的事。

再者，就算晋献公真的很想立奚奇为大子，他也要认真考虑一个实际的问题：他已经很老了，如果某一天撒手而去，奚奇尚是一懵懂少年，能否治国安邦尚且不说，会不会被他的哥哥们取而代之、小命不保，都很难预料。前些年发生在鲁国的接二连三的弑君事情，就是前车之鉴。

综上所述，晋献公或许曾经有过要废立申生的念头，但那很可能只在一瞬间。那阵冲动一过，他便将这事给搁下来了。

在里克等人看来，当年申生受命讨伐东山皋落氏，是晋献公的借刀杀人之计。然而推敲起来，这种观点其实也很站不住脚。想想看，晋献公将上、下二军都交给申生指挥，等于是将晋国的主力部队全部归于申生的控制之下，本身就是一种极大的信任。在这种情况下想杀申生，好比欲杀人而又授人以刀，实在有悖常理。

当骊姬又再次提起立奚齐的事，晋献公只是略微皱了皱眉头，不置可否。

骊姬猛然明白自己其实处于一个极其不利的位置。晋献公正在一天一天老去，很有可能突然一命呜呼。如果在这之前不将奚齐立为大子，她就永远丧失了机会，只能眼巴巴地看着申生继承君位了。

她绝不愿意就此失败，她要主动出击。为此，她迅速买通了晋献公身边掌管内务的大夫。

为了自己的儿子，她什么都愿意做，什么都做得出来。只是她没有想到，她所做的这一切，最终会害了奚奇这个孩子。

如果将母爱建立在别人的痛苦之上，不惜设计陷害别人，这种母爱实在是很扭曲。

公元前656年的一天，骊姬派人对申生说："主公昨夜梦见了你母亲齐姜，她说她在阴间很饿，必须赶快去祭祀她。”

申生是个孝子，对骊姬的话深信不疑，连忙在曲沃举行了隆重的祭祀亡母的仪式，并按规矩将祭祀用的酒肉带回绛都，以供父亲享用。当时晋献公外出打猎，骊姬代为收下这些酒肉，存放在宫中。

六天之后，晋献公打猎归来。骊姬命人偷偷在申生送来的酒肉里下毒，然后将酒肉送给晋献公。

“大子申生数日之前在曲沃祭母，将祭祀用的酒肉送到宫里来，请主公您享用。”骊姬说。

晋献公很高兴，吃饭的时候叫人斟上申生送来的酒。因为是祭祀用过的酒，他按规矩先撒了一杯在地上，以示对神的尊重。

没想到，地面很快起泡，并拱起了一块。在场的人都大吃一惊，尤其是骊姬，赶快跑过去将晋献公的手紧紧抓在怀里，神色紧张地对侍从说：“快传唤侍卫，有人想加害主公！”

这种表演在旁人看来都觉得很假，但是晋献公很吃她这一套。他叫人牵来一条狗，将申生送来的肉喂给狗吃，狗立刻就死了；又将酒端给一个不知情的小厮喝，小厮也很快口吐白沫而死。

酒肉里都有毒。

稍微有点常识的人都知道，这酒肉在宫中已经存放了六天，且不说骊姬有很多机会指使中大夫之类的人下毒，就算真的是申生下的毒，过了六天也会毒性大减，不可能将地皮都毒到拱起一块。

嫌疑最大的人应该是骊姬而不是申生。但是骊姬在晋献公面前哭得梨花带雨，一口咬定是申生所为，晋献公很快就犯了糊涂，认为自己怀里这个软玉温香的美人儿万万想不出如此毒辣的计谋，将所有疑心都放到了申生身上。

申生没有争辩什么，连夜逃往自己的封地曲沃。晋献公十分恼怒，派人将申生的师傅杜原款抓来杀了。

申生身边的人对他说："这事的可疑之处是显而易见的，请您不要任由他们陷害，回到绛都去当面向主公说清楚，相信主公能够明辨是非，查出真凶。"

申生摊开双手说："我又何尝不想对父亲说明真相？但是，老头子如果没有骊姬做伴，则食之无味，寝之难安。我如果非要去分辨个是非曲直，骊姬必定会因事情败露受到惩罚。这样的话，老头子肯定很受打击，我又有什么乐趣呢？"

《圣经》的《马太福音》里，耶稣对他的门徒说："只是我告诉你们，不要与恶人作对，有人打你的右脸，连左脸也转过来由他们。有人想要告你，要拿你的里衣，连外衣也由他拿去。有人强逼你走一里路，你就同他走二里。有向你借贷的，不可推辞。你们听见有话说，'当爱你的邻居，恨你的仇敌。'只是我告诉你们，要爱你们的仇敌，为那逼迫你们的祷告。"

申生就是这样，为着父亲的快乐而考虑，对骊姬的攻击一忍再忍，任由其诬蔑和陷害，自始至终打不还手，骂不还口。

部下见他意志坚决，又劝他说："既是这样，就赶快离开晋国吧，我们都愿意追随您！"

申生说："我要是走了，老头子岂不是更加认定是我下的毒，背负着弑君未遂的罪名出逃，又有谁肯收留我呢？"

他的想法和当年卫国的急子如出一辙。

既然不想留在这乱世上尔虞我诈，那就死吧！早在讨伐皋落氏的时候，申生就有了必死的决心，现在无非是多死一次。对他来说，世上没有太多值得留恋的。

同年十二月，申生自缢于曲沃。

骊姬乘胜追击，在晋献公面前诬蔑说，公子重耳与夷吾均参与了申生的阴谋。

这两个人得到消息，没做任何不切实际的幻想，马上从绛都出逃。重耳先是逃到了蒲城，继而出逃到翟国；夷吾则逃到了屈城，继而逃到梁国。

骊姬如愿以偿地让奚奇当上了大子。对于她来说，这胜利来得似乎比想象中轻松多了。对此我没有更多的评论，还是用北岛的那句诗来概括："卑鄙是卑鄙者的通行证，高尚是高尚者的墓志铭。"

公元前655年，晋献公将杀大子申生之事遍告列国，为立奚奇为大子正名。这种此地无银三百两的做法并没有获得预期的效果。《春秋》对此记载："晋侯杀其世子申生。"

在这句表述中，"世子申生"名正言顺，说明申生无罪；而晋侯没有按惯例被称为"晋献公"，是谴责他轻信小人之言，因幼废长。

同年，晋国发动了对虢国的最后攻势。这一次出兵的路线仍然选择从虞国借道。

上一次借道虞国，还可以说是为了出其不意；这次再借道虞国，显然不是为了战术上的掩护，而是另有图谋了。

利令智昏的虞公又答应了晋国人的请求。

宫之奇再一次投了反对票："虢国与虞国毗邻而居，相互依存。虢国如果灭亡，虞国也不能长久。对待晋国这样的大国，不可以麻痹大意，就好像对待强盗，不可以视作儿戏。上次借道给晋国，已经很过分了，不可以一再为之。古人云，辅车相依，唇亡齿寒，说的就是虢国与虞国的关系啊。"

虞公深不以为然地说："晋侯和我同宗共祖，怎么会害我呢？"虞国姬姓，晋国也是姬姓，都是周王室的后裔，自然同宗共祖。但是，虞公如果睁开眼睛看看，这中原大地，姬姓诸国之间你攻我伐，早就打得不可开交了，谁还记得什么同宗共祖哦。

对此，宫之奇一针见血地反驳道："我虞国的先祖大伯虞仲，同时也是王室的先祖。大伯为了让贤，所以没有继承君位。虢国的先祖虢仲、虢叔，是周文王同父同母的弟弟，作为文王的卿士，有大功于王室，功勋事迹还记载在王室的档案库里。晋国既然可以灭亡虢国，又怎么会不忍心对虞国下手呢？您要是讲虞国和晋国的亲戚关系，当年的'桓、庄之族'不比虞国亲多了吗，他们和晋侯都有共同的祖辈成师与庄伯，可晋侯还不是把他们给灭了吗？"

虞公无法应对，喃喃道："我祭祀神明的贡品又多又干净，神明会保佑我的。"

宫之奇听了又好气又好笑，只干咳了几声："咳，咳……您还真不了解神明的习惯。神明喜欢一个人，不是看他的祭品好不好，而是看他的品德好不好。正如《周书》里所说的，老天爷又没有亲戚，只喜欢帮助品德高尚的人。又说，祭品其实没有什么香不香的，只有人的美好品德才是最馨香的。这样说来，没有品德的人，即使供奉再丰盛的祭品，神明也不会享用。话说回来，您别以为鬼神只保佑您一个人，如果晋国灭了虞国，又以美好的品德奉献神明，神明照样会接纳晋侯。"

宫之奇这话已经说得很直白了，等于是告诉了虞公，晋国此次出兵的目的，不仅在于虢国，而且在于虞国。但是虞公利欲熏心，还是答应了晋国的要求。

宫之奇退出来之后，对家人说："如此看来，虞国很快就要灭亡了。晋国灭虞，恐怕就在此一程略。"于是带着自己的族人远走他乡。

公元前655年八月，晋献公亲率大军包围了虢国的首都上阳，虢公姬丑带领军民进行殊死抵抗，直到十二月初，上阳城才被攻破。

姬丑逃亡到雒邑，虢国从此灭亡。

据《左传》记载，公元前678年，也就是“曲沃代晋”完成的那一年，正是虢公姬丑奉了天子之命，前往晋国承认了曲沃代晋的合法性，并任命曲沃武公（也就是晋武公）为晋侯。二十三年后，晋国灭虢国，不但周天子对此不敢发表意见，连当时称霸天下的齐桓公也没有表示任何异议。主要原因在于姬丑穷兵黩武，不修德政。公元前668年虢军两次入侵晋国，更成为晋献公消灭虢国的最佳借口。姬丑为他自己的行为付出了惨重的代价。

姬丑的邻居虞公也为自己两次借道给晋国的行为付出了代价。晋国大军消灭虢国之后，仍然打虞国原路返回，并接受了虞公的犒劳。晋献公觉得虞公实在是太可爱了，为了报答这番好意，顺便也就把虞国给灭了，并且俘虏了虞公和大夫井伯。后来晋献公将女儿嫁给秦穆公，将这两个战俘当作陪嫁，一并送到了秦国。

《史记》上说，被俘的虞国大夫井伯，后来成为秦国的重臣，就是历史上赫赫有名的百里奚。这种说法在历史上颇有些异议，在此不作辨析，姑妄听之吧。

如果说晋献公灭虢国还有借口的话，他灭虞国就很难找到一个合适的理由了。为了避免周王室对此不满，特别是规避齐桓公以此为由找他的麻烦，他主动承担了祭祀虞国先祖的义务，并且还承担了虞国对王室纳贡的义务。对于周王室来说，虞国虽然灭亡，但虞国对王室应尽的义务仍然有人承担，这就够了。

荀息在收缴的战利品中找到当年用来贿赂虞公的宝马，把它们还给了晋献公。

晋献公得意地笑道：“马还是我的马，就是老了点啊。”

楚与齐，两种文化的冲撞

前面说到，通过帮助邢国和卫国的重建，齐桓公获得了中原诸国的敬重，霸主的地位日益巩固。而此时在南方，楚成王自诛杀公子元、任命子文为令尹以来，拨乱反正，励精图治，楚国国力进一步攀升。南北双雄你追我赶，在内政、外交、军事各个方面互相较劲，终于到了狭路相逢的时刻。

公元前659年，楚国再一次出兵讨伐郑国，将爪子伸到了天子脚下。齐桓公迅速作出反应，召集鲁、宋、郑、曹、邾等国国君在宋国的柽地举行会议，会议的主题：抗楚援郑，保卫中原。

值得注意的是，自这一年开始，《春秋》提到楚国，再也不称之为“荆”，而是称之为“楚”，也算是给它正名了。

公元前658年，齐桓公进一步展开外交攻势，在宋国的贯地与江国、黄国派来的代表举行会谈。从地理位置上看，江、黄两个小国均在宋国的南部、楚国的东北部，迫于楚国的压力，一直臣服于楚国。现在齐桓公通过宋桓公做工作，给这两个小国打气，目的是要它们脱离楚国的控制，重新回到中原大家庭的怀抱，同时也为下一步讨伐楚国解除后顾之忧。

同年冬天，楚国大军攻占郑国的聃地，俘虏了守将聃伯。

事情发展到这个地步，齐桓公仍然安之若素，继续开展他的外交攻势。公元前657年，齐桓公和宋桓公再一次与江、黄两国代表在齐国的阳谷会谈，就应对楚国的入侵开展讨论。同年冬天，鲁国的执政大臣季友前往齐国，表达了鲁僖公响应齐国号召、抗楚援郑的意愿。

那个年代既没有电话、电报，更没有互联网，为了应付楚国的入侵，光开会都够齐桓公东奔西跑一阵了。这个霸主的工作，真是一点也不轻松。

然而，在郑文公看来，会开得再多也没用，郑国现在急需的是援兵。没有援兵，一切会议、声援、表态都是空谈。在楚国强大的军事压力下，郑文公有点顶不住了，他想派代表与楚国进行和谈。大夫孔叔及时阻止了他："齐侯为了郑国的事，正忙得不可开交呢，现在背弃他，恐怕大大的不妥。"

郑文公忍不住把酒杯盖重重一放，抱怨道："他就知道开会、会盟，尽做些表面文章，务虚不务实，总是忽悠咱们。"

孔叔说："如果不是齐侯在柽地主持会盟，只怕楚军早就长驱直入，攻入新郑了，请您再忍一忍，坚持一下，齐侯会拿出办法来的。"

单从这件事来看，郑文公和他的父亲郑厉公相比，显然不在同一个档次。

经过两年的准备，公元前656年春天，齐桓公终于率领大军南下了。这支浩浩荡荡的多国部队由齐、鲁、宋、陈、卫、郑、许、曹八个国家的军队组成，咱们姑且称之为"八国联军"吧。

"八国联军"没有直接讨伐楚国，而是将矛头对准了蔡国。为什么讨伐蔡国呢？自公元前680年楚文王为了讨好息妫讨伐蔡国以来，蔡国就一直臣服于楚国，成为楚国进出中原的眼线。齐桓公此举的目的，一是剪除楚国的羽翼，清除前进路上的障碍；二是为了不让楚国人察觉"八国联军"的战略意图，好攻其不备。

如果回顾一下，早在公元前710年，雄才大略的郑庄公就意识到楚国的威胁，跑到蔡国去和蔡桓公开会。郑庄公之所以特别关注蔡国的动向，是因为他已经看出来：楚国人要进出中原，蔡国是门户；而中原人想攻击楚国，蔡国又是必经之路。

一个女人充当了这次战略掩护的棋子。她就是蔡哀侯的女儿、现任蔡国国君蔡穆公的妹妹。

据《史记》记载，当年蔡哀侯被楚文王俘虏之后带到楚国，就再也没有回去过，最终死在楚国。他的儿子蔡穆公即位之后，周旋于齐、楚两个大国之间，既听命于楚国，又将妹妹嫁给齐桓公做小妾，也就是齐国的蔡姬。

蔡姬年少，生性顽皮，嫁给了齐桓公这个老头子，有没有性福很难揣测。在那个年代，诸侯的女儿生来就是政治筹码，不是嫁到诸侯家，就是嫁到大夫家，“一树梨花压海棠”的事情时有发生，想必蔡姬也能正确对待。

那年夏天，蔡姬陪着齐桓公在湖上泛舟，采莲为乐，将小船划到湖中心。蔡姬童心未泯，将小船弄得左摇右晃，戏弄齐桓公。齐桓公是北方人，自幼不习水性，加上年事已高，难免把生命看得很重，双手紧紧抓住船沿，惊呼蔡姬赶快住手。也许是他那慌慌张张的神色让蔡姬看到他不为人知的一面，她觉得十分好玩，反而将小船摇晃得更厉害了。

如果她要谋杀天下的霸主，再用大一点力气就够了。可是，这个时候在她眼里，齐桓公既不是天下的霸主，也不是齐国的国君，甚至不是她的“老”公，只是一个可爱的吹胡子瞪眼睛的老头儿。她没有意识到问题的严重性。

齐桓公下船之后，干了一件很缺德的事，立刻命人把蔡姬给送回蔡国去了。按道理，他把人家女孩子送回去，还得附上一纸休书，好歹给人家一个说法。可他不给，就让蔡姬以一种不明不白的身份住在蔡国，从此不闻不问。

蔡穆公看到妹妹哭哭啼啼被送回来，本来就很恼火，齐桓公这种缺德的做法，更如同火上浇油，于是他干脆又把这个妹妹给嫁出去了。这件事情在当时来看，是一个非常严重的政治错误，大大地伤害了齐国人民的感情。而据某些人添油加醋地说，蔡姬再嫁的不是别人，正是齐桓公的死对头楚成王！（姑妄听之，姑妄听之。）

不管蔡姬再嫁是谁家，齐桓公这次兴兵伐蔡，对外宣称的理由就是为了她这件事。等到楚国人回过神来，“八国联军”已经击溃蔡国的防线，俘虏了蔡穆公。大军顺势南下，抵达楚国边境。

虽然措手不及，楚国人的反应却很快。他们一方面撤回进攻郑国的部队，迅速收缩战线，一方面派人到联军大营要求面见齐桓公。

联军尚未进入楚国，而楚使已抵达大营，无非是告诉联军，楚国是有防备的，请不要打偷袭的主意。

楚国人是如何获知联军情报，及时把使者派到边境上迎候齐桓公的呢？《左传》虽然没有言明，但是从其两年前，也就是公元前658年的一段记载，后人可以窥知一二：齐寺人貂始漏师于多鱼。翻译成现代文就是：齐国的宦官竖貂在多鱼（地名）开始泄漏齐国的军事机密。这种事情，有第一次就有第二次，很难说楚国有没有派人与竖貂接头，收买他掌握的情报，在此不细究。

既然偷袭不成，齐桓公就大大方方与楚国的使者见了一面。双方的对话很简单，也很精辟，尤其是楚国使者的辞令，堪称古汉语之精粹，为了保持原汁原味，在此照抄如下：

君处北海，寡人处南海，唯是风马牛不相及也。不虞君之涉吾地也，何故？

翻译成现代文：君侯您居住在北海之滨，而寡人我居住在南海之滨，好比马儿牛儿即使发情也不可能发生什么关系。没想到您不远千里跑到我国来，到底是想干什么呢？

时隔数千年，仍能感受楚国使者操着楚地方言，摇头晃脑地在诸侯面前说“风马牛不相及也”带来的喜剧效果。

读史至此，捧腹大笑，唯楚有才，自古如此！

当时各位诸侯听了楚国使者这一番话，却是想笑又不敢笑。倒是管仲反应很快，他清清嗓子，对楚国使者说：“当年周成王派召康公对我齐国的先祖姜太公说，‘五等诸侯、九州之伯，你都可以讨伐他们，以辅佐王室’。并且规定了先君征讨的范围，东至大海，西至黄河，南至穆陵，北至无棣，普天之下，莫不能至。现在楚国长期不向天子进贡，当年周昭王南巡到楚国而没有回去，我国君特来问罪。”

这里先解释一下，周昭王是周成王的孙子，南巡的时候在汉江遇到船难，溺水而亡，所以没有回去。

管仲这番话说得四平八稳，引经据典，义正词严，很符合中原人正儿八经的性格。

楚国使者听了，干笑两声，不慌不忙地说：“说起不向天子进贡这件事，确实是敝国之罪，今后岂敢不供给？至于昭王没有回去，那都是哪一年的陈芝麻烂谷子哟，请您找汉水之滨居住的老人家问问情况，跟我们楚国没有任何关系撒。”

齐国和楚国的第一次交锋，就发生在联军大营里，不是用刀用枪，而是用口用舌。明眼人一看就知道，楚国使者以他幽默的语言、机智的回答占尽了上风。

口舌之争虽然败阵，“八国联军”还是继续向楚国推进，抵达汉水之滨的陉地。由于楚国显然已经有了准备，齐桓公和管仲及时调整战略，将部队驻扎在陉地等待时机，并且开始安营扎寨，挖壕筑垒，囤积军粮。

这一等就是两个月。如果说是两军对垒吧，等两个月也不稀奇，可问题是四周静悄悄，连个楚军的影子都没有。“八国联军”成天出操、拉歌、会餐、看文艺演出，日子过得可乐了，不像是来打仗，倒像是来度假的。

时间一长，有的诸侯就坐不住了，跑去找齐桓公，要求动手。

齐桓公不动声色地看看管仲。管仲则一副刚睡醒的样子，说：“动手？跟谁动手？楚军出现了吗？”

“这个……楚军尚未出现，只不过老这样等下去，恐怕不是办法，不如直捣郢都，将敌酋绳之以法……”

管仲不得不跟人家解释一番，大意是“八国联军”离家千里，后勤补给线已经拉得很长，如果继续深入下去，人生地不熟，只怕还没打到郢都，就被楚国人抄了后路。

“您想被楚国人关门打狗、瓮中捉鳖吗？”脑袋圆滚滚的管仲半眯着眼睛问。这话说得很难听，但是很管用，被问到的人一般只敢再弱弱地追问一句：“那，咱们还待在这里干啥？”

管仲长叹一声，远远地看着帐外的夕阳，高深莫测地说：“等。”

再问下去的话，管仲就闭目养神了。

一直等到夏天，终于等来了管仲要等的人。楚成王派大夫屈完为全权代表，来到陉地的联军大营。

按常理，这个时候谁先提出和谈，谁就处于心理弱势，在谈判中会做更多的让步。可是屈完一到联军大营，就给齐桓公来了一个下马威：“请贵军后退三十里，以示和谈诚意。”

齐桓公差点想跳起来，被管仲使眼色制止了。他知道，和楚国人打交道，用菜市场讨价还价的伎俩只会自讨没趣，还不如把牌摊开来打。

在管仲的建议下，联军退到召陵。在这里，联军举行了一次盛大的阅兵仪式，齐桓公请屈完坐上他的戎车，检阅了威武雄壮的联军部队。这次检阅出动的部队之多，在春秋史上当属罕见。齐桓公以他挺拔的身躯伫立在戎车上，不停地向将士们挥手，所到之处，他均致以“勇士们辛苦了”的慰问，而各国将士则用不同的方言回以“诸侯长更辛苦”，一唱一和，欢声雷动，将热烈的气氛推到极致。

检阅完毕，齐桓公得意洋洋地问屈完：“屈大夫认为我中原的军队如何？”

“威武之师，雄壮之师。”瘦小的屈完不带任何感情色彩地回答。

齐桓公故作感叹道：“你看这些人，不远千里从中原跑到这里，难道是为我而来的吗？不是。他们是为了我们这些国家的传统友谊而来的。屈大夫你说，我们两国也建立这种友好关系如何？”他说这话的时候，语音中带着一种不可思议的热情，让周围的人都感觉到目眩神迷。

这一点，连屈完也感受到了。因此，他恭恭敬敬地回答：“这是敝国的福分。”

齐桓公沉默了一阵，话锋一转，说：“屈大夫你看，如果用这样的军队作战，谁能抵挡？用这样的军队攻城，有什么样的城池攻不破？”

屈完听后，脸上露出一丝不易察觉的微笑：“君侯您如果以德服人，谁敢不服？如果想以武力服人，我楚国以方城山为城，以汉水为池，请尽管放马过来好了。”

第二次口舌之争，齐桓公又没占到便宜。

《左传》记载，齐桓公带领“八国联军”讨伐楚国，以双方和解而告终。屈完代表楚成王与各诸侯国签订了盟约，史称“召陵之盟”。

对于这件事，历史上很有些争论，有人认为召陵之盟意义非凡，有人认为齐桓公这次南征是无功而返，或者成效甚微。现将正、反两方比较具有代表性的评论简述如下。

反方观点认为：楚国于春秋年间不断向北扩张，争夺中原，消灭了靠近楚国的吕、申、息等小国，而独蔡国延存，是因为蔡国死心塌地臣服于楚国，并且为虎作伥，成为楚国“有事”于中原的工具。从地理位置上看，蔡国既是楚国进出中原的捷径，也是楚国抵御中原各国进攻的屏障，所以要讨伐楚国，必先讨伐蔡国，拿下这块兵家必争之地。

按照这种观点，齐桓公伐楚的最大收获在于击溃蔡国，斩断了楚国在中原的爪牙，但是对于楚国本身没有丝毫的影响。楚国反而在召陵之盟后变本加厉，加快了侵并中原的步伐。因此，召陵之盟的意义十分有限，远远不及后来晋文公在城濮一战中大败楚军的意义。

正方观点认为：“齐桓公加管仲”这对北方组合遇上“楚成王加子文”这对南方组合，可谓是棋逢对手。“八国联军”在陉地驻兵数月，楚军一直按兵不动，只派了屈完来谈判，寥寥几句，双方便息兵罢战，是因为双方都认识到打下去是两败俱伤，谁也占不到便宜。

齐桓公远居山东，因其地理位置所限，一直将战略重点放在平定北方的狄、戎之乱，无暇顾及南方。但是他仍然关心中原安危，为了解除中原诸国的心腹大患，不远千里跑到南方来讨伐楚国，这种负责任的态度是值得肯定的。而且齐桓公南征的战略目标，不在于使楚国屈服（这点显然做不到），而在于打击蔡国和坚定郑国抗战的决心，确保天子脚下的这片净土不受楚国的侵犯。达到这个目的，他的任务就算是完成。

公说公有理，婆说婆有理。在我看来，齐桓公和管仲最值得肯定的一点在于，他们虽然有志于称霸诸侯，而且建立了强大的武装力量，却很少真正付诸刀兵，更多的是采用和平手段来解决问题。他们这种做法，不但与孙子“不战而屈人之兵”的战争理念不谋而合，而且充分体现了以人为本的思想。

召陵之盟后，“八国联军”自楚国边境撤退，一路迤逦北行，顺便将被俘的蔡穆公释放回国。期间发生了两件小事。

第一件事，许穆公在军中病逝。前面说过，许穆公娶了宣姜的小女儿为夫人，而齐桓公娶了宣姜的大女儿为小妾，所以两个人是连襟。许穆公对齐桓公这位姐夫可以说是唯命是从，而齐桓公对这位穷亲戚也不薄：许穆公本来是男爵，在他死后，齐桓公命人以侯爵的规格为他举行葬礼，算是对他鞍前马后效力的奖赏。

第二件事则有点复杂。

联军部队中，陈国的重臣辕涛涂找到郑国的大夫申侯，说：“如果大军取道陈、郑两国之间回师，则贵国和我国都要供应粮草物资，负担十分沉重。如果大军能取道东方，自海滨回师，就不会有这些麻烦。”申侯听了，说：“这主意不错，您去和齐侯建议一下嘛。”辕涛涂便跑去向齐桓公说了，齐桓公觉得走海边看看风景也好，表示同意。

没想到，申侯这家伙听到大军改道而行的消息，也跑去找齐桓公，装作很惊讶的样子说：“唉呀，您怎么会下这样的命令呢？大军劳师远征，已经很疲惫，如果再绕道海边，万一遇到夷人袭扰，恐怕难以抵挡。还是取道陈、郑两国之间，物资粮草的供应都有保障，才是万全之策啊。”

申侯这么一说，齐桓公立刻明白自己上了辕涛涂的当。他很感慨：同样是诸侯的大夫，为什么辕涛涂这么阴险，而申侯这么厚道呢？于是他把郑文公给找来了，一是宣布大军将接受郑国的热情邀请，从郑国过境，请郑国准备充分的粮草物资供应；二是告诉他申侯这位同志很不错，要提拔重用，请郑文公把虎牢赏给申侯作封邑。

前面说过，虎牢就是制的别称。当年武姜要求郑庄公把制封给弟弟段叔，郑庄公犹且不肯，说了一大堆理由来推搪。现在齐桓公要求郑文公把虎牢封给申侯，郑文公心里一万个不乐意，却也只能表示同意。

一句话，一座城，齐桓公还真是慷慨——慷别人之慨。

因为这件事，齐桓公派人把辕涛涂给抓了起来。大军回国之后，他仍然觉得不解恨，又于当年冬天组织了七国联军讨伐陈国。陈国立刻表示认错，齐桓公索取了一笔军费开支后，才将辕涛涂放回陈国。

辕涛涂深恨申侯的无耻行为。被释放之后，他到郑国去看望申侯，看了他的新封邑虎牢，赞不绝口，建议申侯加高城墙，把虎牢建设得漂漂亮亮的，好让子孙不忘记申侯的功德。申侯好大喜功，果然照办。这边，辕涛涂又对郑文公咬耳朵说：“申侯加高虎牢的城墙，恐怕是有了叛逆之心吧。”

郑文公莫名其妙丢了一座虎牢，本来就对申侯不满，听了辕涛涂的话，意见就更大了。

春秋首霸是怎样炼成的

“八国联军”南征楚国，虽然没有占到楚国人任何便宜，却仍然让“山中无老虎，猴子称大王”的楚国人深受震动。联军撤退后，楚成王根据盟约的协定，派人前往王都雒邑，向周天子进贡地方土特产和金帛。这一举动，意味着楚国改变了多年以来秉承的“去中国化”政策，而转向“入中国化”政策。

很多年以来，楚国就以蛮夷自居，倚仗国力强横，根本没有把周王室放在眼里。这次前来朝贡，可谓是破天荒头一回。可想而知，周惠王对此十分高兴，不但热情招待了楚国使者，还命人分给楚国祭肉。

按照周礼的规定，祭肉原则上只分给周王室的兄弟之国，不能分给异姓诸侯。如果分给异姓诸侯，也只能分给二王之后，也就是周朝之前的夏、商两个朝代国君的后人，以示尊重。

给楚国人上祭肉，这一礼遇高得实在有点吓人，恐怕连楚国的使者都觉得受宠若惊。

周惠王一时高兴，还不忘吩咐一句："镇尔南方夷越之乱，无侵中国。"意思是要楚国镇守南方，弹压蛮夷诸族，不要让他们入侵中原。

这一句话让机敏的楚国人如获至宝，拿着鸡毛当令箭，更加有恃无恐地在南方扩张势力。据《史记》记载，周天子说过这句话之后，"于是楚地千里"，楚国人洗脚上田，楚国一跃成为实至名归的南方大国。

按理说，楚国这次主动向周王室示好，应该归功于齐桓公。如果不是他带着"八国联军"讨伐楚国，让楚国人感受到来自中原的压力，楚国人才不会搭理什么周天子。但是，周惠王此时不但不领齐桓公的情，反而因为一件家事和齐桓公闹得很不开心。

这件事说来还是因为"以少陵长"引起的。前面说过，当年郑厉公跑到王城去打探王室的情况，正好遇上虢公、晋侯朝觐天子，三个人做了一件好事，促成了周惠王与陈国公主的婚事，将一个叫陈妫的女人娶到王室来了。这位陈妫，在历史上被称为惠后。惠后深得周惠王宠爱，给他生了一个儿子，叫作带，也就是王子带。周惠王爱屋及乌，想立王子带为大子，而废除原来的大子郑。大子郑意识到自己的地位岌岌可危，于是向当时中原的霸主齐桓公求援。

齐桓公当然很乐意帮大子郑这个忙，这笔政治生意简直是一本万利，即使没有管仲的教导，他也会主动去做。但是如何才能使周惠王放弃废长立幼的念头呢？人家好歹是天子，废长立幼又是内政，齐桓公纵使强势，但也不能明目张胆地干涉天子的家事呀。这个时候，还是管仲给他支了一个高招：会盟。

据不完全统计，自公元前681年齐桓公首次举行北杏会盟以来，终其一生，总共举办了十五次诸侯会盟。会盟成为了齐桓公实施霸业的主要手段，其作用远远大于军事征伐。欲修霸业，会盟；讨伐不臣，会盟；扶危救难，会盟；讨伐楚国，会盟；与楚国息兵罢战，会盟；这次干涉王室内政，还是会盟。

齐桓公派了一位使者前往雒邑，对周天子说："天下诸侯在卫国的首止举行会晤，请您派世子参加，以体现您的关心和厚爱。"

周惠王没办法拒绝这一邀请。

《春秋》记载，"公（鲁僖公）及齐侯、宋公、陈侯、卫侯、郑伯、许男、曹伯会王世子于首止。"而《左传》进一步阐释说："会于首止，会王大子郑，谋宁周也。"直接指出，这次首止会盟的目的就是想平息周王室的继承权之争。

会议开得很轻松，既不讨论卫国重建，也不讨论防御楚蛮，各国诸侯只是众星捧月一般陪着世子郑。白天举行酒会请他坐中间，他不举杯大家也不举杯；晚上看文工团演出请他坐第一排，他不鼓掌大家也不鼓掌；齐桓公更是早问安，晚问寝，让他好好过了一把当王世子的瘾。

说实话，自周平王东迁以来，也没有哪一任周天子享受过众诸侯的如此抬爱。

齐桓公这样做的效果是显而易见的：让全天下的人都知道世子郑作为周王室的继承人来参加会议，而且享受这般尊荣。周惠王想要更换世子，就得三思而后行了。

所以，这次会议虽然是游山玩水，其目的却不在山水之间。

玩了十几天之后，总算正儿八经坐下来开了一次会，干啥？做会议总结——会议虽然没有实质性的内容，总结还是要有一个的，否则没办法对史官交差。

这时候出现了一点小问题，周惠王意识到了齐桓公此举的真实用心，派大臣宰孔找到郑国的国君郑文公说："您是天子非常倚重的诸侯，怎么也跟着这些人瞎起哄呢？"

郑文公这个人没主见，一听说天子非常倚重他，心里就热乎乎的，脑子也热乎乎的："我这也是随大流……"

宰孔打断他的话说："您怎么能随大流呢？您想想，当年您的父亲郑厉公奋力勤王，立下盖世奇功，天子至今仍然念叨他的好处。您作为他的儿子，也应该像他那样特立独行，卓然不群，要有自己的思想，而不应该受人摆布，东摇西晃。"

郑文公一时无语。

宰孔接着说："您别看齐侯现在神气活现，动不动就把诸侯叫到一起开会，当年您父亲在世时，根本没把他这一套放在眼里。您肯定还记得那一年，因为您父亲没去朝见他，他还恼羞成怒，不顾国际公法，将前去访问的贵国大夫叔詹给扣留起来了。这完全是流氓行为嘛！"

郑文公听得热血沸腾，但很快又低下头来，喃喃道："话虽如此，今时不同往日，齐侯霸业已成，天下诸侯，莫不依附于他。以我郑国之力，怎么敢和他较劲？"

"这事您别担心。"宰孔拍拍他的肩膀说，"天下并非他齐侯的天下，诸侯也并非齐国独大，西方的晋国、南方的楚国，都足以和齐国抗衡。天子说了，只要您听他的招呼，别掺和这次大会，他会叫楚国、晋国都支持您，齐国也拿您没办法。"

很显然，天子这话说得有点大。但是郑文公听了，却如同打了一针鸡血，当场决定逃离首止，不参加会议总结。郑国大夫孔叔连忙阻止说："身为一国之君，怎么可以如此草率行事？这样做必定失去别人的援助，失去援助则祸患很快就要降临。如果等到祸患降临再回过头来求人家帮忙，乞求结盟，恐怕就亏大了，您一定会后悔。"

郑文公听不进去。他来参加会议的时候，按规矩带了一支部队随行。他急急忙忙逃离首止，又怕齐桓公发现，干脆将部队留在首止，自己仅仅带着几个随从跑回郑国去了。

说起来，这不是他第一次干这样的事。早在公元前660年狄人入侵卫国的时候，郑文公也派了一支部队前往黄河驻防，防止狄人顺势入侵郑国。这支部队的指挥官高克是郑文公非常讨厌的一个人，平时找不到合适的机会修理他，等他带兵驻防黄河，郑文公灵机一动，想出了一个整人的损招：只给高克出兵的命令，不给他回师的命令。结果几千人的部队在黄河边上驻守了几个月，没等到狄人入侵，又没有后续指令，军粮吃光，就一哄而散了，高克也只好逃到陈国避难。《春秋》记载这件事，只用了四个字："郑弃其师。"一个弃字，令人扼腕叹息：这个人难道真是郑厉公的儿子吗？

齐桓公这次干涉天子内政，可谓有得有失。得，是确立了王世子郑的地位，以后世子郑即位，周王室就会成为齐国的铁杆大旗；失，是得罪了现任天子周惠王，周惠王因此胳膊往外拐，与第一次前来进贡的楚国发生亲密接触，并且帮助楚国从内部分化齐桓公的幽地同盟，成功地促使郑文公逃离首止会盟，暗中投向楚国的怀抱。

楚国与郑国的暗中勾结，郑国大夫申侯在其中起了重要作用。

申侯原来是申国人，侯是他的名字。当年楚文王灭掉申国后，将申国改为申县，申侯投靠楚文王，以其能说会道，深得楚文王宠信。楚文王既爱申侯之才，又很了解申侯的毛病，临死时把他叫到身边，给了他一笔钱财，让他逃离楚国，并且说："只有我最了解你，你这个人爱财如命，难以满足，从我这里拿了不少钱财，我都不怪罪你。但是我的儿子不会这样对待你，恐怕迟早要拿你开刀。我死之后，你立刻离开楚国，寻找新的依靠。"

楚文王死后，申侯逃到了郑国，又受到郑厉公宠信，一直在郑国担任大夫。现在郑国在天子的斡旋下，有意与楚国交好，申侯有过在楚国做官的经历，自然成为双方牵线搭桥的最理想人选。

有了天子的支持，楚成王抓紧分化中原诸国，加快了对外扩张的步伐。召陵之盟后的第二年，公元前655年，他派令尹子文带兵进攻弦国。弦国是个小国，与周边的江、黄、道、柏等小国都有亲戚关系。江、黄等国这几年被齐桓公、宋桓公外交拉拢，与齐国建立了密切的联系，弦国国君因此认为自己攀上了齐国这棵大树，可以不再听令于楚国。去年的"八国联军"讨伐楚国，更让这些小国家看到了齐桓公这位中原霸主的实力，越发没把楚国放在眼里。楚成王讨伐弦国，一方面是为了杀鸡儆猴，警告原来仆从于楚国的小国家，不要以为变了天，从此可以当家做主；另一方面也是为了敲山震虎，试一试周天子命他镇守南方这面大旗的功效。

弦国在楚国的军事打击下，很快灭亡了。弦国国君逃亡到黄国。

公元前654年，齐桓公纠集鲁、宋、陈、卫、曹等诸侯，派兵讨伐郑国，包围郑国的新密。这次讨伐郑国的罪名有二：一是郑文公逃离首止会盟，二是郑国没有征得齐国同意就加高新密的城墙，意在防御诸侯的进攻，图谋不轨。

楚成王倒是个很仗义的人，立刻派兵进攻许国，以救援郑国。这一招很见效，齐桓公不忍心抛弃幽盟中的这位小弟弟，只好放弃进攻郑国，转而率领诸侯救援许国。齐、楚两个大国第二次狭路相逢，大战一触即发。

但是，万众期待的齐楚之战再次令人失望。楚成王主动选择了回避，将军队撤至武城观望。

自从有了周天子的支持，楚国分化中原诸国的战略，实施起来就很得心应手了，他觉得自己根本没有必要和齐桓公真刀真枪地干上一仗。等到齐桓公的大军一撤，在楚国的铁杆拥趸蔡穆公的劝说之下，许男（许国国君）亲自跑到武城的楚军大营，向楚成王认罪投诚来了。

据《左传》记载，许国的这次投诚，搞得非常有声有色：许男反绑双手，嘴里衔着一块玉璧，许国的大夫们则披麻戴孝，士族人士抬着一口棺材，跟在许男后面。这支队伍缓缓穿过楚军大营，一直来到楚成王的中军大帐，齐刷刷地跪下。

楚成王自幼生活在南蛮之地，没见过这种中原文化的大阵势，搞不明白对方什么意思，只好偷偷地问大夫逄伯。逄伯倒是很博学，回答楚成王说，当年周武王灭商，商纣王自焚，纣王的哥哥微子也是用这种方式向周武王表示投降的。对此，周武王的做法是亲自给微子松绑，接受了玉璧，举行除凶趋吉的仪式，烧毁棺材，以礼相待，并且让微子及商朝遗民仍居住在原来的地方，建立了宋国。

楚成王暗自吐舌头，庆幸自己问了一下，否则还不知所措，要让中原人贻笑了。他照着逄伯的指点，将周武王对微子做过的事，对着许男做了一遍。

许国君臣感恩戴德之余，对这位传说中的南蛮君主不禁另眼相看：人们都说楚人文身断发，茹毛饮血，不懂礼仪，现在看起来，完全不是那回事嘛！

许男投诚的事情说明，楚国实力强横，直接威胁中原，而齐国身处山东，鞭长莫及，使得楚国人掌握了战略优势。靠近楚国的中原各国，均因楚国的直接威胁而摇摆不定，更倾向于投靠楚国。这种倾向，在楚国与周王室发生亲密接触之后，很明显地有了扩大的趋势。

既然楚国不是所谓的蛮夷之邦，而且有周天子的支持与承认，投靠楚国和投靠齐国也就没有什么大的区别了。

公元前653年春天，齐桓公再一次派兵讨伐郑国，对外宣称的理由仍是追究郑文公逃离首止会盟的责任，实际上是在与楚国争夺郑国这一战略要地，试图遏制楚国近年来的扩张趋势。

对于齐桓公来说，输掉蔡国和许国尤可接受，如果再输掉郑国，则楚成王不只是可以轻而易举地进出中原，更可以将天子牢牢掌握在自己手上。到那时，挟天子以令诸侯的恐怕不是他齐桓公，而是楚成王了。因此，郑国他输不起。

面对齐国的进攻，郑国大夫孔叔劝郑文公和谈："俗话说，没有争强好胜之意，屈服于人又有何妨？以郑国现在的情况，想强大又强大不了，俯身事人又于心不甘，高不成，低不就，是亡国的征兆。请您放下架子，向齐侯屈服，以挽救郑国。"

郑文公听了这话，很不高兴，应付道："我知道齐侯是为何而来，你不要太着急，我自有应对之策。"

孔叔急得直跺脚："救兵如救火，齐侯可不会等你。"

郑文公一直拖到夏天，才拿出他所谓的应对之策：将责任推到申侯身上，把申侯杀了，以取悦齐桓公。

当年申侯为了讨好齐桓公而陷害辕涛涂，现在也算是遭到了报应。

既然郑文公认错了，又找了申侯当替罪羊，齐桓公如果继续打下去，很有可能将郑国彻底推到楚国那边。因此，他暂时停止讨伐郑国，转而在宁母召开诸侯大会。

与以往的会盟不同的是，管仲这次还搞出了点新意：给与会代表发纪念品。他对齐桓公说："即使对待郑伯这种三心二意的人，我们也还是要以礼相待，以德服人。做事情不离德和礼，就没人不感念咱们的好处了。"齐桓公深以为然，叫人准备了一批齐国的特产，送给参加会议的诸侯和随行人员。

郑文公派了大子华来参加会议。当然，用《左传》的说法，大子华是来"听命于会"，也就是作为列席代表，前来听从齐桓公对郑国的发落的。

可想而知，大子华这个差使一点也不风光，甚至带有屈辱性。但是，相对于郑文公的自作聪明，大子华有过之而无不及。他一到宁母，就主动找到齐桓公，要求汇报思想。

"郑国之所以背叛齐国，是因为大夫泄氏、孔氏、子人氏三族把持政局所致。如果君侯您替郑国除掉这几个人，我保证郑国将像齐国的内臣一样听命于您。这对您来说，可是有百利而无一害的呀。"

这几句话绝不是郑文公要大子华说的。

大子华为什么会这么奴颜婢膝地讨好齐桓公呢？《左传》没有记载，但《史记》上说，郑文公"有三夫人，宠子五人"。以此推测，大概是与大子华在郑国的大子地位受到威胁有关。

显然，他希望借助齐桓公的力量来达到稳定自己地位的目的。

回顾郑国的历史，郑庄公天下奸雄，纵横河洛；郑厉公桀骜不驯，狭处求生；郑文公有如墙头草，风吹两面倒；到了大子华，为了讨好强权势力，不惜吃里爬外，陷害自己的大臣。用九斤老太的话说，真是一代不如一代啊。

齐桓公敏锐地意识到，这是一个在郑国内部扶持自己代理人的绝好机会，便想答应大子华的请求。

事情给管仲知道了，当即表示反对，他对齐桓公说：“您本来是以礼义诚信对待诸侯，到头来却又以奸佞欺诈告终，始善终乱，恐怕不太好吧？父子无欺，乃人之常伦，叫作礼义；恪守君命，是为臣的根本，叫作诚信。现在郑大子华跑到您这里来挑拨离间，对不起自己的父亲，也没有尽到为臣的责任，还有比这更离谱的事吗？”

齐桓公只想着稳定自己的霸主地位，争辩道：“我们率领诸侯讨伐郑国，一直不得其门而入，现在郑国内部有矛盾，正好让我们钻空子，有什么不好？”

“好是好，可您得想想，在郑国这件事上，我们如果以德服人，义正词严地对其背叛行为进行批评，郑伯若死不悔改，我们再去讨伐他，可谓名正言顺。但倘若中了大子华的圈套，他反倒理直气壮了，还指望他怕我们？我们把诸侯叫到一起来，目的是加强国际合作，提升齐国的威望，如果与大子华为伍，各国的史官会怎么记载这件事？后人会怎么说我们？您最好不要听信大子华的小人之言，这个人身为郑国的大子，却想借重外国势力来砍自己的手脚，必定没有好下场。再说了，郑国有叔詹、堵叔、师叔这样的良臣主政，我们就是想离间，也离间不了。”

管仲虽然没有直接批评齐桓公，但是在这番话里，很明显听得出他对齐桓公的提醒：“做人要厚道！”

齐桓公顺从了管仲的意见，拒绝了大子华的“好意”。

这事传到郑文公的耳朵里，引起了两个直接后果：一是他从此不再信任大子华，同时也为九年之后他杀死大子华埋下了伏笔；二是他立刻派人跑到齐桓公那里认错，请求重新回到齐桓公领导下的国际大家庭。

新郑城头的这棵墙头草，这次总算找着了北。

同年冬天，齐桓公收获了首止之会的政治成果：周惠王驾崩了。大子郑即位为王，就是历史上的周襄王。由于在当大子的时候，险些被弟弟王子带取而代之，给周襄王的心理留下不可磨灭的阴影。直到即位当了天子，周襄王仍然对自己能不能平安接班表示怀疑。想到齐桓公对自己的照顾，同时也是考虑到齐桓公的实力，他走了一步很稳妥的棋：先不给周惠王正式发丧，而是派使者到齐国，把这个消息告诉了齐桓公，请他来主持公道。

这事齐桓公当然乐意干。第二年春天，他再一次发出会盟令，在曹国的洮地举行诸侯大会，并请周襄王派人参加。会议的主题是：团结在以天子为核心的王室周围，促进中原各国的合作与发展。

郑文公这次可积极了，虽然与会代表的名单上没有他，他还是主动跑到洮地去找齐桓公，要求列席会议。对此，鲁国的史官很不屑地记载："郑伯乞盟。"

有了洮地会盟的成果，周襄王终于挺起了腰杆，正式向各国发布了周惠王的死讯。

公元前651年夏天，齐桓公召集诸侯在葵丘会盟，周襄王派宰孔参加会议，并赐给齐桓公祭肉。前面说过，异姓诸侯分得王室的祭肉，是很高规格的礼遇。只不过在此之前，楚成王已经捷足先登，在周惠王那里获得过祭肉，使得齐桓公这次接受祭肉，有些黯然失色了。但是齐桓公还得装作十分感动的样子，颤颤巍巍就要下拜。宰孔说："别慌！天子还有交代，伯舅（天子称齐桓公为伯舅）年纪这么大，还为了王室事务操劳，赐加待遇一级，不用下拜。"齐桓公十分感动，泪流满面地说："天子威严的面容好像就在眼前，小白哪里敢不下拜呢？"于是在堂下下拜，再登堂接受祭肉。

这次大会足足开了两个月。到了秋天，终于形成了纲领性文件，也就是葵丘盟约。据《孟子》记载，葵丘盟约主要有五条内容：

第一条，不得废除已立的大子，不得立妾为妻，严惩不孝之子；

第二条，尊重人才，加强教育，弘扬美德；

第三条，尊老爱幼，不得怠慢各国之间往来的使节和旅人；

第四条，不得独断专行，杀戮大夫；

第五条，不得筑堤拦水，妨害下游国家；不得阻碍诸侯国之间的粮食流通；不得私自分封土地，而不告知各国。

这些条款已经颇具现代国际公约的味道了。

各国除了签订葵丘盟约，还发表了葵丘宣言："凡我同盟之人，盟誓之后，言归于好。"

葵丘会盟是齐桓公霸业成功的标志性事件，也可以说是齐桓公一生辉煌的顶点。

然而，就在一片歌功颂德的欢呼声中，也出现了不和谐的声音。晋献公本来也打算前来参加大会，在路上遇到了提前回国的王室代表宰孔。宰孔听说他要去赴会，撇撇嘴说："有什么好去的？齐侯这个人根本就不注重加强品德修养，就喜欢动刀动枪，一下子攻打山戎，一下子又攻打楚国，尽做些得罪人的事。您哪，还是回您的晋国去，处理好自己的家务事，不要跑来跑去，瞎掺和。"

晋献公听了他这番不负责任的话，半路开溜回晋国去了。

晋惠公是个大忽悠

晋献公听了宰孔的话，没有参加葵丘之会，中途回去了。但他始终有些惴惴不安，再加上本来就有病，回国不久，便卧床不起，于当年冬天去世了。

去世前，晋献公把大夫荀息召进宫，向他表达了"托孤"的愿望。

自从公元前656年大子申生遭陷害自杀，公子重耳、夷吾相继逃亡，骊姬的儿子奚奇便毫无悬念地成为了晋国的大子。而荀息是奚奇的师傅，用后世流行的话来说，也就是“太傅”或者“太子太保”吧。

这一年奚奇才十一岁，还是个懵懵懂懂的孩子。君将老而大子尚幼，在那个年代是一件很危险的事。年幼的大子一旦即位为君，很快便会成为各种政治势力争权夺利的牺牲品，不但守不住君位，而且很难保全性命。当年鲁庄公将大子般委托给季友这样持重可靠的人照顾，尚且被庆父钻了空子，便是典型的案例。

毫不夸张地讲，将一个未成年人推上君主的宝座，好比让他坐上电刑椅，通电只在朝夕之间。

相对明智的君主会选择让自己的兄弟或年龄比较大的儿子即位，同时约定，等年幼的大子长大成人之后，再将君位还给他。就像前面提到过的，宋宣公临死的时候，大子与夷年龄尚幼，他便将君位传给弟弟和，也就是宋穆公，并将与夷交给宋穆公照顾；等到宋穆公将死，果然如约将君位传回给与夷，而且主动安排自己的儿子公子冯出居郑国，以避免出现继承权纠纷。这在当年是为人称道的成功案例。

但是，在晋献公家里，这种安排肯定不能获得通过。想想看，骊姬处心积虑将申生、重耳、夷吾这些眼中钉拔去，为的就是有朝一日让自己的儿子奚奇坐上这把尊贵的电刑椅，当这一天终于来临的时候，她怎么可能让别人捷足先登呢？

当时晋献公躺在病榻上，握着荀息的手，问了一个很实在的问题：“我将奚奇这个幼稚的孩子托付给您，大夫您将如何对待他？”

荀息稽首而对：“臣将竭尽全力，为大子奉献自己的忠贞。如果能够济事，是主公您在天之灵保佑；如果无济于事，臣将以死相谢。”

这样的回答听起来让人感觉有点怪。尤其是听到荀息说出个“死”

字，站在一旁的骊姬心里猛地跳了一下。

“什么样的忠贞呢？”晋献公又问道。

“但凡对公室有利的事情，臣只要得知，都会尽心去做，就是忠；恭送逝去的主公，服侍现今的君主，均无猜疑，就是贞。”

晋国进攻虢国的时候，荀息的计谋起到了关键作用。现在看来，随着年纪的增长，荀息的脑袋瓜有点进水了。保护奚奇，需要的不是忠贞，而是权谋。

听了荀息的回答，晋献公沉默了片刻，突然又若有所思地问：“重耳和夷吾怎么样了？”

荀息愣了一下，回答说：“两位公子现在国外，想必都过得还好。”他心里暗自感叹，到底是父子情深，弥留之际，还是想到了这两个儿子。

晋献公听了，点点头，又摇摇头，还想再说点什么，却已经说不出话了。

荀息没有领会晋献公的意思，骊姬在一旁却领会了：晋献公死后，能够给奚奇造成最大威胁的，就是远在国外的重耳和夷吾啊。

晋献公担心的事情比预想中来得还快。他的遗体还停在灵堂里，大夫里克、丕郑就开始谋划迎立公子重耳回国为君的事了。他们找到荀息说：“骊姬为祸公室，陷害已故大子申生，逼迫公子重耳和夷吾流亡国外，众臣早就有看法。现在拥戴三位公子的人将要有所行动，而且有秦国作为外援，您打算怎么办？”

看到他们这样明目张胆地策划政变，荀息心里隐隐感到一丝悲凉，他木然地说：“那我只有以死保护幼主了。”

里克说：“您这又是何苦呢？就算您拼死抵抗，也于事无补，请您顺应天理民心，不要做傻事。”

荀息叹道：“我既然答应先君以死护卫幼主，就不会对他三心二意，二位有什么办法让我既履行自己的诺言，又保全自己的性命吗？我也知道公子重耳回国是民心所向，就算我死了，也阻挡不了大势所趋，但我又如何能逃避这件事呢？你们都是有原则的人，品德不比我差。你们长久以来忍辱负重，不肯背叛三位公子，我怎么能够背叛幼主？”

从荀息这番话来看，他早知道辅佐奚奇是一件吃力不讨好的事。但他既然接受了晋献公的嘱托，就必须遵照自己的诺言尽心尽力保护奚奇。当时他在晋献公面前说“以死相谢”的时候，心里面想必已经知道这一结果了吧。

一个月之后，里克派人在晋献公的灵堂将守孝的奚奇杀死。同在灵堂的骊姬眼睁睁地看着这一幕发生，她想替奚奇挡过那一剑，可是腿还没迈开来，过度的惊吓已经使得她晕厥过去。

等她醒过来的时候，只看见闻讯赶来的荀息伏在奚奇的尸体上大哭。当年她处心积虑陷害大子申生，所得到的结果就是这样的。她没有想到，在某些时候，卑鄙也会成为卑鄙者的墓志铭。用《红楼梦》里的一句诗来形容她也许很合适：“机关算尽太聪明，反算了卿卿性命……”

荀息跪在地上哭了一阵，拔出随身所佩之剑便欲自杀，被旁边的人死死拉住。这时骊姬也回过神来了，她神色凛然地走到荀息跟前，说：“您不能死。”

白发苍苍的荀息老泪纵横，不知所措地看着眼前这位美丽的女人。

“奚奇虽死，但我们还有卓子，请您奉卓子为君。”

前面说过，骊姬为晋献公生了奚奇，而她的妹妹为晋献公生了卓子。如果立卓子为君的话，骊姬不但从感情上能够接受，在实际操作上也便于控制。但是她至今没有醒悟过来，这样做的后果只是又将一个九岁的小孩推上了电刑椅。

荀息听从了骊姬的建议，立卓子为君，并抓紧时间为晋献公举行了葬礼，好尽快为卓子举办即位仪式。

仅仅在一个月之后，历史重演，里克公然在朝中刺杀了卓子。

这次荀息甚至来不及自杀。他挺身而出，与凶手搏斗，也被刺死在朝堂之上。

《左传》评价荀息，借用了这样的诗句："白玉之玷，尚可磨也；其言之玷，不可为也（白玉如果有瑕，还可以磨去；人言如果有瑕，就没办法了）。"后世有人认为，这是在说荀息不能及时劝阻里克、丕郑的行为，没有尽到自己的责任。也有人认为，这是说荀息在接受托孤的时候，就已经知道晋国人怀念申生和重耳，奚奇如果当上国君，必死无疑，但他没有及时劝谏晋献公让重耳回国来主政，而是唯唯诺诺地接受了托孤，没有尽到进言的义务，结果导致奚奇和卓子的相继死亡，责任重大。

我比较倾向于后一种意见。

和当年齐国人杀死公孙无知导致的结果一样，里克杀死奚奇和卓子造成了晋国的权力真空，晋国朝野都盼望一个有能力的君主来主持大局，以结束混乱的政治局面。流亡在外的两位公子，重耳和夷吾成为大伙关注的焦点。

关于重耳和夷吾，这里有一个故事可以看出他们之间的区别。

当年晋献公听了二五的谗言，令重耳和夷吾分别镇守蒲城与屈城，又派大司空士蔿为他们分别加高蒲城与屈城的城墙。士蔿监工不力，工人偷懒把柴火棍子塞到泥巴里，工作是很快就完成了，但是城墙筑得一点也不牢靠。重耳对此不以为意，而夷吾却抓着这件事大做文章，并且告到晋献公那里。

晋献公于是命夷吾去责问士蔿，士蔿慢慢地站起来，昂首阔立，像是自言自语道："我听说，没有丧事而悲伤，忧患必定因悲伤而生；没有战争而筑城，必定为内乱创造条件。现在国家太平，没有战乱，无缘无故加筑城墙，难道是守城将领有逆反之心，故以此防范国君的讨伐？所以，我如果认认真真完成任务，是对国君不忠；放任工人们弄虚作假吧，则是对国君的命令不敬，事情实在很难办啊！"这一番话使得夷吾哑口无言。从夷吾那里出来，士蔿摇着头作了一首诗："一国三公，吾谁是从（一个国家有三个主人，真是让人无所适从啊）？"

后来骊姬陷害大子申生，祸及重耳与夷吾。晋献公派寺人披（宦官，名叫披）带领军队讨伐重耳所在的蒲城，重耳对手下人说："君父的命令不可抗，谁敢抵抗就是我的仇人。"寺人披冲到重耳的宅子里去抓他，重耳翻墙而逃。寺人披追到墙边，一伸手只抓着了重耳的衣袖。重耳情急之下挥剑就砍，正好将衣袖斩断，因此挣脱，逃到翟国去避难。

第二年春天，晋献公又派贾华讨伐夷吾所在的屈城，夷吾本来想动员部队抵抗，然而由于屈城修得不牢固，无险可守，只好作罢（可见士蔿预见之准）。他也想逃到翟国，亲随郤（xì）芮说："您和重耳公子一前一后出逃，如果去同一个地方，人家会说你们早有预谋。不如去梁国，梁国和秦国的关系很好，而且申生的姐姐穆姬在秦国，好歹对您有个照应。"夷吾便逃到梁国去了。

这些事情，在当时的人们看来，反映了重耳心地仁厚，知礼守法，而夷吾为人刻薄，目无君父。所以，当晋国出现权力真空时，朝野之间对重耳回国的呼声之高，远远超过了夷吾。

里克等人杀死卓子后，第一个想到的也是重耳。他们派人去翟国找他，希望他回国为君。没想到，重耳却推辞说："当年我逃避父亲的责备而逃亡，已经是有罪之人；父亲死后又不能亲自为他送葬，更是罪上加罪。我哪里还敢指望回到晋国去，请各位考虑其他人选！”坚决拒绝了邀请。

重耳的这番话使得人们越发敬重他。

仔细分析起来，重耳这样说，确实也体现了他为人仁厚的一面，但更主要的原因是：在当时那种情况下，如果他贸然回到晋国去争夺君位，很容易被人怀疑他与里克等人是同党。那么，里克杀奚奇、卓子二君的事情，他也有参与的嫌疑。这个黑锅重耳是不愿意背的。更何况，当时晋国的政局并不稳定，形势不明朗，匆匆卷入的话，很难说会有什么变数，重耳留在国外静观其变，也不失为稳妥之策。

相对于重耳的持重，夷吾则显得急不可耐。他听到晋国国内生变的消息，立刻打点行装，准备结束流亡生涯，回到晋国去争夺君位。

追随着他一起跑到梁国的吕省和郤芮一把拉住了急匆匆想要孤身直入的夷吾，说：“国内政局不稳，咱们不如借助于齐国、秦国的力量，恃强而入，方可万无一失。”

夷吾想了想，觉得很有道理，于是派郤芮前往秦国，请秦穆公派兵相助。

前面说过，晋献公和齐姜生了一儿一女，儿子就是申生，女儿嫁到了秦国，成为秦穆公夫人。按照这个关系，秦穆公是夷吾的姐夫。

姐夫帮助小舅子，本来也是理所当然的事。但是秦穆公的小舅子很多，为什么要特别帮助夷吾呢？他顿了顿，抛出一个问题：“晋国群臣中，夷吾公子可以依赖谁？”这句话说白了，是想了解夷吾在晋国国内的支持度有多高。

郤芮的回答很巧妙：“我听说，在外流亡的人，最好不要拉帮结派，暗中勾结国内的大臣。不拉帮结派，自然也不会得罪什么人，易出易入。夷吾公子这个人，自小不喜欢搬弄是非，不惹事，但也不怕事，做事有礼有节，长大之后也是这样。所以您若是问我，有谁在晋国暗中支持夷吾公子，我只能回答您，一个也没有。”

事实是不是如此呢？是，也不是。

前面说过，夷吾为人刻薄，喜欢抓着人家一点毛病就大做文章，因而在晋国国内没有几个人真正喜欢他，说他不拉帮结派，是因为没人跟他拉帮结派。但是，当他得知里克等人杀死奚奇和卓子的消息后，立刻派人回到国内，和里克接上了头，并且许诺：如果里克帮助他登上君位，他就将汾邑封给里克。这样的事都做了，怎么能说他没有拉帮结派呢？

郤芮回去后，秦穆公若有所思一边敲着指头一边跟大夫公孙枝商量：“你觉得夷吾有希望吗？”

公孙枝说：“郤芮这番话说得冠冕堂皇，但是透露了夷吾这个人嫉妒心强，又争强好胜。他即使回到晋国，恐怕也稳定不了局势。与其扶持夷吾，不如扶持重耳。”

秦穆公继续敲着指头，说：“这点我明白。夷吾为人气量狭小，如果当上国君，晋国群臣必然不服，就算他争强好胜，又如何胜？”他手上动作停顿了一下，“但是对于我秦国来说，这是一件好事。”

秦穆公的意图很明确，晋国和秦国毕竟是两个国家，相互之间存在竞争关系，晋的君主如果不得人心，对秦国肯定是有利的。所以，站在秦国的立场上，与其立重耳，不如立夷吾。

于是秦穆公把郤芮又叫过来，直接问他：“如果我帮助夷吾回国即位，如何？”这就是在谈条件了。亲兄弟尚且要明算账，郎舅之间自然要先把事情说清楚。

没想到，郤芮很大方，一开口就是：“夷吾公子说了，如果您帮助他当上晋国的国君，则晋国在河外的土地全部归贵国所有。”晋国在河外的土地共有城池五座，东至虢国的边界，南至华山，西至解梁城，总之是一片大大的疆土。夷吾这家伙，完全是拿地皮砸人嘛！

郤芮这么一说，秦穆公高兴得合不拢嘴，也不讨价还价了，立刻答应派兵护送夷吾回国。

其实，夷吾在和郤芮商量的时候，对于郤芮开出的这个价码也是很吃惊，觉得将国家的地皮这样拱手让人，未免也太对不起列祖列宗了。但是郤芮用一句话说服了他：“假如您得不到晋国，这土地都不是您的，有什么好爱惜的？假如您得到晋国，则全晋国的人民都听命于您，还怕没有土地吗？”郤芮这话，后半句说得很对，前半句说得很混账。

公元前651年，在秦穆公的大力撮合下，齐桓公派大夫隰（xí）朋率领部队与秦军会合，护送夷吾回国。第二年四月，周天子派宰孔和王子党前往晋国，与齐、秦两国一道，正式确立夷吾为晋国国君，也就是历史上的晋惠公。

内有里克支持，外有齐、秦相助，还有周天子的首肯，夷吾这次回国即位，可以说是稳稳当当，万无一失了。

事实上，晋惠公这个人除了为人刻薄、善于嫉妒、争强好胜，还有两个大大的毛病，就是言而无信，过河拆桥。这些毛病，在他当上国君之后统统暴露出来了。

晋惠公回国的前夕，他的姐姐秦穆公夫人交给他两个任务：一是好好照顾小妈贾君（晋献公的小妾），二是将流落到各国的曲沃“桓、庄之族”召回晋国来，消除恩怨，好好过日子。这两个要求合情合理，而且也不难办到，第二个要求更是有利于晋国团结的好事。当时晋惠公答应得好好的，一回到晋国便将姐姐的任务执行得走了样：“桓、庄之族”

仍然在国外过着朝不保夕的流亡生活，他不闻不问，根本没有想过召他们回国来过日子；贾君他倒是照顾得很好，只是好得过了头——照顾到床上去了。

当然，这两件事怎么说也是晋惠公家里的私事，他爱咋整就咋整。秦穆公夫人虽然有意见，也只能在嘴上骂两句。但是，她老公秦穆公也对晋惠公很有意见，性质就变了。

秦穆公对晋惠公的意见很简单：晋惠公回国之后，没有兑现河外土地的诺言。

晋惠公派大夫丕郑为使者，前往秦国赖账。丕郑向秦穆公转述了晋惠公的原话：“原来我夷吾确实许诺要给贵国河外土地。现在托贵国的福，我已经被立为晋国国君了，本来应该立刻兑现这一诺言，但是诸位大臣表示反对，说土地都是国家的，君主逃亡在外，怎么能够擅自许给秦国呢？我据理力争，但就是通不过，众怒难犯哪，所以只能请求贵国先将这事缓一缓，过些日子再说。”

平心而论，晋惠公这番话说得也有一些道理。如果将国家比作公司的话，公司法定代表人在其任职之前是不能代表公司对外作任何承诺的。但是，既然没有权力承诺，又要对人家承诺，那就是很恶劣的开空头支票的行为了。

可以想象，当秦穆公发现自己收到的是一张巨额空头支票时，表情有多么愤怒。

丕郑一看势头不对，连忙说：“这可不关我的事！”

“不关你的事，那关谁的事？”

“咳，那都是因为吕甥、郤称、冀芮三位大夫极力反对，敝国才不能将河外土地划给贵国。”丕郑瞄了秦穆公一眼，低头接着说了一句很让秦国人吃惊的话：“如果您派人持厚礼回访晋国，请这三个人到秦国来做客，而我趁机将夷吾赶出去，您则扶立公子重耳回晋国为君，岂不快哉？”

秦穆公看看丕郑，又看了看自己左右的大臣，突然一阵大笑：“夷吾这小子，回国才几天，就有人想拱他下台了，公孙枝所言不差啊！”于是和丕郑达成秘密协议，商定于冬天对晋惠公动手。

丕郑还没回国，就听到国内传来一个震惊的消息：晋惠公把迎驾有功之臣里克给杀了。

据说晋惠公在杀里克之前，曾派人给里克传话说：“如果没有你，我也不会坐在这君位之上，我本来应该感谢你。但是，你杀了两位国君（奚奇和卓子）和一位大夫（荀息），天下人都视你为弑君之贼，作为你的主公，你不觉得我很难做吗？”

言下之意，如果我还保护你，天下人岂不视我为你的同党，说我与你合谋篡位？

里克的回答也是毫不客气：“没有我杀掉奚奇、卓子，您又怎么能当上晋国国君？欲加之罪，何患无辞？”里克很识相，当场拔剑自刎。

里克心里很明白，晋惠公要杀他的真正原因，不在于怕天下人怀疑，而在于他曾经派人跑到翟国去迎接公子重耳。晋惠公担心里克等人（当然也包括丕郑）仍然和重耳有勾结，怕自己有朝一日会被他们赶下台去，由重耳取而代之。

从丕郑在秦国的表现来看，晋惠公的这种担心并非完全多余。

当然，晋惠公杀里克还有一个重要的原因：他曾经答应给里克的汾邑封地，这么一来又可以不用兑现了。对于他来说，赖账简直就是一种乐趣。

同年秋天，晋惠公为了笼络民心，改葬已故的大子申生。曾经担任申生的戎车驾驶员的狐突被派到申生曾经居住的曲沃去主持祭祀活动。

在曲沃，狐突做了一个奇怪的梦，梦见自己再一次为申生驾车，申生站在他身后，对他说："夷吾这家伙好无礼，我已经请求天帝，要把晋国交给秦国统治，秦国人将祭祀我。"狐突吓了一跳，连忙说："我听说，神明不会接受异族人的祭祀，而人民也不会祭祀异族的祖先，您这样做，不是自绝香火吗？况且，就算夷吾有罪，晋国的百姓也不应该受牵连，请您三思而后行！"梦里的申生还算通情达理，说："唔，那好，我再向天帝请示一次，七日之后到曲沃城西找我，我将在一个巫师身上显灵。"

狐突一觉醒来，吓出了一身大汗。

晋惠公改葬申生，本来应该是一件讨好申生的事，这马屁怎么会拍到马蹄子上了呢？《左传》没有解释，但是《国语·晋语》里有一段记载，说晋国改葬申生，申生的尸体早已经腐烂，臭不可闻，晋国的百姓不由得感叹：真是好人没好报啊，要不然的话，他的尸体怎么会那么臭呢？两件事联系起来看，申生大概是因为被别人看到了自己腐烂的尸体而非常恼火吧。

过了七天，狐突如约而往，果然在曲沃城西见到了申生附身的巫师。申生告诉他："天帝已经改变主意，允许我只惩罚夷吾一个人了，将在韩地打败他。"

晋惠公因为改葬申生而得罪其鬼魂，也真够倒霉的。

同年冬天，秦国的使者果然带着丰厚的礼物来到晋国回访了，并且指名邀请吕甥、郤称、冀芮三位大夫到秦国去访问，以促进两国之间的合作与交流。

郤芮老谋深算，一眼就看出了秦国人此来的目的。他对晋惠公说："秦国人此来，不但不提土地的事，而且带着重礼，尽说些好话，肯定有阴谋。”俗话也说了，无事献殷勤，非奸即盗嘛。

他派人跟踪秦国使者在晋国的行踪，顺藤摸瓜，很快发现丕郑等人与秦国使者来往甚密。于是禀报晋惠公，将丕郑、祁举以及与他们有牵连的晋国下军的七位将领共华、贾华、叔坚、骓颛（zhuī zhuān）、累虎、特宫、山祁全部抓起来杀掉。

丕郑的儿子丕豹逃亡到秦国，恨恨地对秦穆公说：“晋侯对外背叛秦国这样的大国，对内忌恨对他有意见的人，百姓们都不拥护他。如果现在讨伐他，他一定会被赶出去。”

秦穆公倒是很理智，他对丕豹说：“小伙子，你就别忽悠我这个大叔了，晋侯如果不受拥护，怎么可能一下子杀那么多大臣；如果大臣都趋利避害，逃到国外，又有谁能够将他赶下台呢？”

站在晋国人的立场上，晋惠公纵有千般不是，但是不将河外土地划给秦国，惩罚吃里爬外的丕郑之党，无论如何不算是错事。晋惠公可能在其他事情上得不到拥护，但在关系到晋国的切身利益的事情上，他只要站对了边，群众自能作出正确判断。

晋惠公杀了里克和丕郑等人，还特意派使者到周王室通报这一事件。这样做的目的是显而易见的，就是想告诉全天下人，里克杀奚奇和卓子，与他夷吾没有一点关系。

公元前649年春天，周天子派召武公、内史过两位大臣来到绛都，为晋惠公举行了隆重的策命仪式。

按照周礼，诸侯即位，必须得到天子的首肯，举行策命仪式之后，方可正式使用诸侯的服装仪仗。但是，周平王东迁以来，天子策命诸侯的记录可谓凤毛麟角，那是因为“礼崩乐坏”，诸侯们都没有把天子放在眼里，谁也不会跑去雒邑向天子汇报即位的事。在这种情况下，天子也不会自讨没趣，主动要求策命诸侯。所以，这次在晋国举行策命仪式，可以肯定是晋惠公主动请求天子举办的，目的只有一个：进一步强化政权的合法性。

晋惠公上台以来，杀里克、诛丕郑、改葬申生、受天子策命，隐隐约约都暴露了其心里最大的担忧：晋国朝野之间对公子重耳的期盼，并没有随着他的上台而改变，反而似乎越来越强烈了。

值得一提的是，晋惠公主动要求举办策命仪式，再一次把马屁拍到了马蹄子上。史内过回到雒邑之后，气呼呼地对周天子说："晋侯这家伙大概会断子绝孙吧。他在接受策命的时候，神态慵懒，没有一点诚敬之意，自己先自暴自弃了，怎么还能指望千秋万代，长期统治晋国？"

秦晋交恶，老好人也有底线

也许是晋惠公的行为真的得罪了神明，在他上台的第四年，也就是公元前647年的冬天，晋国发生了饥荒。

国无粮则不稳。民间的不满情绪如同水中的波纹，朝着四面八方荡漾开去。不久，晋惠公在自己的宫中也感受到了这次饥荒带来的威胁。他召集群臣开会，讨论救灾的事情。

会议研究的结果，是决定向秦国购买粮食，以度过难关。当然，大伙儿对秦国会不会同意将粮食卖给晋国，都心存疑虑。理由很简单：河外土地的许诺至今没有兑现，秦国完全可能以此为由，对晋国的要求置之不理，甚至奚落晋国使者一番。

但不管怎么样，面子事小，饿死事大，晋国的使者还是厚着脸皮来到了秦国的首都雍城。

秦穆公也召集群臣开了一个会，讨论到底要不要向晋国输出粮食。

出人意料的是，秦国的几位主要大臣都赞成向晋国输出粮食。

大夫公孙枝说：“我们帮助晋侯回国当上国君，已经是有恩于晋国；这次如果答应把粮食卖给他们，就又一次救了晋国。晋国想必会知恩图报，对于我们秦国来说，也没有什么损失。”

秦穆公苦笑：“晋侯如果知恩图报，河外五城也不会至今还在晋国手上。”

公孙枝还是很乐观：“晋侯如果再一次知恩不报，晋国的老百姓也会背弃他，到时再去讨伐他，他必败无疑。”

秦穆公又问大夫百里奚的意见。百里奚说：“天灾流行，哪个国家都不免会遇上。救济灾民，安抚邻国，是有道的行为。行有道之事，将给国家带来福气。”

公孙枝和百里奚的意见虽然殊途同归，但很显然，百里奚的境界要高那么一点。

秦穆公听了两位大夫的话，下定决心要将粮食卖给晋国。这时流亡在秦国的丕豹找到秦穆公说：“这可是讨伐晋国、驱逐夷吾的大好机会啊，您可千万不能错过！”

老实说，丕豹的这个建议虽然有趁火打劫之嫌，但是考虑到晋惠公的所作所为，秦穆公即使要这么做，也不会有谁指责他。秦穆公没有采纳丕豹的建议，而是说了一句让丕豹感到很惭愧的话：“其君是恶，其民何罪？”

这句话的意思是：就算晋侯确实是个坏人，可晋国人民没有什么过错吧？

丕豹满脸通红，唯唯而退。

秦穆公和他手下管理团队的思想境界，委实不是晋惠公之流能够企及的。

秦国组织大批人力物力，将粮食运到晋国。自雍城至绛都，从黄河至汾河，运输粮食的队伍络绎不绝，史称“泛舟之役”。

秦穆公以其非凡的气度，为秦国赢得了晋国和国际社会的广泛尊重。他那一句“其君是恶，其民何罪”，令后世之人无限景仰。甚至有人评论说：造就秦国帝业者，是秦穆公；灭亡秦国帝业者，是秦始皇。

也就是说，造就帝业从来不是靠文韬武略，而是靠一颗仁爱之心。

很不幸被百里奚的乌鸦嘴言中，仅仅过了一年，公元前646年的冬天，秦国也开始闹饥荒。秦穆公派人到晋国，要求向晋国购买粮食。

在秦国人看来，这是一桩有来有往的买卖，应该没有任何悬念。没想到，晋惠公在秦国使者递上的国书上签了两个字：“不卖！”

晋惠公这个人，实在很难用人类的感情来揣测他。

大夫庆郑看不下去了，批评晋惠公说：“秦国多次施恩于我国，如果背弃秦国的恩德，恐怕人心离散，那就是不亲；幸灾乐祸，就是不仁；贪小便宜，乃是不祥；惹恼邻国，叫作不义。亲、仁、祥、义四德俱失，您拿什么守护国家呀？”

晋惠公的舅舅虢射听了，不阴不阳地说了一句：“皮之不存，毛将安附？”虢射这句话的意思，当年欠了秦国五座城池还没有给呢（皮），现在就算卖给秦国人粮食（毛），不过等于不给皮而光给毛，一样于事无补嘛。

按照虢射的逻辑，一个人如果伤害了另一个人，干脆就不要做任何补救，最好的办法是继续伤害下去。晋惠公有这样神志不清的舅舅，多少让人明白了他为什么会这样没心没肺——原来是遗传使然。

如果遇到这样的人，我便立刻闭嘴。但是庆郑这个书呆子不死心，反驳虢射说：“如此背信弃义，以后我们有患难时还有谁会来援助我们？没有信义，灾难就会找上门来；没有援助，就只有灭亡。世事就是如此啊。”

虢射冷冷地说：“卖给他们粮食，也不一定能消除他们对我们的怨恨，反而帮助了敌人，还不如不给。”这句话说明，刻薄的人总是认为全世界的人都和他一样刻薄，和他一样不容易受到感动。

庆郑说：“以怨报德，幸灾乐祸，人民都要唾弃，眼前就有人会仇视你，哪里用得着敌人来怨恨你！”

庆郑的话说得很有道理，但是晋惠公听不进，最终没有答应把粮食卖给秦国人。

人与人之间，为什么会有这么大的不同呢?

晋惠公一而再、再而三地背信弃义，终于惹恼了秦穆公，确切地说，惹恼了全体秦国人民。公元前645年，秦国大军自雍城出发，讨伐晋国。

从当时的国力对比来看，秦国弱于晋国。但是，再弱的国家也有尊严，不容别人用对待三岁小孩的手段反复欺骗。秦军将士充满了昂扬的斗志，发誓要好好教训一下背信弃义的晋国人。

出发之前，秦穆公命卜徒父为这次出征算卦，得了个“吉”字。消息传开，秦军的士气进一步飙升，求战的情绪弥漫了整支部队。

面对秦国的入侵，晋惠公也尽起上、下二军前来迎战，准备御敌于国门之外。两军在黄河边上摆开阵势，一场大战即将开幕。

这时发生了一件很不可思议的事情：晋惠公的戎车突然散了架，原本威风凛凛站在戎车上准备擂鼓进攻的晋惠公连同他的驾驶员、护卫都跌到了地上，被摔得狼狈不堪。

晋军士气大受影响，主动向后撤退，避开秦军的锋芒。

秦穆公也觉得很是奇怪，问卜徒父是怎么回事。卜徒父从容自若回答说："这是大吉大利的征兆啊。根据算卦的结果，我军将大败晋军三次，然后俘获晋侯。"秦军于是继续推进，果然又打了三次胜仗，抵达晋国的韩地。

韩，又被称为韩原，是离绛都不远的一个地方，晋国军队在此集结，准备与秦军进行决战。晋惠公现在有点紧张了，他问庆郑："敌人已经深入我国了，怎么办？"

庆郑摊开双手："那是您要他们深入的啊，能怎么办？"

晋惠公大为恼怒。其实与秦军开战之前，他也组织了一次占卜活动。从《左传》的记载来看，这次占卜可谓是细之又细，连晋惠公的戎车该派谁担任护卫这样的事都占到了，结果是让庆郑来担任戎车护卫最吉利。

晋惠公皱着眉头，一甩手说："我才不要这个放肆的家伙担任我的护卫。"于是命步扬驾车，家仆徒为护卫，并且用郑国赠送的小驷（马名）拉车。

庆郑对此也不生气，反而劝告晋惠公说："自古以来，但凡有战争，一定要用本地的马匹驾车，因为这些马土生土长，熟悉地形，又能够领会主人的意思，服从指挥，使用起来才得心应手。您现在用外国出产的马，搞不好因害怕而生变故。万一这些马步伐混乱，不听从指挥，恐怕想进不能进，想退不能退，无法周旋，后悔都来不及。"

庆郑这个人说话总是很有道理，可也确实有点啰嗦。晋惠公本来就讨厌他，现在就更不耐烦了："千金难买我乐意，你管得着吗？"

这一年的九月，晋惠公率领的晋国大军终于与秦军在韩原展开了一场轰轰烈烈的大会战。

开战之前，晋惠公命令韩简去侦察秦军。韩简回报说："秦军人数少于我军，然而士气高出我军一倍。"

晋惠公很吃惊地问："为什么啊？"

韩简心里想，你是真不知道还是假不知道？于是干脆地回答："您出逃梁国，受到了秦国的照顾；回到晋国，也是因为秦国的帮助；遇到饥荒，吃的又是秦国的粮食。秦国三次有恩于您，却没有收到任何回报，所以前来讨伐。现在双方交战，我军将士也觉得理亏，士气低落；而秦军正处于亢奋状态，斗志昂扬，恐怕还不止高出我军一倍。"

晋惠公反而一拍拳头说："士尚且不可侮辱，何况是一个国家？"他根本没有把韩简的话听进去，也不去反思自己做错了什么，到这个时候，居然还认为是秦国人侮辱了晋国，用这么一句话来给自己打气。

世界上就有这么一种人，他做任何伤天害理的事情，都能给自己一个合理的解释，不会有任何内疚感；而对于别人做的事情，不管好坏，不管有没有理由，他都能抓到辫子去数落一通。

晋惠公就是这种人的代表。

晋惠公派韩简给秦穆公送去一封战书，战书上厚颜无耻地说："夷吾我没有什么才能，只是能团结晋国的人民，不使其离散罢了。您若是再不回秦国去，恐怕就回不去了。"

秦穆公在战书上回道："您没有回到晋国的时候，我倒是担心您回不去；回去之后未列入诸侯，我还是替您担心，怕您得不到承认；现在既然已经列好阵了，我哪敢不遵命与您一战啊？"

韩简从秦军大营出来，自言自语说："这一战，我看来是有幸成为俘虏了。"

九月十三日清晨，秦军的战车拉开进攻的序幕。这一战打得相当激烈，双方都投入了最大限度的兵力，秦穆公和晋惠公两位国君也亲自操戈上阵。韩原之上，车辚辚、马萧萧、杀声震天、泥浆飞溅、血肉横飞，双方部队犬牙交错，一时间分不出胜负。在这种场合，军队的建制完全被打乱，对双方的将士来说，前后左右都有可能是敌军，哪一方都很难组织起有效的攻击，将敌人一举击溃。

混战之中，两国国君的戎车逐渐成为双方攻击和保卫的重点。秦国士兵远远地看到晋惠公戎车上的旗帜飘扬，也不需要谁指挥，自发地向那个目标逼近。与此同时，晋国的士兵也在企图包围秦穆公的戎车。

毫无疑问，谁先杀死或俘虏对方的国君，谁就取得了胜利。

有那么一段时间，战争的天平似乎开始朝着晋惠公这方倾斜。自认为将成为战俘的韩简发挥了潜能，他以梁由靡为战车驾驶员、虢射为护卫，指挥着一支晋军的精锐部队不断突入秦军的防御圈，有好几次几乎冲到秦穆公的戎车跟前。韩简的进攻给秦军带来巨大的震撼，附近的晋军也看出了名堂，很快形成了对秦穆公的包围圈。

与此同时，晋惠公也遇到了麻烦，他的戎车马匹小驷受不了刀光剑影的惊吓，将戎车拉到一片泥泞之中，不肯再前进。失去机动力的晋惠公自然成为秦军攻击的固定靶标，越来越多的秦军士兵在向他靠拢。这当儿，庆郑一手持着战旗，一手握着长戈，站在自己的战车上，优哉游哉地从秦军身后经过。秦军把注意力都放在晋惠公身上了，即使看到了庆郑，也当作没看见，一个劲儿朝着晋惠公身边涌去。“庆郑，庆郑！”晋惠公大声叫道，“快来救我！”

听到晋惠公的呼叫，庆郑回头看了一眼，说：“您不听劝谏，宁可违背天命也不肯让我当您的护卫，不就是固执地想求败吗？现在求败得败了，还跑什么哪？”说完扬长而去。

庆郑说完这番风凉话，又有点后悔，远远地正好看见韩简，连忙叫道：“不要恋战啦，主公有难，快随我去救主公！”

韩简他们眼看就要得手了，庆郑这声呼唤使得战争的天平一下子倾斜到秦国一方。韩简放弃了进攻秦穆公，带着手下急急忙忙赶去救晋惠公。秦穆公因此躲过一劫。

等庆郑带着韩简等人赶到晋惠公那里，晋惠公已经被秦将公孙枝俘虏了。韩简十分后悔，如果不来救晋惠公，说不定已经将秦穆公俘获了，好歹也有个交换。

韩原之战的结果：秦军完胜。

在《史记》的记载中，韩原之战还有一段花絮。当韩简等人把秦穆公包围起来的时候，秦穆公一度十分危险，这时不知从哪里跳出来三百余名壮汉，冲着晋军士兵一阵乱砍，替秦穆公解了围。事后一问，这些人原来是秦国歧下的山野之人。某一年秦穆公到歧下打猎，被人偷走数匹良马，官吏前去侦查，发现原来是山里人给偷了，正围着篝火烤马肉吃呢。按照律法，偷盗国君的马匹乃是死罪，官吏向秦穆公汇报之后，建议调动军队剿灭这批山民。秦穆公说："君子不因畜生而加害于人。我听说，吃好马的肉而不喝酒，对人体有害。"于是干脆派人送了一批好酒过去给山民喝，赦免了他们的盗马之罪。后来，这些人听说秦国和晋国要打仗，偷偷地跟在秦军后面，一直跟到晋国，在关键时刻终于派上了用场。

在《论语》里，有一段记载，说孔子家的马厩着火了，孔子退朝回来，第一句话是问"伤人了吗"而"不问马"，以示对人的尊重。秦穆公在遇到类似问题的时候，也是先考虑人而不考虑马，这是秦国之所以能够强大的重要原因。

韩原之战虽然失败，晋国的大夫们却表现了值得尊重的一面。他们解开发髻，蓬头垢面地跟在秦军后面，以示不抛弃自己的主公。

这样的场景，在后世的历史中，恐怕很难见到。春秋时期的人，玩弄权谋时让人不寒而栗，表现忠义时又傻得可爱。

秦穆公派人对他们说："各位大夫过分担心了，我将你们主公带回秦国，只不过是应验了当年狐突大夫之梦罢了，不会做得太过分的。”

狐突大夫之梦，当然是指那年狐突受命祭祀申生，申生的鬼魂告诉他将在韩地打败晋惠公之事了。

晋国众大夫听秦穆公这么说，都跪在地上，三拜磕头，说：“君侯您顶天立地，所说的话有天地为证，我等晋国群臣在下风听着。”

处于下风而听人说话，自然倍感真切。这是一语双关，既表明晋国愿赌服输、甘认失败的态度；又希望秦穆公言而有信，不要食言。古人遣词造句，真是言简意深。

晋惠公于公元前651年在秦国军队的帮助下渡过黄河回到晋国，又于公元前645年在秦国军队的监护之下再次渡过黄河离开晋国，前往秦国的首都雍城。对于他来说，三十年河东太久，区区六年便已经足够。

秦穆公的夫人听到战报，既喜又忧。喜的是秦军大获全胜，忧的是晋惠公这个弟弟被秦军俘虏，命运未卜。她命人在宫中的高台上堆满了柴禾，带着两双儿女——大子罃（róng）、公子弘以及简、璧两位公主登上高台，准备引火自焚，并且派人穿着丧服去迎接秦穆公，说：“上天降灾于这世上，使得秦、晋两国不能友好相处，反而兵戎相见。如果晋侯早上被带到雍城，我将带着儿女晚上死；如果晋侯晚上被带到雍城，我们将早上死。请您看着办。”

秦穆公夫人之所以采取这样极端的手段来反对将晋惠公带到雍城，完全是为了晋国的面子考虑。在那个年代，一个国家的国君如果被俘至另一个国家的首都，堪称国耻。秦穆公夫人虽然嫁鸡随鸡，嫁狗随狗，对于自己的祖国却是念念不忘，怀着深厚的感情，虽死也不愿意看着自己的祖国遭受耻辱。

老婆这么一闹，秦穆公这个好男人心里便没了主意，只好先将晋惠公囚禁在雍城郊外的灵台。

这下秦国的大夫们不干了：好不容易把夷吾这小子抓回来了，怎么不送到国都来呢？且不说对待这样的人给他面子完全是多余，成千上万秦国将士在晋国拼死杀敌，不也就是等着这么一天吗？如果有可能，最好把晋惠公装在笼子里，在雍城的大街上游行，让全城的百姓都来向他扔臭鸡蛋烂菜叶。

一边是老婆要带着孩子自杀，一边是大夫们群情激愤，秦穆公感到很头疼。他对大夫们说：“我们俘虏了晋侯，本来是带回来一件大大的战利品。可如果因此惹得夫人自杀，很快就要举行丧礼，这战利品又有什么意义呢？你们又能得到什么呢？何况当时晋国的大夫们那样诚挚地恳求我，以天地来要挟，我也答应他们不会做得太过分。如果我自食其言，得罪天地，又是何苦呢？”

公子絷咬着牙说：“一不做二不休，干脆把他杀了，免得他又回去作乱。”

一向宽厚的公孙枝则主张：“还是把他放回去，要晋国派大子来作为人质，才是最有利的处理方式。如果灭不了晋国，又杀掉其国君，只会引起晋国上下的愤怒，反而对秦国不利。”

秦穆公听从了公孙枝的意见，准备与晋国媾和。

站在国家的角度，这是一个明智之举。但是，站在个人的角度，对待晋惠公这样的人，给他面子确实是一件非常多余的事。

晋惠公被关在秦国的灵台，韩简和郤乞等人主动跟随他，服侍他。有一天他突然说起了家族中的一件旧事：

当初晋献公准备将女儿（也就是秦穆公夫人）嫁到秦国去，也叫人算过一卦，结果是“不吉”，卦辞是：“士宰羊而不见血，女持筐而无物可乘。西邻指责，无所应对。”主管卜筮的人说：“卦辞预示着嬴姓的秦国要打败姬姓的晋国，如果发生战争，晋国将在自己的地盘上失败。而且，做侄子的将跟随他姑姑，六年之后才能逃回国内，并且抛弃自己的家庭，再过一年死于高梁。”

晋惠公对韩简说起这件事，若有其事地感叹道：“如果先君听从史苏的占卜，不把姐姐嫁到秦国来，我也不会有今天。”

事到如今，他还是不反思自己的错误，继续为他的失败找理由。韩简对此很反感，说：“卜筮，是根据事物的表象和数理来推算事物发展的趋势。先君因其失德而有此一败，非数理所能改变。就算不把公主嫁到秦国，也于事无补。诗经上说，下民有邪恶，非降自于天，而是由人来决定的。”言下之意，您就别怪这个怪那个了，要怪就怪自己吧。

一心要救晋惠公的秦穆公夫人如果听到他的这番感叹，不知道会作何感想？

同年十月，晋惠公派郤乞回国，要他命大夫吕甥作为全权代表，前往秦国进行和平谈判。

吕甥问郤乞：“除了这事，主公有没有其他交代？”

郤乞说：“没有了。”

吕甥苦笑，对郤乞说：“你从主公身边回来，应该代表主公慰问和赏赐国人。你就这样告诉他们，主公说自己虽然可以回国，但是觉得有辱社稷，不好意思回来，请诸位大臣立大子圉（yū）为君吧。”

读史至此，又是一叹：晋惠公这个人可以说一无是处，然而傻人有傻福，流亡在外的时候有人帮他抢夺君位，成为俘虏的时候有人给他求情，不通世故人情，还有人替他收买人心。

晋国朝野听到郤乞“转达”晋惠公的话，都很感动，禁不住痛哭流涕。这一句虚假的慰问使得晋国上下从战败受辱的阴影中走出来，一时间，群情振奋。吕甥趁热打铁，进一步煽动说："主公身陷敌国，不担忧自己的生命，却还记挂着群臣，可谓仁惠之至！大伙说，我们该怎么报答他？"

大家都说："我们听你的！"

吕甥说："咱们征收赋税，修缮甲兵，团结在大子圉的周围，让诸侯都知道，我晋国虽然丧失了储君，还有国君，群臣和睦，武装力量更加强大。这样，对我们友好的国家就会鼓励我们，国际上的反晋势力就会害怕我们，怎么样？"

大家都说："好！"于是通过两个决议，一是"作爰田"，二是"作州兵"。

"作爰田"是晋国土地制度的一大改革。春秋前期，各国基本采用历史悠久的"井田制"，田地有"公田"和"私田"之分。公田即公室直接占有的土地，私田则是公室分封给贵族、士大夫阶层的土地。公室主要靠公田的赋税收入作为其经济来源。随着铁器的出现，生产力大幅增长，大量荒地被开垦出来，私田数量日渐增加，逐渐影响到公田的劳动力分配，各国均出现了"公田不治"的现象。公元前645年晋国发生的"作爰田"，实际上是将公室土地的使用权直接赏赐给贵族，不再区分公田、私田，按照实际耕地面积征收赋税。这对于提高种田积极性、增加公室的赋税收入都是有好处的事，已经有"开阡陌，废井田"的趋势。这恐怕非晋国群臣一时头脑发热就能想出来，而是酝酿了多年的改革计划。

"作州兵"则是晋国军事制度的一大改革。春秋前期，各国均沿用周朝的"国野制"，将居分划分为"国人"和"野人"。国人即居住在城市和聚居点的人，野人则是居住在城市和聚居点以外的人。国人享有较大的公民权利，也有披甲作战的义务；而野人基本上没有公民权，也无权当兵。“州”即国野制下的野人居住区，晋国“作州兵”就意味着将当兵的权力扩大到野人阶层，达到了增加兵源的目的。

这两项改革，都是在晋惠公被囚禁在秦国期间，由晋国的群臣自发组织实施的，对于提升晋国的经济和军事实力，起到了重要的作用。秦穆公将晋惠公俘虏到秦国，在客观上促进了晋国的发展，恐怕也是他始料未及的。

吕甥办完这些事，来到秦国的王城与秦穆公签订和平协议。秦穆公问吕甥：“贵国国内还安定吧？”

吕甥想都没想就说：“不安定，有矛盾。”

“哦？”秦穆公嘴角露出一丝笑容。从前面发生的事情，我们可以看出秦穆公是一个挺厚道的人。但是，再厚道的人也难免有点幸灾乐祸的小心思。这也不能怪他，此人之毒，彼人之药，乃是人之常情。

吕甥说：“唉，您不知道，现在晋国人分成了两派。小人都在为失去国君感到耻辱，为在战争中失去亲人而悲伤，不怕被征收赋税和当兵打仗，而且吵着嚷着要立大子圉为君，成天整兵备战，说什么一定要报仇，否则的话不如服侍戎狄。”吕甥说到这里，看了秦穆公一眼，才接着说，“不过，这只是小人的看法。晋国的君子不这样看，他们虽然爱自己的主公，但也知道他犯了不可饶恕的错误，所以同样也在整兵备战，只不过不是想向秦国报仇，而是在等着秦国的命令。他们说，一定要报答秦国的恩德，死而无憾。君子和小人针锋相对，因此不安定。”

秦穆公心想，好你个吕甥，这哪里是有矛盾，明明是君子和小人团结一致，上下一心。说什么“等待秦国的命令”，就是等着看我秦国下一步有什么举动，你们便采取相应的措施。你们的君子和小人不是针锋相对，而是在和我秦国针锋相对！

能够把狠话说到这个水平，吕甥在修辞学研究方面，基本和郑庄公达到一个水平了。

秦穆公转而又问："贵国国内对国君有什么看法？"

吕甥说："小人很忧虑，说他肯定不免一死；君子则很放心，说他肯定会回来。小人说，我国冒犯了秦国，秦国哪有可能放了他呢？君子则说，我国已经知罪了，秦国一定会放了他。他对不起秦国，秦国就把他抓起来；他认错了，就会放过他。秦国这样做，可谓是功德无量，威严无限，服从秦国的人感念秦国的恩德，对秦国有二心的人害怕秦国的威严。如果放了我国国君，秦国可以称霸于诸侯了！"

秦穆公嘴上不说，心里却在想：你就别再演戏了，什么君子小人，全是你一张嘴。一下子忽悠我，一下子又给我戴高帽子，还说什么称霸诸侯，人家姜小白会同意吗？他不动声色地看着吕甥，直看得吕甥脊背发凉，才不紧不慢地说了一句："大夫说得很好，我也是这么想的。"

吕甥和秦穆公这一番对话很有效果。秦国马上改善了晋惠公的待遇，让他住到宾馆里，并且用"七牢"来招待他。

所谓"七牢"，是规格很高的待遇。按照春秋时期的礼节，牛、羊、猪各一头叫作"一牢"，"七牢"则应是三七二十一头牲口。"七牢"给晋惠公吃，实在太浪费啦。

同年十一月，晋惠公结束了囚禁生活，回到了晋国。

在他回国之前，有人劝庆郑赶快逃跑，庆郑说："我身为臣子，在战场上对君主见死不救，导致战争失败，之后非但没有以死谢罪，还不让他有机会惩罚我，也太不像话了。就算我想逃，谁又肯收留我呢？"还是坚持留在晋国。晋惠公人还没回，先命人把庆郑杀了，才启程回国。他总是被人原谅，却从不肯原谅别人。

这一年冬天，晋国又闹饥荒，秦国雪中送炭，再一次给晋国运来了粮食。与此同时，秦国也开始征收晋国河外土地的赋税，并在那里设置行政管理机构。

晋惠公的诺言总算兑现了，虽然很不情愿。

最早的国际主义援助

葵丘会盟之后，齐桓公在中原的霸主地位得到最终确立。但是齐、楚两国的竞争态势并未因葵丘会盟产生逆转，楚国的攻势依然凌厉。

葵丘之盟的第三年，公元前649年，楚成王派兵攻打黄国，第二年就将其消灭了。

黄国是嬴姓小国，国君为子爵，地处今天的河南。自楚武王年代，黄国就一直受到楚国的侵略与威胁。公元前704年，楚武王举行沈鹿之会，黄国没有参加，楚武王派人前往黄国，追究其不赴会的责任。公元前675年，楚文王讨伐巴人失败，被鬻拳拒之门外，楚文王于是率兵北上寻黄国的晦气，在䃥陵打败黄国军队，迫使黄国臣服于楚国。齐桓公兴起之后，对楚国采取外交包围政策，将黄国纳入争取对象，两次与黄国会盟。黄国也将齐桓公当作自己的救星，弃楚入齐，从此不再向楚王进贡和朝觐。召陵之盟后，黄国的姻亲、邻国弦国以为从此变了天，可以不再侍奉楚国，结果被楚国令尹子文率军消灭，弦国国君也出逃到了黄国。

弦国的灭亡本来应该给黄国敲响一记警钟，让黄国重新认清形势，至少在表面上与楚国维持良好的关系。毕竟，齐桓公远在山东，精力又长期被北方的戎狄势力所牵制，很难照顾好远在河南南部与楚国接邻的黄国。

但黄国人显然没有从弦国灭亡的事情中吸取教训。葵丘会盟是如此光彩炫目，使得齐桓公在黄国人心目中的地位有了进一步的提高。“只要有齐侯支持，楚国人不足为惧。”黄国人如此给自己壮胆。

他们甚至宣称：“自郢都到黄国有九百里之遥，楚国人鞭长莫及，其奈我何？”

黄国人完全搞错了，鞭长莫及的不是楚国人，而是齐国人。楚成王一声令下，大军立刻北上九百里，将黄国纳入自己的版图。

黄国人眼巴巴盼望的齐桓公对此没有任何反应。此时他正将眼光放在北方的戎狄势力和王室事务上。

周襄王在齐桓公的支持下继承天子之位后，他的弟弟王子带仍然贼心不死，想篡夺他的王位。公元前649年，王子带私通居住在扬拒、泉皋和伊、洛之间的戎族，约他们攻打王城雒邑。戎族军队一直打到雒邑城下，还放了一把大火烧毁了东门，周王室岌岌可危。这一切，仿佛当年的犬戎之乱重演。还好，这回王室等到了诸侯的救兵，秦、晋两个大国分别出兵讨伐戎族的聚居地，迫使戎兵离开雒邑，王室得以保全。

王子带犯下这样大的罪行，周襄王当然不能原谅他，要追究他的责任。有意思的是，王子带为了逃避惩罚，居然一口气跑到齐国，请求政治避难去了。

当年周襄王还是大子郑的时候，受到王子带的威胁，正是找了齐桓公帮忙才保住大子的位置，顺利继承了王位；现在王子带犯了罪，第一个想到的居然也是投靠齐桓公。可见姜小白在中原各国（包括周王室）的眼里，已经成为最高的保护神，“有困难，找齐侯”成为了人们的共同认识。

齐桓公接受了王子带的避难请求。同年冬天，他派管仲带部队前往戎族聚居地，用外交手段和军事威胁，使得居住在伊、洛之间的戎族与周王室握手言和，保证不再侵犯雒邑。

周襄王对齐桓公感恩戴德，有意提高对管仲的礼遇，以上卿之礼来宴请管仲。对此，管仲谦让道：“我管仲仅仅是诸侯之臣，齐国还有天子任命的国、高二位上卿，如果他们到雒邑来聆听王命，您又以什么礼来对待他们呢？请恕我斗胆推辞。”

周朝初年，王室为了加强对各诸侯国的监管，除了在军事上保持王军的绝对优势外，还确立了一套由王室来任命诸侯卿士的制度。具体地说，一般的侯国设置三卿，其中两卿由周天子任命，称为上卿；一卿由诸侯自行任命，称为下卿。齐国的世袭贵族国、高二氏，就是周天子任命的上卿。管仲作为齐桓公的心腹，虽然执掌齐国军政大权，但始终只是齐桓公任命的卿士，所以只能算作下卿。

现在天子为了讨好齐桓公，要以上卿之礼来对待管仲，当然是“非礼也”。以管仲的智商和情商，肯定不会接受这样超出规格的礼遇，最终只以下卿的身份接受了天子的款待。

然而，齐桓公却没有管仲那么低调。早在一年前，他就宣称：“我受命征讨，南至召陵，北至山戎，西至大漠，天下诸侯都听我的。我发起诸侯会盟，兵车之会三次，乘车之会六次，九合诸侯，一匡天下。古代圣贤帝王，所做到的也不外如此吧？我，将要前往泰山封禅！”

要知道，封禅泰山乃是天子的专利。齐桓公这么说，自然是不把天子放在眼里，甚至有取而代之的意思了。还好管仲脑筋转得快，哄着他说，要想封禅泰山，光有盖世功勋是不够的，还必须要得到一些稀奇古怪的动物才行，比如什么比目鱼啊，比翼鸟啊，凤凰啊，麒麟啊之类的。齐桓公一听，觉得太难了，才就此罢休。这时的齐桓公，与葵丘会盟时那位战战兢兢接受天子祭肉的齐桓公比起来，真是判若两人啊。

公元前648年春天，齐桓公又派仲孙湫前往雒邑朝觐天子，并且要他在天子面前顺便替王子带说几句好话，请求天子原谅王子带。结果仲孙湫办完公事就回国了，也没有跟天子提王子带的事。他对齐桓公说："现在还不是时候，天子的怒气还没有消除，没有十年工夫，恐怕是消除不了。"

到了夏天，齐桓公又在卫国的咸城召开诸侯大会。这次会议的主题有二：一是讨论如何防备东方的淮夷对杞国的入侵；二是讨论如何防备西方的戎族对周王室的入侵。老实说，我看到这些历史记录，都觉得齐桓公这个霸主当得真够累的，东南西北的麻烦事他都得管，一年到头恐怕没有几天真正能够休息。

咸城之会的结果也有二：一是同年秋天，各诸侯国派兵到雒邑驻防，戍守王城；二是次年春天，各诸侯国开始为杞国修筑缘陵城，准备以此作为杞国的新都，以避淮夷的入侵。齐桓公一再发动诸侯做好事，而且一做就是大工程，全是义务劳动，没有任何报酬，大伙表面上虽然都应承，心里却开始不乐意了。因此，缘陵城远不如当年卫国的楚丘城修建得顺利，在《春秋》上也仅仅书写了修城的事，而没写杞国人迁都到缘陵的事。左丘明解释说，这是因为有的诸侯没按约定参加缘陵城的建设，致使工程质量出现问题，没把好事做到底。至于是谁没参加，他一字不提。没关系，我们猜也猜得到，没参加建设的诸侯，肯定包括了鲁国的国君鲁僖公，否则鲁国的史官也不会如此讳莫如深。

由此可见，葵丘之会确实是齐桓公霸业的顶点。然而顶点也是转折点，自葵丘之会后，他的霸业便不可避免地出现衰退的迹象——他的号召力开始下降了。

两千多年后，一个叫雷锋的人在日记中写道："一个人做一件好事并不难，难的是一辈子只做好事不做坏事。"

对此，我想稍作修改：“一个人发动大家做一件好事并不难，难的是一辈子都能发动大家只做好事不做坏事。”

回顾齐桓公称霸以来的历史，他确实是发动大伙做了不少好事。仅以修城为例：

公元前660年，帮助卫国遗民在曹国建立临时居住点；

公元前659年，帮助邢国修筑新都夷仪；

公元前658年，帮助卫国修筑新都楚丘；

公元前648年，帮助卫国维修楚丘的郛门；

公元前646年，帮助杞国修筑新都缘陵。

短短十五年间，已经发动诸侯进行五次上规模的基础设施建设。

在此说明一下，修城不是件小事，而是劳民伤财的大工程。诸侯接到齐桓公修城的命令，好比接到一张巨额罚单，不但要从国库中拿出真金白银，还要役使国民不远千里前往工地充当民工。这样的好事，做一次已经很不容易，参与建设的诸侯国要很长一段时间才能恢复元气。而齐桓公做好事上了瘾，屡屡发动诸侯做好事，在那个不知英特奈雄耐尔（国际共产主义）为何物的年代，大伙心有不满，也是可以理解的。

如果再考虑到齐桓公还动不动就把大伙召集到一起开会，而且一开就是一两个月，又多次发动对楚国、对郑国、对四夷的战争（这些战争虽然多数以静坐观望为主，但仍然需要耗费各国大量的人力和财力），各诸侯国在齐桓公的领导下，日子过得委实不轻松。

就在诸侯们忙忙乱乱为杞国修城，为王室站岗的时候，楚成王不失时机地发动了对徐国的战争。

徐国是地处今天安徽的小国。和黄国一样，徐国原本是楚国的附庸，因为受了齐桓公的感召，开始与中原诸国走得亲近起来，有意摆脱楚国的统治。

如果齐桓公再对徐国坐视不救，召陵之盟的有限成果可能全部付诸东流，到时候不只是江汉诸国会回到楚国的怀抱，中原南部的小国也将被楚国席卷而去。

没办法，齐桓公只好打起精神，再一次祭起他的法宝：会盟。

公元前645年三月，齐、鲁、宋、陈、卫、郑、许、曹八国在牡丘集会，重温葵丘会盟的誓言，同时讨论救援徐国的有关事宜。会后，各国部队开赴前线，而各国国君则在卫国的匡地等待战报。

值得一提的是，这次鲁国派了大夫公孙敖为代表，率领部队加入“八国联军”。这位公孙敖，就是庆父的儿子。叔牙和庆父虽然因叛国之罪先后被杀，他们的子孙却一直受到季友的关照，担任了鲁国的重臣。

同年秋天，齐、曹两国部队入侵楚国的属国厉国，以缓解徐国的军事压力。徐国倚仗齐国的支持，下定决心抵抗楚国的入侵，结果在娄林被楚军打得大败。

而到了公元前644年夏天，齐、曹两国部队仍然没有攻克厉国，围厉救徐的战略宣告失败。在这种情况下，齐桓公只好将齐军直接派到徐国，帮助徐国打退楚军的进攻。

以齐国军队的战斗力，为什么连一个小小的厉国也攻克不了呢？《左传》没有作任何解释，但如果翻开《史记》，我们也许可以找到原因：公元前645年，管仲去世了。

管仲是春秋时期屈指可数的实干家。他主政齐国期间，对内大胆改革，锐意进取，齐国的国力大振，成为名副其实的东方大国；对外尊王攘夷，建立广泛的国际联盟，南则与楚国抗衡，北则抵抗少数民族入侵，为中原地区的稳定与繁荣作出了重大的贡献。后人对于管仲，却总是褒贬参半，欲说还休。褒者，成绩摆在那里了，无须赘述；贬者，主要集中在两点：

其一，他原来是公子纠的师傅，在公子纠失败之后却投入了敌方阵营，是为不忠。关于这件事，孔夫子的学生子路曾请教孔夫子：“齐桓公杀死了公子纠，召忽追随公子纠而死，管仲却不肯，这是仁吗？”孔夫子没有正面回答，只说：“齐桓公九合诸侯而没有使用武力，这就是管仲的仁啊！”而且说：“如果没有管仲，我今天恐怕也是披发左衽之人了（披发左衽为夷狄之俗）。如果他也像召忽那样，自缢死在沟渎中，那还有什么价值啊？”意思是，管仲如果为公子纠而死，不过是小仁，不值一提；他辅助齐桓公抵御外族入侵，保护了中原文化的血脉，这才是大仁。

第二，他生活奢侈，富比王侯。关于这一点，孔夫子基本持批判态度，曾经说：“管仲有三个家，每个家都有专人打理，完全没有节俭的意识。”又说：“国君在大门外设有屏壁，管仲家门口也设有屏壁；国君宴客，堂上有安放酒杯的土几，管仲也这么办。如果说管仲知礼，那么谁不知礼呀？”在孔夫子看来，功是功，礼是礼，劳苦功高绝不是骄奢自满的理由。

管仲去世之前，齐桓公亲自跑到他府上慰问，并且问了一个人人都想问的问题：“您死之后，谁可担当大任？”

管仲的回答让他非常失望：“知臣莫如君。”意思是，您自己看着办吧。

齐桓公于是试探性地提了三个人的名字。

第一个，雍巫，字易牙。在历史上，易牙这个名字比雍巫要有名得多，所以就让我们叫他易牙吧。易牙除了精于算计，还有一项广为人知的本事：厨艺。传说齐桓公的爱妾长卫姬生病，易牙做了一道菜给她吃，不但美味无比，而且菜到病除，因而受到卫姬的宠爱，并且推荐给齐桓公，成为了齐桓公的御用厨师。

有一天，齐桓公开玩笑说："山珍海味我都尝过了，就是人肉没有尝过，不知道是什么滋味？"到了中午，易牙端上来一盘蒸肉，味道甘美，齐桓公吃得津津有味，只是吃完了还不知道是什么肉，于是问易牙。易牙回答说："这就是人肉啊！"

齐桓公大惊，问道："这人肉从何而来？"

易牙轻描淡写地说："这是奴才的长子，刚刚三岁。奴才听说，爱君者不顾其家，所以将儿子杀了，满足您的胃口。"

齐桓公愣了，嘴上不说什么，从此却对易牙刮目相看，视为亲信。

第二个，开方，原本是卫国的公子，他的老爸就是爱鹤亡国的卫懿公。卫懿公派开方访问齐国，开方见齐国强盛，便要求留在齐国为臣。当时齐桓公很惊奇，问道："你是卫国的世子，总有一天会列为诸侯，何必侍奉我呢？"开方说："能够在您麾下为臣，胜过在小国为君。"这个马屁拍得很经典，齐桓公于是拜开方为大夫，并视作心腹。

第三个，寺人貂，又称为竖貂。我们前面介绍过，所谓寺人就是宦官。公元前658年，寺人貂就有过泄漏齐国军事机密的行为，由此可见其在齐桓公身边的地位。

当时齐桓公在管仲面前，先是提了易牙的名字，管仲毫不客气地批评："为了讨好主公，不惜杀掉自己的儿子，连最起码的人情都没有，这样的人怎么可以用？"

接着齐桓公又提到开方，管仲说："为了侍奉主公，忍心离开年迈的父母，同样是没人情味，不可用。"

最后齐桓公提到了寺人貂。管仲万念俱灰，说："为了服侍您，他连男人都不想做，这样的人怎么可以治国？"

将这三个人与管仲相提并论，而且列为他的后继者，对于管仲来说，实在是莫大的侮辱。

但是，齐桓公听不进管仲的遗言。管仲死后，易牙、开方、寺人貂成为齐国的权臣，人称“三贵”。

从管仲到三贵，齐国执政大臣的水平一夜之间降了十八个档次，加上齐桓公年迈力衰，齐国连一个小小的厉国都对付不了，也是情理之中的事了。

公元前644年冬天，齐桓公强打精神，在淮地举行了他人生中最后一次会盟，也是唯一一次没有管仲筹划的会盟。这次会议的主题是：如何防备淮夷对鄫国的入侵，建立东方国际新秩序。

作为会议的直接成果，齐桓公再一次发动诸侯做好事，为鄫国修筑城池。

此次修城，不只是诸侯怨声载道，连前来参加建设的民工也受不了。某一天晚上，有人发疯似的奔上附近的山丘，大声疾呼：“齐国有大乱！”

这一呼很有效，齐桓公听得心惊肉跳，城也不筑了，草草收兵，回到了齐国。

其实，就是在淮地会盟进行的过程中，各诸侯国也已经是三心二意了。以鲁国为例，鲁僖公一边开会，一边遥控国内的大臣，不声不响地出兵，消灭了小国项国。齐桓公对此十分恼火，将鲁僖公拘禁起来，带回了齐国，直到鲁僖公的老婆声姜（齐桓公的女儿）亲自前往齐国求情，才将他放回来。

公元前643年，就在齐桓公灯枯油尽之前，他还率领军队讨伐了楚国的附庸英氏，以报两年前楚国讨伐徐国之仇。

同年冬天，劳累过度的齐桓公在齐国病逝。

齐桓公的丰功伟绩，在他打算封禅泰山的时候，已经一一自述过，在此不再重复。我想强调的是，这些成绩的取得，与管仲是分不开的。如果没有管仲，齐国不可能迅速发展强大，更不可能成为号令诸侯的霸主之国。可以这样说，数十年来，管仲才是齐国真正的灵魂人物，是他借齐桓公之手实施了自己的抱负——换而言之，如果不是当年那一箭射得太潦草，如果公子纠上台为君，齐国照样会按照管仲设定的路线走到这一步。

只要有管仲在，齐国的强大是不可避免的。

但是，管仲有一个致命的弱点：不注重接班人的培养。因此在齐桓公问他后事时，他只能否定齐桓公的人选，而不能提出自己的人选。

而更要命的是，齐桓公也不注重培养他自己的接班人。

《左传》记载，齐桓公一生有三位夫人，分别是王姬、徐嬴和蔡姬，都没有生育。同时宫内还有很多小妾，其中六人很受宠爱，待遇如同夫人。后来世人将妾称为“如夫人”，其典故大概出于此。

这六位如夫人分别是：

1.长卫姬，生公子无亏；

2.少卫姬，生公子元；

3.郑姬，生公子昭；

4.葛嬴，生公子潘；

5.密姬，生公子商人；

6.宋华子，生公子雍。

上述六位如夫人所生的儿子中，齐桓公和管仲早就将公子昭交给天下第一厚道人宋襄公照顾，并且明确了公子昭的大子地位。按理说，齐国不应该存在所谓的继承权之争。

但就在管仲死后，三贵专权，五位没有得到继承权的公子便开始四下活动，都要求立自己为大子了。

易牙历来与长卫姬关系不一般，因此他时常在齐桓公耳边念叨，说长卫姬的儿子公子无亏如何如何贤能。齐桓公那时候已经处于严重的智商衰退期，居然又口头答应立公子无亏为储君。

等到齐桓公病逝，五公子纷纷拉拢大臣，互相攻击，都想当上国君。而一代霸主齐桓公的丧事，反倒无人问津了。后来三贵发动宫廷政变，杀了一批大夫，终于将公子无亏推上了国君的宝座。大子昭逃到了宋国寻求政治避难。

这时，齐桓公的尸体已经整整在宫中停放了六十七天，蛆虫都爬出了寝宫的大门。某一天晚上，无亏派人给齐桓公收了尸，草草下葬。

无亏也没得意几天。公元前642年春天，宋襄公带领曹、卫、邾等国军队讨伐齐国，要替大子昭讨回公道。齐国人本来就不满意无亏的领导，在国、高二氏的带领下，杀死了无亏，准备迎接大子昭回国。

然而，无亏虽死，剩下的四公子仍然不消停，他们联合起来，发兵抵抗宋国的干涉。直到夏天，宋军才打败四公子的进攻，得以立大子昭为齐国国君，也就是历史上的齐孝公。

同年八月，齐孝公为齐桓公举行了风光大葬。一代霸主，终于入土为安。

第四章

“忍”的哲学

宋襄公：真小人还是伪君子

葵丘之盟的那一年，也就是公元前651年，一直追随齐桓公鞍前马后的宋桓公去世了。

在他去世前，大子兹父曾多次在他面前请求说：“目夷年龄比我长，而且有仁德，请您立他为储君！”态度十分诚恳。

兹父的母亲，是宣姜与公子顽所生的第四个女儿、宋桓公的正室夫人。公子目夷的母亲则是宋桓公的小妾。按着嫡长子继承制的原则，目夷虽然比兹父大，而且比兹父能干（这一点我们可以在以后发生的事情中看得很清楚），却无权继承宋国的君位。

宋桓公被兹父诚恳的态度感动了。生于乱世，还有比兄弟和睦更令人值得高兴的事吗？他把目夷找来说：“你弟弟兹父三番五次要让位于你，我不忍心拂了他的好意，打算立你为大子，你看如何？”

目夷听了父亲的话，扑通一下跪倒在地上，说：“兹父有这么高的觉悟，可以将国家让给我，还有比这更仁德的事吗？单从这一点看，我就不可能超过他。而且如果立我为大子，有违礼制，万万不可。”坚决谢绝了兹父的好意。

兹父就是在这种情况下继承了宋桓公的君位，也就是历史上赫赫有名的宋襄公。

当上国君之后，他仍然十分尊重哥哥目夷，任命目夷为左师，执掌全国政事。目夷在宋国的地位，也许就和管仲在齐国的地位差不多吧。

宋襄公的母亲是宣姜的女儿，而宣姜是齐桓公的姐妹，因为这层关系，宋襄公叫齐桓公一声舅爷爷，也是未尝不可的事。事实上，宋襄公此生最崇拜的人，也就是这位霸主舅爷爷。葵丘会盟的时候，宋桓公刚刚去世，还没有举行葬礼，但宋襄公仍然戴孝参加了会盟，使得齐桓公十分感动。正是在那次会盟上，宋襄公亲眼看着齐桓公接受天子所授的祭肉，在他的心目中，耄耋之年的齐桓公仿佛浑身笼罩着一层神性的光辉。“做人当如此！”他暗自告诉自己。

他比宋桓公更加紧密地团结在齐桓公身边，唯其马首是瞻，在众多同盟的诸侯中，他的表现最突出，也最令齐桓公感到满意。以至于当齐桓公和管仲考虑托付身后大事的时候，都不约而同地想到了他。

宋襄公因此成为了齐大子昭的保护人。

诸侯托孤，一般都是托付给国内的卿或大夫，托付给一位外国元首，还真是很少见。齐桓公对宋襄公的信任，由此可见一斑。

如果齐桓公能够指定霸主继承人的话，说不定也会指定给宋襄公。

而在宋襄公的心里，他也正是把自己当成了齐桓公的霸业继承人。这种想法，在他圆满地完成齐桓公的嘱托、将大子昭送上齐国国君的宝座之后，变得愈发强烈了。

照着齐桓公的葫芦画瓢，宋襄公于公元前641年在曹国召开了第一次诸侯会盟。这次会盟只邀请了曹国、邾国、滕国、鄫国等几个小国参加，可以视为宋襄公开拓霸业的一次试水。

然而，这次试水搞得很不成功。

首先，作为东道主的曹国对这次会盟表现得不冷不热，没有为会议提供必要的后勤保障，参与会议接待的官员级别也很低，没有安排群众手持鲜花夹道欢迎，没有文工团表演，没有会议聚餐，没有桑拿泡温泉，更没有准备土特产作为会议纪念品。

其次，滕国国君滕宣公目无会议纪律，一路晃晃悠悠，直到会议开幕两天了才到会。见到宋襄公，也全然不似见到齐桓公一般战战兢兢，而是漫不经心地打了个招呼，说："不好意思，天热，路上不好走，来迟了。"便摇着扇子东张西望地找自己的座位。宋襄公正在主席台上对着为数不多的几位听众讲着题为"继承遗志，维护稳定，团结一致尊崇王室"的长篇大论，被滕宣公这么一搅局，词也接不上了，气得命卫兵当场将滕宣公拿下，关进了大牢。

更过分的是鄫国的国君鄫子，一直到会议结束都没有露面。等到大家散了伙，各自回家，他才气喘吁吁地跑到邾国，向邾文公作了一番检讨，说自己被淮夷人赶得东奔西跑，原来齐桓公发动大家修的鄫城又是个烂尾工程，根本没办法居住，总之家里的事情太麻烦了，手忙脚乱，所以没赶上会盟，请大会主席团原谅。

邾文公又好气又好笑，命人先将他扣下来，并派使者到宋国去请示该如何处置。宋襄公听了，气不打一处来，背对着使者说："他不是被夷人赶得走投无路吗？就用他来祭祀次睢（suī）之社，请睢水之神赐福于我们吧。”

睢水是汴水的支流，次睢之社是供奉睢水之神的场所。东方诸夷族也都信奉睢水之神。宋襄公这么做，一方面是杀鸡给猴看，让中原诸小国看看怠慢他的下场；另一方面也是为了从宗教上讨好东夷人，希望与东夷人建立友好关系。如果能够和平解决东夷人的问题，对他刚起步的霸业来说，无疑是一个重大利好。为此，杀掉一个鄫子又有何不可呢？

这件事遭到了公子目夷的极力反对：“按照传统，祭祀的时候该用什么牲畜都有明确的规定，马、牛、羊、猪、狗、鸡六种祭物不可杂乱使用。如果是小规模的祭祀，连大牲口都不能用，何况是用人？祭祀就是为了给人祈福，人民就是神的主宰，如果用人献祭，什么样的神能够享受？当年齐桓公称霸天下，帮助鲁国稳定局势，去除庆父之乱，帮助卫国、邢国重建家园，君子仍因为他有趁火打劫、吞并鲁国的念头，而批评他品德有问题。今天您开一次大会，就关押了两国君主，还想去祭祀莫名其妙的睢水之神，让祖先蒙羞。以这种方式建立霸业，能行吗？唉，我不如早点死了，免得看到你胡作非为。”

公子目夷的话说得苦口婆心，但却是忠言逆耳。宋襄公一句也听不进，还是叫邾文公杀了鄫子，献祭给睢水之神。在他看来，如果要建立霸业，就必须不择手段，先树立自己的威信。再说了，当年齐桓公第一次举行北杏之会，不也是将不来赴会的遂国给灭了吗？

同年秋天，宋襄公又发兵攻打曹国，讨伐其怠慢之罪。这样一来，参加宋襄公第一次会盟的四个小国，倒有三个受到他的征罚。

公子目夷再一次表示反对，他对宋襄公说：“当年周文王讨伐崇侯虎之乱，打了一个月还没结果，他马上反思自己做错了什么，于是回国进行思想政治教育，开展批评与自我批评，然后才再一次发兵攻打崇侯虎。结果不等他动手，崇侯虎便主动投降了。诗经上说，礼乐教化和法制，要从老婆开始抓，然后推广到兄弟，最后推广到亲族与国家。就是告诉我们治理国家要由内而外。现在的情况是您自己德行还有所缺陷，就急着去讨伐别人，试问又怎么能够取胜？”

这话宋襄公怎么听怎么不顺耳，当然不会放在心上。

齐桓公在世的时候，中原各国被齐桓公役使着开会、打仗、修城，已经疲惫不堪。没想到齐桓公一死，又冒出个宋襄公，叫着嚷着要做仁义大哥，本事不大，脾气挺大，而且手段毒辣。这前后一对照，大伙儿发现原来齐桓公还是挺好的，于是纷纷怀念齐桓公的恩德。陈穆公更是向各国发出呼吁：重温葵丘之盟的誓词，构建和平友好的国际秩序。这一呼吁得到国际社会的积极响应，同年冬天，齐、鲁、陈、蔡、郑等国在齐国举行了会盟。

这次会盟没有邀请宋襄公参加，反倒是邀请了一位身份显赫的不速之客：楚成王的全权特使。

看来，这个世界上还真的没有永远的敌人，也没有永远的朋友，有的只是永远的利益。

“齐桓公加管仲”这对北方组合死后，“楚成王加子文”这对南方组合一度陷入对手突然消失的空虚之中。

二十年来，楚成王和齐桓公一直在玩一种老鹰抓小鸡的游戏：楚成王是老鹰，齐桓公是母鸡，而中原各国特别是弱小的国家是受齐桓公保护的小鸡。

很显然，楚成王凭借其雄厚的军事实力和地域优势，以及楚国人特有的狡黠，在这场游戏中一直占据主动。他不断变换自己的攻击位置，改变攻击策略，时而直奔主题，时而迂回进攻，时而各个击破，花样层出不穷。一不小心就将一只小鸡抓到爪子里，使得齐桓公这个鸡妈妈疲于应付，心力交瘁。

但齐桓公仍然是一只合格的老母鸡。在他的天空上，不止飞翔着楚成王一只老鹰，同时还徘徊着狄、戎、夷各族猛禽，他用自己的羽翼保护着中原各国不受来自东、西、南、北的入侵，或者减少入侵带来的痛苦。偶尔有一两只小鸡被叼走，也是在所难免的事。

凭良心说，他已经做得很不错，也该歇歇了。

这世上历来没有什么救世主，地球缺了谁都照样转。老母鸡虽然死去，小鸡们的生活还得继续，虽然活得和从前有些不一样。

齐桓公死后的第二年春天，新郑城头的墙头草——郑文公便长途跋涉，不远千里来到郢都，真心实意地朝觐了楚成王。

改换门庭，讲究的就是一个快字。郑文公这种从善如流的态度让楚成王非常满意，他热情地接待了郑文公，并且大手笔赐给他几千斤铜。

在春秋时代，铜是用来铸造兵器的主要原材料。楚国出产的铜以优质闻名，而郑国生产的刀剑以工艺精湛闻名。楚成王一时高兴给了郑文公这批铜，很快就后悔了：如果郑国用这批铜生产兵器，万一落到中原大国手里，对于楚国是一个重大的威胁。他连忙要求郑文公签订原材料使用协议，要郑国保证将这批铜用于和平用途。

郑国用这些铜铸造了三口大钟，向楚国表态。

为了报答和讨好楚成王，他提议邀请楚国派代表参加在齐国举行的会盟。

齐桓公死后，齐国经历了五公子之乱，实力已经被严重削弱。齐孝公审时度势，对于把楚国人请到谈判桌前的做法，自然不会表示什么异议。再说，齐、楚两国本来就有一纸召陵之盟，这次同桌会晤，也可以视为再续前缘，不必担心人家说闲话。

蔡国本来就是楚国的小弟弟，唯楚成王马首是瞻，对于郑文公的提议举双手表示赞同。

陈国在蔡国的西北部，也是直接受到楚国军事威胁的国家之一，它一直依赖齐桓公建立的幽盟，才避免被楚国侵略。现在齐桓公已死，幽盟四分五裂，郑文公倡议召开诸侯大会，能够得到齐、楚两个大国的响应，对于在夹缝中求生存的陈国来说，无疑是一件好事，也没有理由表示反对。

《左传》对这次会盟的具体内容没有记载，只是简单地说，这次会盟是“修桓公之好也”。

可想而知，被排除在这次会盟之外的宋襄公感到相当失落。

在这种情况下，他本来应该回家洗个脸，好好反思自己做错了什么，重新给自己一个准确的定位，然后虚怀若谷地回到国际大家庭中，谋一份自己能够干好的差使。

洗个脸，是不够让他清醒的，可惜那时候没人出来教育他，给他几个更清醒的巴掌。

第一个巴掌：宋国历来只是一个二流强国，与当时第一阵营的齐、楚、晋、秦等国相比，无论在国土面积、人口数量、国民生产总值还是军事实力上，都有很大差距。以宋国的国力想要号令诸侯，存在严重的先天不足。

第二个巴掌：宋国是商朝的后裔，大庙里供奉着的也是商朝的列祖列宗。自周朝建立之初，宋国就是王室与姬姓诸侯共同防范的对象。宋国周边的诸侯布局也是经过精心设计的，其目的只有一个：防止商朝遗民造反。现在虽然时过境迁，但是宋襄公如果跳出来要做中原诸国的仁义大哥，仍然难免引起周王室和姬姓各国的疑虑。

第三个巴掌：抛开国力和政治偏见不谈，单从个人能力上讲，宋襄公也仅仅是中人之资，就算给他一个大国元首当，他也不可能成为诸侯中的第一人。

很不幸，这几个巴掌对宋襄公毫无作用。各国诸侯“修桓公之好”的第二年，他开始筹划一次大规模的会盟。用《左传》的话说：“宋襄公欲合诸侯。”

齐桓公自诩“九合诸侯”，现在宋襄公也想要“合诸侯”，自然是要做齐桓公曾经做过的事了。

很难理解，宋襄公连几个小国都摆不平，居然敢学着齐桓公的样子大会诸侯。

因而，鲁国大夫臧文仲评论说：“他要是顺从大家的意愿，还勉勉强强；如果要大家顺从他的意愿，恐怕办不到。”

公元前639年春天，宋襄公向齐国和楚国发出邀请，请这两个国家派大臣到宋国的鹿上会盟，商讨结束南北对抗、促进天下和平的大事。

此举的用意很明显，宋襄公欲合诸侯，必须得到齐、楚两个大国的首肯，因此先在鹿上开一个三国部长级的预备会议，为接下来的诸侯大会作准备。

对于宋襄公不自量力的行为，公子目夷只能哀叹：“小小国家，却想当天下的盟主，不自量力，宋国难道就要灭亡了吗？”

齐孝公碍于宋襄公的情面，答应派人赴会。

楚成王看了宋襄公的信，也很爽快地答应了。

冯梦龙杜撰说，鹿上之会，齐、楚、宋三国君主均亲自到会，并联合发布了会议通知，通知各诸侯国于同年秋天到宋国的盂地会盟。但根据《左传》与《史记》的记载，联合发布会议通知可能确有其事，三国君主亲自会晤则是子虚乌有。

不管怎么样，那年秋天，盂地会盟如期举行了。参加会盟的有宋、楚、陈、蔡、郑、许、曹七国诸侯。

齐国和鲁国两个重要的国家缺席会议，原因是齐孝公对于这次会盟由宋襄公主持，很有些看法，而鲁僖公对于和楚国直接打交道，持审慎态度，所以都不愿意前来参加。

再来看看到会的七国诸侯，宋、楚两国自不必说，陈、蔡、郑三国诸侯目前都是楚成王的小弟弟，他们之所以应邀赴会，恐怕也是楚成王安排，至少是经过他同意的。

许国曾经臣服于楚国，但齐桓公在世的时候，和齐国也走得很近。在楚国和宋国之间，许国属于摇摆力量。

而曹国，前两年还因为会盟的事，被宋襄公派兵讨伐。这次赴会，恐怕也是不得已而为之。

会议还没开始，似乎就散发着某种阴谋的气息。

公子目夷十分担心，他说："大祸就要在这里降临了！主公称霸的欲望太强烈，有谁受得了啊？"

但是宋襄公看不到危险，他满怀热情地接待了各国诸侯，幻想着通过这次大会确立自己的霸主地位。

到了正式开会那天，宋襄公作为东道主，第一个上台发言。他简单回顾了齐桓公的丰功伟绩，以及当年齐桓公将大子昭托付给他照顾的点点滴滴，然后切入正题，阐明这次会议的主旨是继承齐桓公的遗志，尊王安民，息兵罢战，同享太平。为了掀起会议的小高潮，他问在座的诸侯："诸君有没有信心和我兹父共同建立一个没有战争、没有痛苦、只有健康和快乐的中国？"

他环顾了一下，大伙儿都低着头，一言不发，场面有点尴尬。半晌，楚成王不紧不慢地站起来，说了一句很实际的话："喊口号之前，最好先搞清楚，谁是今天的盟主？"

宋襄公装作没考虑过这个问题的样子，想了几秒钟，然后说："那，咱们就按爵位的高低来排，谁的爵位高就谁当盟主吧。"

如果按爵位，宋是公爵，在坐的诸侯没有人比他高；而楚是子爵，只能排到最后。这盟主的位置，当然是他宋襄公坐了。没想到，楚成王脸上露出一丝红晕，很不好意思地说："既然宋公如此抬爱，我也就恭敬不如从命了。"

宋襄公听了，愣了老半天才说："咳，咳……这个，按爵位，您是子爵哟……"

楚成王打断道："您搞错了，我明明是王，排在您这个公爵之上，怎么是子爵呢？"

"这个……您这个王，恐怕是自封的吧？"

楚成王笑了："既然我这个王是自封的，谁要您把我请来的？"他把头转向其他几位诸侯："诸君难道也觉得，我这个王是自封的吗？"

"什么话？"郑文公站起来说，"明明是公认的嘛！"

陈、蔡两位诸侯也纷纷表态说，楚王是真的，如假包换。

许国和曹国国君一声不吭，悠然自得地看着这场闹剧表演。

宋襄公还想说什么，楚成王"哼"了一声，摇摇扇子，早就埋伏在帐外的楚将成得臣、斗勃带着几十名武士冲进大帐，直奔主席台，老鹰抓小鸡似的将宋襄公拿下。

在人家的地盘上捉拿人家的君主，乃是楚国人的拿手好戏。想当年楚文王为了息妫跑到息国去，也是用这招将息侯俘虏，还顺便把息国给灭了。

楚成王故伎重演，拿了宋襄公之后，立刻召唤在边境上侯命的楚国大军，连同郑、陈、蔡、许、曹各国部队，挟持着宋襄公，浩浩荡荡杀向宋国的首都商丘。

楚成王的如意算盘是，以宋襄公为人质，迫使宋国人开城投降，即使不灭掉宋国，也要将它变成楚国的附庸。

然而，留守商丘的公子目夷早有准备，严阵以待。楚国人攻城数次，均无功而返。楚成王恼羞成怒，命人将宋襄公绑到城下，扬言宋国人如不开城投降，便杀了宋襄公。

这是一场心理博弈。

宋襄公不自量力，在盂地会盟上自取其辱，舆论风向对他是不利的，中原各国都乐得看他出洋相，宋国人自己也觉得没面子，情绪十分低落。但楚成王在诸侯大会上公然绑架宋襄公，这种做法也确实有点过分，又挟持着宋襄公去攻打商丘，就更加引起了中原各国的警惕，也激起了宋国人的同仇敌忾。

这个时候，如果再杀掉宋襄公，不但宋国人不会投降，中原各国也很有可能产生强烈的反感，只要出现一个合适的人振臂一呼，很快会形成新的反楚阵线，对楚国大大的不利。

宋国人很明白这一点，他们对楚国的威胁不理不睬。说实话，如果楚成王真的把宋襄公给杀了，对宋国倒是件“天去其疾”的好事。

楚成王没办法，只好带着宋襄公回到了楚国。回国之前，他还干了一件匪夷所思的事，派大夫申宜带了几车战利品，前往鲁国“献捷”。

鲁僖公收到这几车礼物，哭笑不得。按照周礼，诸侯如果战胜四夷，则献捷于天子，不献捷于诸侯；诸侯战胜诸侯，则连天子都不能献，因为违反了“礼乐征伐自天子出”的规定，天子如果接受了，也是“非礼也”。

俗话说，伸手不打笑面人。鲁僖公对于楚成王主动套近乎的举动，心里还是十分感动的。

到了冬天，楚成王又在宋国的亳城召集诸侯大会，讨论释放宋襄公的事。与会诸侯除了盂地之会的原班人马，还多了一位鲁僖公。

看来，几车战利品不是白给的。

宋襄公灰头土脸地从亳城回到了商丘。这次打击对一个常人来说，确实够大了。但很显然，宋襄公不是常人，他仍然坚信自己的使命是领导中原各国反抗楚国的压迫（虽然现在中原各国纷纷与楚国交好）。公子目夷对此深感绝望，他私下说："看来宋国的祸患还没有了结，因为咱们主公所受的教训还不够深刻。"

回想起来，公元前644年，也就是齐桓公去世的前一年，在宋国发生了两件奇事：

第一件，有五块陨石从天而降，悉数落到宋国境内。

第二件，有六只水鸟倒退着飞过宋国的首都。

陨石降落，当然不是从赛伯坦星球飞来了汽车人，而是一种不常见的天文现象；水鸟倒飞，有可能是狂风将鸟儿吹得倒栽，无力飞起。但在当时的人看来，这两件事非同小可。正好周王室的内史叔兴在宋国访问，宋襄公便抓住他问："这是什么预兆？是凶还是吉？"叔兴说："今年鲁国有丧事，明年齐国大乱，而您将号令诸侯……然而不长久。"

叔兴从宋襄公那里出来，为自己刚才的言论解释说："其实宋公问错了。陨石降落，水鸟倒飞，都是因为阴阳不调，不关凶吉之事。凶吉由人，根本没有必要问。我是怕宋公生气，不得以才这么回答的啊！"

虽说是不得已的回答，叔兴却说得十分准确。当年三月，鲁国的重臣公子季友逝世。第二年，齐桓公去世，齐国大乱。而宋襄公所谓的号令诸侯，不过是一场让人笑话的闹剧，还没开始就已经结束了。

鹬蚌相争，南楚得利

公元前639年，也就是宋襄公盂地会盟的这一年夏天，鲁国发生了严重的旱灾。负责求雨的女巫对此束手无策。鲁僖公在宫门外直跳脚，情急之下，下令焚烧女巫，以追究其罪责。

大夫臧文仲及时劝阻了鲁僖公这一荒唐的行为，他认为焚烧女巫绝不是对付旱灾的有效办法，正确的做法是：

一，将国库里的粮食分给灾民，发动他们去修筑城墙，既填饱了他们肚子，又加强了国家防御；

二，号召大家省吃俭用，杜绝浪费；

三，抓好粮食生产，颗粒归仓；

四，发动富户行善积德，将存贮的粮食分给大家。

鲁僖公听从了臧文仲的建议。这一年鲁国虽然因为大旱而致饥荒，却没有饿死人。

顺便说一句，这位臧文仲大夫，是孔夫子极其推崇的人物，以其积极务实、以人为本的政治主张开后世儒家风气之先河。

同年秋天，宋襄公唯一的忠实拥趸邾文公讨伐鲁国的附庸须句国，须句国君逃到了鲁国请求政治避难。

须句和附近的任、宿、颛臾四国均为上古传说中伏羲的后代，以风为姓。鲁僖公的母亲成风就是须句国人，她对鲁僖公说："尊崇先古圣人，使他们的后人得以祭祀祖先，保护小国寡民，是周礼的指导思想。蛮夷之国扰乱华夏，是周朝之祸。你如果保护须句以尊崇伏羲，使其祭祀得以延续，则可以缓解祸患。"

郲国是曹姓，本来是中原之国，但是地处诸夷，风俗习惯都接近夷人，所以成风将其称之为蛮夷之国。

鲁僖公听了母亲的话，于公元前638年春天派兵讨伐郲国，将郲国人从须句赶出去，帮助须句国君复了国。这种“存亡国、继绝世”的行为，自然得到了左丘明的表扬：“礼也。”

郲文公不甘就此罢休，再一次发动战争。鲁僖公犯了轻敌的错误，认为郲国不过是一个小国，前来挑衅无异于自寻死路，没有经过周密的准备，便发兵迎击郲军。

臧文仲提醒他说：“国无大小，均不可轻视；没有准备，虽然人多势众，亦不可倚恃。打仗是国之大事，正如诗经上说，‘战战兢兢，如临深渊，如履薄冰。’以先王的英明神武，犹且将战争视为艰难和可怕之事，何况我们这样的小国？请主公您不要再说什么郲国小不足虑的话了，蜘蛛虽小，尚且有毒，何况是郲国？”

鲁僖公觉得这老头成天吧唧吧唧，动不动就长篇大论，引经据典，实在惹人生厌，也懒得理他，带着军队出征了。同年八月，鲁、郲两国军队在升陉发生战斗，鲁军大败。

鲁僖公败得很狼狈，连身上穿的甲胄都被敌人夺走（真是丢盔弃甲），挂郲国的鱼门（城市名）上示众。

相较于鲁僖公因轻敌而战败，宋襄公的战败就更显得离奇了。

公元前639年三月，郑文公再一次前往郢都朝觐楚王。此举使得刚被释放回国不久的宋襄公感到极为不爽，举兵讨伐郑国，并包围了郑国的都城新郑。

公子目夷劝谏无效，哀叹道：“这就是祸患之所在啊！”

打狗还得看主人。宋国对郑国的侵略立刻引发了楚国的介入。楚成王亲自率军讨伐宋国，以解新郑之围。

面对来势汹汹的楚军，宋襄公采取了针锋相对的战略，在泓水列阵迎击楚军。大司马公孙固对这次战争感到没有把握，对宋襄公说：“老天抛弃商族已经很久了，而您现在想要重振商族的雄风，实在是逆天而行，难以得胜。不如就此与楚国讲和，化干戈为玉帛，才是上策。”

大司马是最高军事长官，相当于今天的国防部长。连他都觉得没有把握，那就确实应该好好考虑一下，这仗能够不打就别打了。

但是宋襄公的脑子不太好使，一到关键时刻就特别拧巴，别人认为不能干的事，他偏要干，仿佛不如此不足以显示自己的特立独行。

这也难怪，他太需要一场胜利来挽回面子，同时也给自己找回一点信心了。这个时候如果再找楚国人去讲和，他这辈子就别想再抬起头来，更别说再做他的霸主之梦了。

还别说，战争的天平一开始似乎还真朝着宋国这方倾斜：就在宋军在泓水之滨严阵以待的时候，楚军才刚站稳脚跟，稀稀拉拉地开始找船过河。

楚国人犯了兵家之大忌，宋军只要趁着楚军渡河之机发动进攻，楚军就基本上没有还手之力。

《孙子兵法》说：“客绝水而来，勿迎之于水内，令半渡而击之利。”翻译成白话，敌人渡河而来，不要在敌人没有上岸的时候就迎击，而要等到敌人过了一半再发动进攻。

孙子这样说，是告诫那些沉不住气的指挥官，如果敌人还在河中间就出击，以当时的条件，很难给敌人沉重的打击，反而令敌人很快退缩回去，白白浪费了战机。如果敌人已经过了一半再发动攻击，则已经上岸的敌军尚未立住阵脚，很容易被击溃，而仍在渡河的敌军也因此进退两难，最终导致全军覆灭。

但是，宋襄公显然不用孙子来提醒。他很沉得住气，事实上，他是太沉得住气了，使得一向稳重的公子目夷反倒显得心浮气躁起来。

楚国人渡到一半的时候，公子目夷拉扯着宋襄公的袖子说："是时候了，敌众我寡，请赶快发动进攻，打他个措手不及。"

宋襄公远望着渡河的楚军，高深莫测地微笑道："不可。"

战机就这么一分钟一分钟地消逝，目夷在一旁急得直跺脚。没过多久，楚国人全部渡过了泓水，乱哄哄地在河边准备列阵。

"快下令进攻，现在打还来得及！"目夷再一次请求。

"不可。"宋襄公仍然保持着傻傻的微笑，看着楚国人在河边整顿部队。在那一瞬间，目夷连杀他的心都有了。目夷猛然回想起当年父亲宋桓公要把君位传给他的情景，那时候，如果自己勇敢地承担起重任，想必不会有今天的事情吧？

这只是他潜意识里的一闪念。他立刻告诫自己，这种想法绝对不能再出现。兹父虽然脑子不太好使，但他既然已经是君主，就必须用侍奉君主的"道"来对待他。

楚国人现在已经列阵完毕，人强马壮，衣甲鲜明，旌旗蔽日，显示出一派朝气磅礴的气势。宋国将士本来就对楚国人有畏惧之心，看到这番景象，胆子小的人腿都已经软了。

就在这时候，中军传来了阵阵鼓声，那是宋襄公发出的进攻号令。士兵们强打起精神，跟随着宋襄公朝着楚军冲过去。

结果可想而知。宋军几乎全军覆灭，宋襄公的护卫死伤殆尽，他本人也被楚军的利箭射穿大腿，伤势严重。

如果不是公孙固和公子目夷拼命组织抵抗，他恐怕要再一次成为楚军的俘虏了。

回到首都商丘，大伙儿再也忍不住，纷纷指责宋襄公不懂军事，胡乱指挥，把大好的战机给延误了。

没想到，宋襄公对这种指责还很不服气，他反过来教育大伙说：“君子不两次创伤敌人，不俘虏有白发的老人。古代的圣贤带兵打仗，不利用敌人的不利位置取胜。我虽然是已经灭亡的商朝的后人，对于没有列好阵的敌人，是绝不会击鼓进攻的。”

大伙儿听了，都面面相觑。公子目夷说：“那是您还不知道什么叫打仗，所以才这样说。楚军强盛，然而身处险地，不能及时列阵，是天助我宋国，那时发起进攻，有什么不妥？在那种情况下，我还担心打不过他们，哪里像你那样光为楚国人着想？两军交锋，对面都是敌人，就算有的人年纪大了，抓到手了就要俘虏，还管他头发斑白？我们严格纪律，加强训练，就是为了杀敌，只要敌人还有战斗力，就要杀死他，还管他是不是二次受伤？如果不想伤他，干脆一次也别伤；可怜其年老，不如不打这仗。军队就是要在有利的情况下使用，而且要用金鼓来鼓舞士兵的斗志。把部队带到有利的位置，让敌人处于不利的位置，抓住敌人的漏洞进攻，那是必须的！”

宋襄公喃喃说：“那不是仁义之道，不是仁义之道……”

大伙很不理解，他对没犯什么错误的滕宣公和鄫子一点也不仁义，为何对伤害过他的楚国人如此仁义？

其实，还是一个面子问题在作怪，与仁义有何关系？

第一，宋襄公一直以来都以齐桓公的继承人自居，视自己为当然的霸主，没想到小国不服，大国反而与楚国交好，让他感觉很难受。绑架滕宣公，残害鄫子，都是自信心不强的表现，同时也说明，他本质上就是一个残暴的人。

第二，在盂地会盟上，楚成王将他搞得很没面子，而且公然破坏国际公约，将他给绑架了，国际社会不但不谴责楚成王，反而纷纷讥笑他不自量力，使得他的自尊心备受打击，从此将楚成王视为头号敌人。

第三，他想拾回自尊，重获信心，唯一的途径就是打败楚成王，这是他不接受公孙固的建议，一定要在泓水迎战楚军的主要原因。

第四，也是最关键的一点，之所以不对楚军进行半渡而击，是因为他那受伤的自尊心在膨胀：不但要在军事上打败楚成王，而且要在道义上打败楚成王，让天下人都看到，即使楚成王在盂地之会上采取如此卑鄙的手段对待他，他却不肯用不公平的手段来对待楚成王。和楚成王相比，他是多么堂堂正正的一个人！

以上是对宋襄公的心理分析，大家姑妄听之。

楚成王劳师袭远救援郑国，用实际行动让郑文公感动了一把。回想起来，当年郑文公跟着齐桓公混的时候，楚成王曾经派兵攻打郑国，攻郑国的聃地，俘虏了守将聃伯，而齐桓公直到两年后才作出实质性的反应，组织“八国联军”讨伐楚国；四年之后，郑文公在周天子的斡旋下，一度与楚国发生亲密接触，齐桓公因此纠集诸侯，包围了郑国的新密，楚成王为了救郑国，立刻派兵攻打许国，迫使齐桓公放下郑国前来救援许国。这回宋襄公攻打郑国，楚国又是迅速作出反应，真刀真枪和宋国人打了一仗，荆楚之人雷厉风行的办事作风，委实让中原人大开眼界。

正是在楚国的支持下，盂地会盟的前一年，郑国派公子士、大夫泄堵寇带兵入侵滑国，惩罚了其背叛郑国、臣服于卫国的行为（滑国原为郑国的附庸）。

在泓水打败宋国人之后，楚成王应郑文公的热情邀请，在郑国的柯泽接受了郑国人的慰劳。

为了招待好救命恩人，郑文公可是花了心思。他派两位夫人芈

（mǐ）氏和姜氏前往柯泽的楚军大营，代表郑国犒劳楚军。芈是楚国的国姓，芈氏则可以肯定是楚成王的亲族，也许就是楚成王的妹妹。

楚成王男性荷尔蒙急速飙升，一高兴，带她们参观了两样东西：一是宋国的俘虏，二是战死的宋国士兵的耳朵。

古人计算战功，以斩获的数量为依据。获就是俘虏，斩则是杀死敌军的数量。死人不能带回来，就剪下鼻子或耳朵，装在盐筐里腌着，一方面便于点数，一方面也是为了带回家去向父老乡亲展示。

当时芈氏、姜氏参观了楚成王的斩获，吓得面色苍白，半天都说不出话来，差点没晕倒。

楚成王倒是十分开心，他心里想："到底是妇人，这点小事就被吓坏啦！"身为男人的满足感油然而生。

左丘明对此不屑地评论道："非礼也！妇人迎送客人都是足不出户，即使见兄弟也不能跨过门槛，军国大事更不应该让妇人靠近。"

楚成王在柯泽逗留了几天，又前往新郑接受郑文公的招待。郑文公量郑国之物力，结楚国之欢心，举行了盛大的宴会来欢迎楚成王。据记载，这次宴会，仅庭中陈列的物品就多达数百种，食物用了木器皿、竹器皿各四十六个分装，规格之高，接待天子也不过如此。郑文公更向楚成王行"九献"的大礼，大大地满足了楚成王的虚荣心。

按照周礼，主人向客人敬酒，客人回敬，主人再回敬，视为一"献"。执行侯、伯爵可以用"七献"，而招待公爵以上的人物才可以用"九献"。郑文公对楚成王用"九献"，自然也是过度热情的"非礼"行为。

宴会结束后，郑文公又派夫人芈氏送楚成王回大营，附带将自己的两个女儿也送到楚成王的寝帐中，供他享乐。楚成王欣然接受。

此情此景，令曾在郑厉公手下当差的郑国大夫叔詹颇有感触，他暗中对人说："楚王恐怕难以寿终正寝了，享受了隆重的大礼，却以混淆男女之别而告终。无男女之别则无以为礼，他将怎么死呢？"

这不单单是叔詹一个人的看法。中原诸国知道了这件事，表面上若无其事，背地里却暗暗议论，认为楚成王终非霸主之才。

就在楚成王享受郑国美女的温柔的时候，宋襄公遭到了更致命的打击：曾经受他照顾登上君位的齐孝公居然趁火打劫，发动了对宋国的战争，包围了宋国的缗城。

齐孝公对外宣称，这次出兵是为了讨伐四年前宋襄公没有参与齐地会盟，忘记了齐桓公的恩德！

这个借口实在是有点牵强。一来当年的齐地会盟是由陈穆公倡议的，虽说是为了"修桓公之德"，却不是由他齐孝公倡议的，宋襄公完全有理由不参加；二来这事已经过去了好几年，期间还发生了齐、楚、宋三国的鹿上会盟，他齐孝公如果真有意见，则完全没必要派代表参加鹿上会盟。

事实上，宋襄公虽然假仁假义，但对齐孝公还是相当不错的。如果没有宋襄公的大力相助，齐孝公现在恐怕还只是公子昭，不知在哪个角落里混饭吃呢。

宋襄公在泓水之战中被楚国人射穿了大腿，已经元气大伤，现在又受到齐孝公恩将仇报的刺激，不免急怒攻心，于公元前637年夏天一命呜呼了。

同年秋天，楚成王派大将成得臣率兵攻打陈国，对外宣称的理由是，陈国与宋国有秘密来往，实际上则是对陈穆公没有前往楚国朝觐进行惩罚。

成得臣攻陷了陈国的焦、夷两城，并修筑了顿城作为监视陈国的军事据点。因为其功勋卓著，子文建议楚成王任命成得臣为令尹。大夫吕臣对此有不同意见，子文解释说：“我这也是为了国家的安宁。像成得臣这样有大功于国家的人，如果不给予相应的职务作为奖励，有几个能够忍得住不作乱呢？”

不难看出，自齐桓公死后，楚成王当之无愧地成为了实力最强大的诸侯。他在军事上纵横中原，在外交上威逼利诱，大国与之交好，小国对他暗送秋波，可谓南风猎猎，势不可挡。自楚武王、楚文王年代发轫的楚国霸业，似乎已经到了收获的季节。

虽然叔詹等人不看好楚成王的霸业，但如果不是那个叫重耳的晋国人适时出现在国际舞台上，当时天下的霸主恐怕非楚成王莫属了。

隐忍是最高深的学问

晋惠公从秦国被释放回国之后，按照与秦国的约定，于公元前643年将大子圉派到秦国为质。

大子圉是晋惠公当年躲避骊姬之乱逃到梁国时，与梁国公主梁嬴所生之子。当时梁嬴怀孕，过了十个月还没有生产。梁国掌管卜筮的大夫卜招父为此举行占卜，得出的结果是：梁嬴将生一男一女，男的为人臣，女的为人妾。等到孩子出生，男孩便命名为“圉”，字面意义是养马的官，叫作弼马温也未尝不可。

以堂堂晋国的大子身份而委质于秦，这种日子当然不好过。还好秦穆公是个厚道人，收到大子圉这个人质后，不但将河外土地还给了晋国，还将自己的女儿，也就是历史上的怀嬴，嫁给了大子圉做老婆。

公元前642年，梁国发生内乱，秦国趁势消灭了梁国，将其纳入自己的版图。

梁国是大子圉的外公家，也是他的出生地。梁国的灭亡多少给大子圉带来了一定的心理阴影。公元前638年，传言晋惠公病重，大子圉对怀嬴说："梁国是我母亲之国，秦国犹且将它灭掉，说明你父亲根本没有把我放在眼里。我在秦国居住多年，在晋国也没有可以倚仗的大臣。如果现在我父亲去世，他们很有可能立其他的公子为君。请你跟我一起逃回晋国，我当上国君，你就是第一夫人。"

怀嬴说："您是晋国的大子，被送到秦国来当人质，想要回到晋国，也是天经地义的事。但我父亲命我侍奉您，就是想要您安心在秦国生活，不要想着回去的事。如果我跟着您跑了，则违抗了父亲的命令，所以我不敢跟您走，但也不敢将这件事说给我父亲听。"

保持沉默，也许是身处政治旋涡中的男男女女唯一能保护自己的武器吧。

从某种意义上讲，怀嬴的沉默就是对大子圉的支持。他成功地逃脱了秦国人的监视，回到了阔别六年的晋国。

站在他个人的角度，逃回晋国确实是情理之中的事，但站在国家的角度，他作为人质而逃跑，无疑是一件背信弃义的事。秦穆公对晋惠公父子的一再不守信用感到很生气，后果很严重。他终于问了公孙枝一句话："重耳在哪里？"

重耳在哪里？

这个问题有必要追溯到公元前656年，也就是申生自杀、重耳和夷吾分别出逃的那一年。

我们前面说过，重耳在蒲城摆脱了寺人披的追杀，来到了翟国。翟国是狄人建立的国家，和晋国历来有比较密切的联系，对于重耳的来访，翟国给予了热情的招待。

当时追随重耳逃亡的有狐突的两个儿子狐偃和狐毛，还有赵衰、颠颉、魏犨（chōu）、胥臣臼季、贾佗等数十人。这些人在晋国都是颇有名气的贤能之士，因为仰慕重耳，自愿放弃国内的优裕生活，跟随着他逃亡。

翟国讨伐赤狄部落廧（qiáng）咎如，得到其部落首领的两个女儿叔隗和季隗，回来献给重耳。

对于流亡在外的人来说，晚上睡觉时有人可以暖被子，当然是一件求之不得的事。不过重耳并不贪心，他娶了季隗为妻，而将叔隗赏赐给赵衰。季隗为重耳生了伯儵、叔刘两个儿子；叔隗则为赵衰生了赵盾。这两桩婚事在历史上传为美谈，有人甚至将重耳、赵衰的二隗比拟为孙策、周瑜的二乔。

重耳在翟国住了十二年。期间晋国发生了巨大的变化，首先是晋献公死亡，荀息奉公子奚奇为君；不到一个月，里克、丕郑父派人刺杀了奚奇，接着又刺杀了接替奚奇的卓子，导致晋国出现权力真空；里克等人曾经考虑迎接重耳回国为君，但重耳考虑到国内局势不明朗，而且此时回国有与里克同谋的嫌疑，因此谢绝了他的好意；在这种情况下，公子夷吾获得秦国的帮助，成功地回到晋国，成为了晋惠公。但是晋惠公屡次背信弃义，得罪了扶他上台的秦穆公，秦、晋之间爆发了韩原之战，秦国大胜，晋惠公也成为了秦国的俘虏，在秦穆公夫人的帮助下才被释放回国。在这种形势下，重耳没有考虑乘虚而入，反而准备离开翟国，前往齐国投奔当时的霸主齐桓公。

当然，重耳之所以离开翟国这个安乐窝，也并非完全自愿，而是因为得到了晋惠公准备派寺人披潜伏到翟国刺杀他的情报。

临走的时候，重耳与季隗依依惜别，而且很通情达理地说：“我这一走，不知什么时候才能回来。请你等我二十五年，如果二十五年还不回来，你就改嫁吧。”

季隗说：“我今年二十五岁了，再等你二十五年，我都行将就木了，还嫁给谁去？你呀，就别假惺惺地装大方了，放心地去吧，我在这里等你回来，谁也不嫁。”

重耳等人自翟国出发前往齐国，第一站经过卫国。卫国的国君卫文公对这批峨冠博带的流浪汉没什么好感，甚至没让他们进入城内歇息。

从历史的记录来看，卫文公还算是个贤君。但贤君不一定会做人，也不一定明白风水轮流转的道理。看见重耳一伙养得白白胖胖，又声称前往齐国寻求政治避难，生性节俭的卫文公打心眼里感到厌恶。

晋国的公子有什么了不起？何况是落难的公子。再说了，你既然落难就该有落难的样子，还带着几十号人，前呼后拥的，显摆个啥？

卫文公显然不明白，雪中送炭和落井下石之间，也许只是态度上的一点差别，然而引起的后果却是天差地别。公子小白当上国君的第二年，就发兵把一个叫“谭”的小国家给灭了。为什么？小白从齐国逃亡出来的时候，经过谭国，“谭不礼焉”。

历史的教训，一定要引以为鉴。

其实对于重耳来说，卫国人不让进城也没什么大不了的，既然是逃亡，找个乡村旅店将就着过一夜也好，免得过于招摇。

但他很快发现一个严重的问题：掌管盘缠的小吏头须不见了。当狐偃向他汇报这一情况的时候，他感觉自己的头皮都发麻了，直冒冷汗。

屋漏偏逢连夜雨，这一切，仿佛预示着等了十二年之后，他的前途依然黯淡。

考虑到这一年重耳已经五十五岁，我们实在有理由怀疑，他继续折腾下去还有没有意义？

这个疑问，在重耳的心中也一度浮现。他甚至想，回到翟国去，回到季隗的怀抱里去，安安静静度过自己的余生，难道有什么不好吗？

但只要一接触到狐偃他们那种充满信任和期待的目光，他就没办法把“回去吧”这三个字说出口。

他们已经追随他过了整整十二年的流亡生活，盼望的就是有朝一日能够风风光光地回到晋国去，辅佐他建设一个强大富饶的晋国。

再苦，他也不能辜负他们，至少不能让他们失去希望。

几十号人饿着肚子前进，来到一个叫五鹿的地方，人困马乏，实在走不动了，七歪八倒地坐在田野里休息。这时候走过来几个扛着锄头去上工的农民。“老乡，老乡！”狐偃有气无力地叫道，“给咱们弄点吃的吧。”

卫国的民风历来不淳朴。几个乡下人先是惊愕，继而弄明白这群打扮入时的人原来是在向他们乞讨，不由得嬉笑起来。

“给，拿去吃吧。”其中一个农民扔过来一块黑乎乎的东西。重耳捡起来一看，原来是块硬泥巴。

重耳一时恼怒，忘记自己是在异国他乡，拿起手中的拐杖就想冲过去打那个农民。

农民也不是吃素的，立刻将锄头握在手里。

狐偃一看势头不对，连忙跪倒在重耳面前，拦住他说：“这是天赐您国土，大吉大利啊！”

重耳愣住了。但他迅速反应过来，扔掉拐杖，恭恭敬敬地向朝他扔泥巴的农夫鞠了个躬，然后回头捡起那块硬泥巴，小心翼翼地放到了马车上。

狐偃以他的智慧，不但鼓舞了士气，而且及时制止了一场冲突——虽然重耳的手下有魏犨（chōu）等力能擒虎的壮士，但在落魄的境地下即使打了农民一顿，又有什么意义呢？

一行人打起精神继续东行。

这天黄昏，他们来到一片树林。重耳实在是饥困交加，斜靠在一棵大树上就睡着了。恍惚之间，突然闻到一股久违了的肉味，他不禁连吸了两下鼻子，没错，是肉！他猛地睁开眼睛，只见一个名叫介子推的手下跪在自己的面前，手里捧着一碗热气腾腾的肉羹。“哪里弄来的？”重耳也不客气，一把接过肉羹，做了一个深呼吸，一口气喝掉一大半。味道实在太鲜美了，但是吃不出是什么肉，他也不想知道，只是重复问了一次：“哪里弄来的？”

“这个……”介子推犹豫了一下，支吾道，“前面有个小村落，我去乞讨来的。”

“嗯，不错。”重耳把剩下的肉羹都倒进自己胃里，才又问了一句：“别人吃了没有？”

“没有。肉不多，全部都在这里了。”介子推如实回答。重耳叹了口气，说：“苦了大伙了。”

介子推将头深深地低了下去。

公元前644年秋天，身心疲惫的重耳一行人终于来到了齐国的首都临淄。

和卫国相比，齐国简直就是天堂。齐桓公早就听说过重耳的贤名，举行了盛大的国宴来招待重耳等人。

在临淄，重耳品尝了久违的大餐，洗了久违的热水澡，听了久违的音乐，住了久违的宾馆，而且……还睡了久违的女人。

齐桓公将自己的女儿嫁给了重耳。

作为陪嫁品，齐桓公还送给重耳马车二十乘。潦倒了一个多月的重耳一下子又阔了起来。

临淄是当时闻名天下的大都会，远非狄戎之地的翟国可以比拟。齐国公室的女儿历来以美艳闻名，想必比赤狄部落的季隗更具风情。更重要的是，齐桓公雄霸中原数十年，霸主政治趋于成熟，令重耳和他的追随者们激动不已，他们几乎是怀着一种朝圣的心情，好奇地观察着身边的所有事物。

但他们没想到，自己所看到的，正好是齐桓公霸业的落日余晖。

第二年冬天，齐桓公去世了。接下来发生的事情有如一部杂乱无章的电影，他们接二连三地目睹了五子争位、三贵专权、齐孝公上台等政局变易，而齐国的霸业也在一夜之间坍塌，南方的楚成王挥鞭北上，大有取而代之之势。

这些事情在重耳的心中留下了不可磨灭的印象。当年在卫国落难时产生的疑问，现在又一次跳出来，刺激他的神经。

雄图霸业，究竟有多大的意义，是否值得他这个大半截身子入土的人继续折腾下去？

如果说当年在卫国提出这个问题，是因为生活所迫的话，现在提出这个问题，则是对人生终极意义的拷问。

后世的孔老二说，五十而知天命，重耳早就过了知天命的年龄了。但是，天命究竟在哪儿？

带着这些疑问，重耳逐渐沉迷在声色犬马的生活之中。老婆姜氏为人贤淑，将他照顾得很好。此间乐，不思晋，他在齐国一住就是五年。

现在他不只过了天命之年，而且过了耳顺之年了。一个人过了六十岁还在外漂泊，你还能指望他有什么作为？

但是，重耳不是一个人在外漂泊，自始至终追随着他的，还有好几十号人。这些人都是晋国的精英，别人可以不指望重耳有所作为，他们却不能。

因为他们的身家性命前程，全维系在重耳一人身上了。

以狐偃为首，这伙人在一棵桑树下密谋，准备挟持重耳启程回国。没想到，姜氏的使女此时正好在树上采摘桑叶，将他们的计划一字不漏全听了去。

等他们散去，惊惶的使女连忙跳下树来，跑到姜氏那里去告密。这可怜的姑娘显然不知道政治是一件多么可怕的事情。姜氏得到消息，甚至没有作过多的考虑，便命人把她给杀了。

杀人灭口，是怕让齐孝公知道这件事，对重耳不利。

晚上睡觉的时候，姜氏突然问重耳："听说您想离开齐国？"

重耳说："从来没想过这事。"

姜氏笑道："别蒙我了，有人听到了你们的计划。不过您放心，我已经将那个人杀掉了。"

"什么计划？"重耳一头雾水，"我不明白你说什么啊！"

姜氏在他脸上捏了一把："还跟我装蒜。男子汉志在四方，您要走就走吧，我不会拖累您。再说，留恋妻妾，贪图安逸，对于男人来说也是一种耻辱，我不希望您就这么碌碌无为地待在齐国，让人家看笑话。"

话虽这么说，眼泪却流下来了。

重耳不知所措，只能对她说："没这回事，没这回事啊！"

后人王昌龄写了一首诗："闺中少妇不知愁，春日凝妆上翠楼。忽见陌头杨柳色，悔教夫婿觅封侯。"

诗写得很生动。但我想说的是，如果这位少妇的老公总是待在家里，过着平平庸庸的日子，恐怕没多久，她又要抱怨老公不求上进了。

几天之后，狐偃等人按计划来到重耳家里，请他出去打猎。重耳还没起床，姜氏走出来接待了狐偃。

狐偃说明来意："今儿个天气很好，我等想邀请主人去郊外打猎，请夫人通报一声。”

姜氏说，“您就别在我面前玩什么花样了，我知道你们的计划。”

狐偃等人面面相觑。

“老实说，我也劝了他一晚上，要他带你们回国去，无奈他执意不肯。今天晚上，咱们开一个家宴，大伙把他灌醉，再将他带走吧。”

狐偃等人齐刷刷地跪倒在地上，拜谢姜氏深明大义。姜氏心里一酸，没有再说什么。

第二天上午，重耳从昏昏沉沉中醒来，发现自己的床在摇晃。后来才发现自己原来不是躺在床上，而是睡在一辆正在前进的马车里。

“老婆，老婆！”他叫道，嘴里的酒气还没有消散。

没人搭理他。他挣扎着坐起来，狐偃那张不讨人喜欢的脸立刻出现在他面前。

“公子，您醒啦？”狐偃大大咧咧地问。

“这是什么地方？我怎么会在这里？”

“回公子的话，这里离临淄已经有一百里，具体叫什么地名，我们也不知道。”

“我们这是去哪儿？”

“回晋国啊！”狐偃大手一挥，故意避重就轻地说。“见鬼，我不回去！”重耳生气了，宿醉未醒加上路途颠簸，又躺了下去。

“这个不太好办，齐侯已经知道您不辞而别的事了，您现在就算回去，恐怕也没有好果子吃。”狐偃一脸无奈地说。重耳气得弹了起来。

正好魏犨扛着一支长戟经过重耳的马车，重耳一伸手，抢过魏犨手中的长戟，就朝狐偃刺去。狐偃连忙闪开。赵衰等人一拥而上，死死拦住重耳，当下闹得不可开交。

“好了，好了。”最后重耳气喘吁吁地说，“这次回去，如果成不了事，我剥你的皮，吃你的肉！”

“没问题。”狐偃拍着胸脯说，“我的肉又臊又腥，就怕您到时候不想吃。”

重耳一路西行，先后经过了曹、宋、郑等国家。

曹共公早就听说重耳生得奇怪，肋骨连成一片（这消息是怎么传出去的，着实令人生疑），于是趁重耳在澡堂子里洗澡的时候，带着人前去偷窥。

好奇心人皆有之，但像曹共公这样，以一国之君的身份屈尊去当狗仔队的，还真少见。

曹国大夫僖负羁的老婆对僖负羁说：“我观察了晋国公子重耳的随从，个个气宇轩昂，都有相国之才。重耳有他们相助，必定能够回到晋国为君，而且将成为诸侯之长。到时候他如果要秋后算账，曹国首当其冲，您何不早作打算呢？”

僖负羁深以为然，派人给重耳等人送去饭食，而且在装饭食的盒子里放上了一对上等玉璧。

重耳接受了僖负羁的款待，但是将玉璧退了回去。

在宋国，重耳受到了宋襄公的热情招待。但此时宋襄公正好遭遇泓水之败，国力不振。对于重耳来说，宋襄公不是一个有力的后台。他住了没几天，便打算告辞。

临走时，宋襄公赠给重耳马车二十乘，以示自己不比齐桓公小气。

重耳到了郑国，郑文公对他不冷不热。大夫叔詹劝谏道：“我听说，富贵在天，非人力可以强求。有三件事说明重耳得到老天的眷顾，必成大器，您最好对他热情周到一点。第一，男女如果同姓为婚，所生的孩子必定夭折，晋国姬姓，重耳的母亲大戎狐姬也是姬姓，而他一直活到今天，是很少见的；第二，重耳出逃在外，恰好现在晋国又不安宁，大概是老天想助他一臂之力；第三，跟随他的那些人，至少有三个是人上人，却都心甘情愿为他效命。晋国和郑国乃是同族，就算是公室子弟来往，也应该以礼相待，何况是重耳这样的天命所归的人物？”

郑文公听不进去，他是出了名的墙头草，谁的实力雄厚，他就投靠谁。对于重耳这种潜力股，他没有任何兴趣。

从郑国出来，重耳继续西行，接着来到了当时实力最雄厚的国家——楚国。

楚成王很热情，用了“九献”的大礼来迎接重耳。我们不难发现，重耳所到之处，越是大国霸主，越是对他热情有加；越是小国寡君，越是对他冷若冰霜。所谓富贵宽容，穷酸刻薄，大概就是这个意思吧。

在酒宴上，楚成王开玩笑说：“公子您如果回到晋国，将如何报答我啊？”

重耳恭维道：“金帛美女您都有了，奇珍异宝您也不缺，晋国所拥有的，不过是楚国人看不上的物品，我还真不知道怎么报答您哪！”

话说到这个分上，也就可以打住了。但是楚成王显然不仅仅想听这几句恭维，而是想听到更实质性的内容。

当年夷吾为了回国，一挥手便答应给秦国五座城池，你重耳好歹给我楚国打张白条吧？

楚成王不依不饶地问：“话虽如此，我还是想听听公子将以什么报答我。”

重耳被追问得没办法，只好说：“如果借重您的英名，能够回到晋国，以后两国万一在中原发生战事，我将退避三舍。”

古代以三十里为一舍，退避三舍则是后退三次，累计九十里。在战场上能够这样做，也是一个天大的面子。

楚成王来了兴趣，笑着追问：“退避三舍之后呢？”

重耳正色道：“如果退避三舍仍不能摆脱，那我只好坐上戎车，拿起武器，与大王您周旋了。”这话一语双关，一方面告诉楚成王，他不会拿国家利益作交换，另一方面是说，您就别再追问了好不好？

此言一出，楚成王不觉愣了一下，楚国众臣都面露愠色。

宴会之后，楚国大将成得臣立刻找到楚成王，请求杀掉重耳，以除后患。

楚成王不同意：“重耳志向远大，作风俭朴，温文尔雅，有礼有节。他手下那些人，都是非凡之士，而且对他忠心耿耿。现在晋国的那位（指晋惠公）刻薄寡恩，国内国外的人都很讨厌他，恐怕不能长久。我听人家说，姬姓诸国，最后衰落的就是晋国，大概就是因为有重耳这个人吧。老天要他兴旺，谁又能阻挡？逆天而行，必有大难。”

看来，楚成王多年进出中原，也沾染了中原文化的气息，讲起“德配天命”的大道理来，头头是道。

重耳暂时就在楚国居住下来了。但这一次，他没有待太久，当远在雍城的秦穆公问公孙枝“重耳在哪里”的时候，公孙枝迅速作出了正确的回答：“在楚国。”

秦穆公说：“把他找来。”

晋文公上位：让第三方成为政治资本

公元前637年，重耳在秦国人的前呼后拥下进入了雍城。

重耳的冒险之旅始于翟国，历经卫国、齐国、曹国、宋国、郑国，结束于楚国。从楚国到秦国的旅程，谈不上任何冒险，楚成王派了阵容强大的卫队，一直将他送到秦国边境，交给了正在那里恭候的秦国大夫公孙枝。

临别的时候，楚成王对他说："我本来也想帮助您回国，可是楚国离晋国甚远，中间还隔着好几个国家，确实是鞭长莫及，无能为力。秦国与晋国接壤，秦伯又是个厚道人，我就不耽误您的大事，请您好自为之吧。"

重耳深深地一揖到地，作别了楚成王。

进入秦国，等于踏上了返回晋国的最后一块跳板，接下来的事情，就是华丽的一跳了。恰在此时，绛都的晋惠公告别了人世，大子圉即位为君，也就是历史上的晋怀公。

相对于齐桓公、宋襄公、楚成王的热情招待，秦穆公有过之而无不及。他不顾重耳六十二岁的高龄，一股脑将五位公室的女儿嫁给了重耳，其中包括原大子圉的夫人怀嬴。

对于这一安排，重耳感激之余，觉得难以接受。毕竟大子圉是自己的侄子，怀嬴是自己的侄媳妇，太亲了，下不了手。

然而怀嬴又是秦穆公最喜欢的女儿，娶了怀嬴，可以加强与秦国的关系，秦穆公更会全力以赴，帮助重耳回到晋国。

重耳感到相当为难，他不断对自己人说，抢侄子的老婆，于心何忍？

狐偃和赵衰笑而不答，倒是胥臣季臼用一句话打消了他的疑虑："您还要抢人家的国家呢，抢人家老婆算得了什么？"言下之意，您就别假惺惺推辞，开开心心去做那一树梨花压海棠的勾当吧。

胥臣季臼这话说得很流氓，但是很有道理。生于公室之家，婚姻就是政治，哪容得你温文尔雅呢？

重耳于是接受了秦穆公的好意，不过他心里面还是有障碍。怀嬴嫁给他的第一天，侍奉他洗漱，重耳的道德感突然涌现，厌恶地拿手挡了一下，将怀嬴推开了。

怀嬴自大子圉逃回晋国后，一直闷闷不乐，不得已嫁给眼前这个糟老头，就更加不开心。重耳这一推，终于使得她爆发了："秦国和晋国地位相等，凭什么看不起我？！"

重耳愣了一下，没想到她会将夫妻之间的小事上升到这个政治高度。他立刻意识到自己做了一件错事。

如果怀嬴跑到秦穆公那里去告他一状，说他看不起秦国，这十几年的苦就白吃了。这对于重耳来说，无疑是一个致命的打击。他甚至怀疑，怀嬴是不是心里只有大子圉，因而演出这么一出戏来坏他的大事。

大子圉年轻力壮，又与怀嬴有数年的夫妻之情，怀嬴心里向着大子圉，几乎是毋庸置疑的。重耳暗自骂自己，怎么没有想到要防范这个妇人要小心眼，居然让她给揪着了小辫子。

"不行，我绝对不能在这里抛锚！"他对自己说，脑子里飞快地计划着如何挽救局面。

那个年代不兴跪搓衣板，重耳选择了另外一种方式来向怀嬴认错：他将衣服脱下来，光着上身，将自己囚禁在房间里，不吃不喝。

这一招很有效果。怀嬴有没有就此原谅他，谁也不知道，但秦穆公听到这件事，倒是很开心地笑了一阵。男人打骂老婆，在当时是很常见的事，哪里有像重耳这样，推了一下老婆就立马自囚认罪的？

秦穆公想，重耳这样做倒不是怕老婆，而是打心眼里尊重秦国吧。为了给重耳找个台阶下，他派人前去重耳家里，邀请他来参加宴会。

重耳穿好衣服，叫上狐偃，要他陪自己一起去。狐偃推辞道："宴饮吟诗，我不如赵衰有文才，请您带赵衰去吧。"

重耳奇怪地看了狐偃一眼，也没说什么，就依他把赵衰带去了。

那次宴会的气氛极其融洽。重耳给秦穆公祝酒的时候，赋了一首《河水》之诗，大概意思是河水向东流，最终归于大海。诗里面的海，自然是指秦国。

秦穆公很高兴，回了一首《六月》之诗。重耳没听出门道，赵衰却听明白了，他在一旁唱道："重耳拜谢秦伯之赐！"

重耳连忙吭哧吭哧地跑到阶下，朝秦穆公稽首。秦穆公也走下一级台阶，郑重地答谢重耳。

回来之后，赵衰告诉重耳，《六月》之诗写的是尹吉甫辅佐周宣王出征时的场景，秦穆公以这首诗相赠，是希望重耳也担负起辅佐天子的重任，所以一定要下拜表示感谢。

所谓辅佐天子，自然是建立像齐桓公那样的霸业了。

话分两头，狐偃没去参加那次宴会，是因为他刚刚接到来自晋国的一封密函，他的父亲狐突被晋怀公赐死了。

晋怀公上台之后发布了一条命令，禁止任何人追随重耳在外流亡。对于已经跟随重耳的人，他公布了一个期限，超过这个期限还不回国，则杀其家人，绝不赦免。

这一招，等于是对重耳釜底抽薪，然而收效甚微。狐突的两个儿子狐毛和狐偃都跟着重耳，过了那个期限，晋怀公将狐突抓起来，逼他说："赶快要你的两个儿子回来，我就赦免你。"

狐突神情自若，面不改色，摇摇头："儿子长到能做官的年龄，父亲就要教他如何忠义，这是自古以来的传统。为官之前，签名宣誓效忠，就是为了防止产生二心。现在我的两个儿子效忠重耳，已经有很多年了，如果我召他们回来侍奉您，就是教他们不忠。要是我这个做父亲的这么做了，又拿什么来侍奉君主呢？"老头转过头直视晋怀公的眼睛，无所畏惧，"刑罚有度，不滥杀无辜，是因为国君圣明，也是为臣的愿望。刑罚无度，是因为国君喜欢摆威风。随意给臣子安罪名，谁又没罪呢？我听任您处置。"

狐突这话，点了晋惠公、晋怀公父子的死穴：他们都是那种对自己很宽容，对别人很苛刻，抓着人家任何一点小毛病都能做文章的人，给别人安罪名，是他们最喜欢做的事。

晋怀公当然也不会反思自己有什么不对，于是就给狐突判了死刑。狐突在晋国是德高望重的老臣，他的死引起了朝野的不满，大夫卜偃称病不出，而且对人说："国君开明，百姓才心服口服；国君不明是非，想通过杀人来耍威风，难道不是适得其反？主公即位以来，咱们没看到他的仁德，只听到他杀人的消息，他这国君恐怕当不长久了。"

可想而知，晋怀公在国内的支持率下降到了最低点。

公元前636年春天，重耳在秦国大军的护送下，启程返回晋国。这时，距他自蒲城逃亡出国，已经有二十年了。

东渡黄河的时候，狐偃突然跪在他面前，将原来重耳赐给他的一双玉璧举在头顶，还给重耳，说："这些年来我追随着您流亡天下，犯了不少错误，有的事情罪不可赦，不用您说，我自己都清楚。请允许我就此告别，继续流亡，以示惩戒。"

狐偃所说的罪不可赦，自然是指当年在齐国与齐姜合谋将重耳灌醉，挟持其西行回国之事。当时重耳十分恼火，甚至说出了“如果成不了事，我剥你的皮，吃你的肉”之类的话。

从现在的情况来看，事情基本上是成了，狐偃也不用担心重耳剥他的皮，吃他的肉。但狐偃知道，自己虽然与重耳患难与共，并不代表今后可以万无一失地同享富贵。万一哪天重耳嫌他烦了，翻出陈年旧账，给他安一个欺君之罪，他可就吃不了兜着走了。

所以，狐偃做这番表演，是正话反说，给重耳打预防针：过去的事就过了，以后可不许借题发挥！自古伴君如伴虎，狐偃这样小心谨慎，完全不是多余。

重耳当时很激动，接过玉璧来直接扔到黄河里，说：“我如果不与舅舅同心同德，有如此璧！”

这里说明一下，狐偃与重耳的母亲大戎狐姬是本家，重耳尊称其为舅舅，并不代表狐偃就是他的亲舅舅。

秦军渡过黄河之后，连取令狐、桑泉、臼衰三城。晋怀公派兵在庐柳迎击秦军。然而，这个时候已经没有人能够阻挡重耳了。秦穆公派大夫公子絷（zhí）前往晋军大营，对晋军将领说：“贵国公子重耳在我军中，请让路。”晋军闻言立刻拔营起寨，退到了郇（xún）城。

在郇城，秦、晋两军将领和狐偃举行了三方会晤。几天之后，重耳带着自己的随从人员进入晋军大营，接管了晋军。紧接着，重耳挥军东进，以和平进军的方式，占领了曲沃，进入绛都，并在武宫（祭祀晋武公的大庙）举行了隆重的即位仪式，成为了晋国国君，也就是历史上的晋文公。

回顾晋文公的流亡与回国之路：前面一段艰辛险阻，长达二十年之久；真正进入晋国之后，却势如破竹，仅仅花了不到一个月时间，便大功告成。

打败晋惠公父子的并不是晋文公，而是他们自己。“多行不义必自毙”这句话，就让我们也赠给晋惠公父子吧。

前面曾经提到，当初晋献公将女儿嫁到秦国去，叫人算过一卦，卦辞预示着嬴姓的秦国要打败姬姓的晋国，如果发生战争，晋国将在自己的地盘上失败。而且，做侄子的将跟随他的姑姑，六年之后才能逃回国内，并且抛弃自己的家庭，再过一年死于高梁。

晋怀公，也就是大子圉在秦国做了六年人质之后，抛弃怀嬴逃回晋国，最后被晋文公派人杀死在高梁。

晋文公上台之后，采取一系列宽厚的政策，迅速稳定国内政局。然而，晋惠公的旧臣吕甥、郤芮总觉得晋文公会找机会迫害他们，于是密谋，想纵火焚烧公宫（天子的宫殿称王宫，诸侯的宫殿称公宫），刺杀晋文公。

吕甥、郤芮都是智商极高的人，但是和晋惠公在一起混久了，难免习惯了他的思维方式，将自己的刻薄推及到别人身上，以为天下人都和自己一样刻薄。

吕甥、郤芮找到寺人披，要他执行这一阴谋。在他们看来，寺人披曾经两次受命追杀晋文公，与晋文公之间有不可调和的矛盾，当然是最佳人选。

但他们没想到，寺人披这边接受任务，那边就跑到宫里去告密了。

一开始寺人披也没说明来意，晋文公也不愿意见他，只派人对寺人披说：“当年先父派你到蒲城来杀我，命你第二天到达，你第一天就到，差点要了我的命。后来夷吾又派你到翟国来刺杀我，给了你三天时间，你第二天晚上就到了。虽然是奉命行事，你也未免太积极了。当年你在蒲城砍断我的衣摆，那衣服我还留着做纪念呢。现在我不找你麻烦就算了，你快走吧！”

寺人披说：“我以为，您既然能够回国为君，必定懂得为君之道；如果不懂，马上又会有大难临头。自古以来，君命如山。为君主铲除心腹大患，就应当全力以赴。当年您在蒲城、翟国，我就是把您当作蒲人、翟人来对待，并非针对您个人有什么意见。您现在当上国君了，难道以为身边就没有类似的蒲人、翟人了吗？齐桓公被管仲射了一箭，仍然任命管仲为相，您如果不向他学习，我又何必死皮赖脸地要见您呢？到时候，会有很多人离您而去，不在乎多我一个。”

晋文公听了很惭愧，于是命寺人披觐见。

晋文公上台的第二个月，公宫果然发生大火。吕甥、郤芮带着政变的部队包围公宫，却没有找到晋文公的尸骨。后来得到消息说，晋文公早就偷偷地跑到秦国，此时正和秦穆公在王城饮酒作乐呢。

晋文公知道吕甥、郤芮要叛乱，不但没有及时采取措施，反而跑到秦国去“避难”，自有其深思熟虑：

第一，晋文公回国不久，国内必定藏有受晋惠公父子之恩而对其不满的死硬分子。对于这些人，最好的办法是引蛇出洞，诱使他们冒出头来，然后一棒子打死。这样，既可以斩草除根，又可免于非议，与当年郑庄公诱使共叔段叛乱是同一条计策。

第二，他希望继续借助秦国的力量来稳定国内局势。

吕甥、郤芮找不到晋文公，已经慌了神，得知他在秦国后，马上带人到黄河边，想等他回来的时候进行伏击。这两个人的下场，据《左传》记载，是“秦伯诱而杀之”。

晋文公再一次在秦国人的护送下回到了绛都。这一次，他不但把怀嬴这个宝贝给带回来了，还带回了秦穆公赠送的三千名秦国壮士。这些人将负责公宫的守卫和绛都的治安，如同梵蒂冈的瑞士卫队一般忠心耿耿，而且不会被收买。

这件事之后，晋文公正式确立怀嬴为第一夫人。不久，翟国也派人将季隗送到晋国，但是请求将季隗所生的两个儿子伯儵和叔刘留在外婆家抚养。明眼人一看就知道，不是翟国人要将伯儵和叔刘留下，而是晋文公指使翟国人这样要求的，主要目的是避免将来出现继承权争端。

前面说过，晋文公在翟国的时候娶了季隗，而将季隗的姐姐叔隗嫁给了赵衰做老婆，叔隗生了赵盾。晋文公回国之后，又将自己的女儿赵姬嫁给赵衰，并且为赵衰生了原同、屏括、楼婴三个儿子。

赵姬高风亮节，她主动要求赵衰将叔隗和赵盾接回晋国来团聚。赵衰哪里敢啊？一再表示推辞。赵姬很严肃地说："您得到了国君的女儿就喜新忘旧，这样的品德如何服众？我不想您被人唾骂，必须把他们接回来！"

叔隗和赵盾被接到晋国后，赵姬又以赵盾有才为由，强烈要求将赵盾立为嫡子，将来继承家业，让自己的三个儿子居赵盾之下；同时要求赵衰立叔隗为夫人，自己甘居其下。

在那个年代，公卿的妻妾和子弟为了争夺继承权，往往打得头破血流，像赵姬这样舍己让人的，还真不多见。我只能给她两个字的评价：聪明!

当年晋文公等人自翟国出来，掌管盘缠的小吏头须携款潜逃，导致他们差点饿死在卫国的郊野。后来头须又将所携款项全部用于迎接重耳回国的事业（由此可见，晋文公尚在流亡途中，晋国就有地下党在活动，密谋迎接他回国），也算是将功抵罪。晋文公当上国君之后，头须又来宫室求见。晋文公借口自己在洗头发，避而不见。

头须对晋文公的仆人说："洗头的时候，俯首躬身，心在上头在下，位置颠倒，难免说出反常的话，也难怪我见不到主公。但是请你转告主公，身为国君而记恨一介匹夫，恐怕会使得大家都不敢亲近他。”

晋文公听到这话，立刻派人把头须叫回来，接见了他。与晋惠公父子的斤斤计较相比，晋文公确实有他的过人之处。

国内局势稳定下来之后，晋文公开始赏赐跟随他流亡的众人，按照功勋大小，有的赐以封地，有的赐以官爵。当年狐偃、赵衰等人不惜血本买的这只潜力股，现在终于涨停了。

跟着晋文公流亡的人中，有一位做饭的壶叔。他也跑去找晋文公，抱怨说：“您都赏了三批人了，还没轮到我，是不是把我这老头子给忘了啊？”

晋文公咂吧着嘴说：“哪里敢忘啊？我现在还惦记着你在路上给我煮的野菜汤，那味道叫一个美！只不过，我赏赐群臣是有等级的。用仁德教育我，不让我犯政治错误的，受上赏；用实际行动支持我，帮助我回国的，受中赏；在战场上拼死效力，立下汗马功劳的，受下赏。你是为我个人的生活服务的，我很感谢你照顾我，等这三种人赏赐过后，就轮到你了，别着急啊！”

晋文公这话被传出去，晋国上下无不受到感动。

不知道为什么，晋文公赏过上、中、下三种人，也赏过了壶叔这种后勤人员，独独忘了在树林中给他献过肉羹的介子推。

介子推自己也不以为意，对母亲说：“先君献公有九个儿子，现在只剩下主公在世了。惠公、怀公刻薄寡恩，没有人愿意亲近他们，因此遭到国内外的遗弃。老天不抛弃晋国，必定会派人主持大局，所以主公回国，也是天意。而跟着主公流亡的这些人，竟然认为是他们的功劳，不是很搞笑吗？拿人家的财物，尚且叫作偷盗，何况贪天之功为己有？做臣子的以自己的罪行为义举，当国君的还赏赐他们的罪行，上下一起自欺欺人，我很难和他们相处！”

虽然后世对介子推的评价历来很高，我对他这番话却很不以为然。晋文公回国自然是天命所赐，但如果没有这么多人帮助他，鼓励他，甚至是督促他，他八成还睡在齐姜的绣榻之上，做着他那恍恍惚惚的春秋大梦呢，怎么有可能坐在绛都南面称君？

介子推的老母亲挑着簸箕里的米虫，劝他：“那你多少也向主公说一下，求得一些赏赐，否则就算死了也不会被记得。”

介子推态度很坚决：“明知不对，我怎可以学他们争名夺利？君子总不能食言而肥吧。”

“那你好歹提醒主公一下嘛！”

介子推站起来，拍拍身上的米灰，说：“没这个必要，我还是归隐田园吧。”于是母子俩收拾了家当，悄然离去，不知所终。

晋文公得到这个消息，沉吟了半晌，对赵衰说：“寡人确实是忘记了介子推，对不住他。”

赵衰面色凝重，欲言又止：“有件事情，不知该不该讲？”

晋文公点点头。

“当年在卫国，介子推献给您一碗肉羹，您知道是什么肉吗？”

晋文公咽了口口水，摇摇头。

“那是……他从自己大腿上切下来的一块肉。”

晋文公一下子站起来，失魂落魄般看着天空，一言不发，眼泪却不住地往下掉。后来他派人去寻找介子推，一直没找到，只好将绵上（地名）虚封给介子推，说：“这是为了记录我的过失，表彰善良的人。”

另外还有一个流传甚广的故事：

晋文公打听到介子推隐居的地方，亲自跑去找他，结果介子推得到消息，带着母亲逃到山里去了。晋文公想，介子推是个孝子，如果放火烧山，他一定会背着母亲出来。于是，命令放火烧山，结果火一下蔓延数十里，连烧三日不熄，但介子推没有出来。火熄之后，大家进山察看，才发现介子推和他的老母相抱在一起，被烧死在深山之中。这事传出来，人人尊敬和怀念介子推，以后便在他被烧死的这天纪念他。这天就在每年四月清明节的前一天，因为介子推是被火烧死的，大家在这天都不忍心生火做饭，宁愿吃冷食，所以这天又被叫作“寒食节”。

这个故事不见于正史，但是早就植根于中国人的感情与文化中。我想，历史在某种意义上并无正史和野史之分，所谓“故事纯属虚构，唯有感情真实”，不是吗?

驱虎赶狼，玩的就是心跳

公元前636年，也就是晋文公即位的那一年冬天，王城雒邑发生了一件大事，周襄王的弟弟王子带再一次勾结少数民族进攻雒邑，周襄王逃亡到了郑国。

《春秋》这样记载这件事：“冬，天王出居于郑。”天王即天子，这里之所以用“出居”而不用“出奔”，是因为天子以天下为家，逃到哪儿都不能算是逃，而只能含糊其词地说是前往某地居住。

王子带上一次勾结戎人进攻雒邑是在公元前649年，事情败露后，周襄王震怒，王子带逃到齐国寻求庇护，在齐国一住就是十年。直到公元前638年，天子消了气，这才接受大夫富辰的建议，将王子带召回了雒邑。

周襄王眷念兄弟之情原谅王子带，王子带却一直没放弃争夺王位的念头。但他这一次勾结狄人进攻雒邑，周襄王本人也要负一定的责任。

事情的起因与郑文公有关。

公元前640年，郑国的附庸滑国背叛郑国而亲近卫国。郑文公派兵讨伐滑国，滑国人表面上认罪投降，等郑军一撤，马上又投入卫国人的怀抱。郑文公是出了名的墙头草，没想到滑国人比他有过之而无不及，他气恼不已，第二次派兵征讨滑国。滑国向卫国求助，卫国则向周王室求助。因此，受周襄王的委托，周朝大夫伯服、游孙伯来到了新郑，请求郑文公与卫、滑两家坐下来谈判，用和平方式解决争端。

周襄王显然过高估计了自己的影响力。郑文公见到两位大夫，先是毫不客气地给他们算了一笔旧账，说当年郑厉公和虢公帮助上任天子周惠王夺回王位，在庆功宴会上，周惠王赏给虢公酒爵，而只赏给郑厉公铜镜，厚此薄彼，完全没搞清楚谁的功劳最大。接着又埋怨了一通现任天子周襄王，说他也不先了解事情的前因后果，就一味帮着卫国和滑国说好话，这种大是大非的问题上，难道能够用和稀泥的方式解决吗?

发完这通牢骚，郑文公仍然不解恨，干脆把两位大夫强行留下来，软禁在新郑城内。

不难看出，自从抱住了楚成王的大腿，郑文公说话办事，气也粗了，腰杆子也硬了，耍起无赖来，颇有乃祖郑庄公的遗风。

周襄王本来只是想当个和事佬，没想到郑文公不但不给面子，还把他这个好心劝架的人打了一巴掌。王室虽然衰落，但把他派去的大夫给扣押起来，也未免太无礼了。天子越想越生气，决定叫人好好修理一下郑文公。

他对大夫富辰说了自己的想法。富辰长长地倒吸了一口气，问道：“您打算请哪位诸侯出兵？”

周襄王掰着手指头说：“齐、宋、鲁、陈、蔡都是郑国的邻国，我想给这几位诸侯都写信，请他们出面主持公道。”

“怕只怕他们谁也不敢出头揽这个活儿。您想想看，前年宋襄公讨伐郑国，被楚国人打得差点全军覆没，宋襄公本人也身受重伤，不治而亡。当今天下诸侯，畏楚如畏虎，而郑伯又狐假虎威，还有谁愿意惹这个麻烦？”

周襄王沉默了半晌，报复出气的念头不断，脑子转到抽筋说：“你说的也是实话，那我不找诸侯出面，找狄人出面总可以吧？”

“狄人倒是不怕楚国人，可是臣以为不妥。身为天子，首先要以德服人，其次要充分利用亲族之间的感情巩固统治，还要将这种亲情推广开来，与异姓贵族建立良好的关系。自我周朝建立以来，姬姓诸国就是王室的坚固堡垒，所谓‘兄弟阋于墙，外御其侮’，姬姓诸国就算相互之间有矛盾，也要一起抵御外族的侵略。您因为小事就要抛弃对郑国的亲情，人们会怎么看呢？况且郑国与王室同为周厉王的后代，又为周平王东迁立下汗马功劳，还曾帮助您的父亲周惠王平定王子颓之乱，在姬姓诸国中，与咱们王室的关系最为亲近。而狄人非我族类，不相为谋，是我们应该紧密团结起来防范的对象。您现在反倒想利用狄人的力量来对付郑国，到底有没有考虑过后果？”

富辰这话很有道理，然而没有注意劝说的艺术。周襄王正在气头上，你还一味说郑国的好话，完全不批评郑文公扣押天子使臣的非礼行为，自己打又不敢打，打也打不过，请别人来打，你还要上纲上线，将一顶顶责任大帽子全部扣到周襄王头上，周襄王能接受吗？

周襄王当然不能接受，他派大夫颓叔和桃子前往狄人居住的地方，请狄人出兵攻打郑国。

狄人历来对中原虎视眈眈，总想着冲进来烧杀劫掠，现在周天子主动引狼入室，又何乐而不为呢？公元前640年夏天，狄人大举入侵郑国，攻占郑国的陪都栎城，给了郑文公一个沉重的打击。

周襄王很感激狄人替他出了一口恶气，作为报答，他派颓叔和桃子为迎亲使臣，娶了狄人首领的女儿隗氏为妻，还打算立其为王后。

这一计划又遭到富辰的反对："现在狄人自恃有功于王室，必定贪得无厌，而您还推波助澜，居然要立隗氏为后。您难道不知道，妇人最难对付，您对她过于亲近，她就会胡思乱想；您对她疏远，她就会有怨言。用这种方式报答狄人，必有后患。"

周襄王老早就厌烦了这些手下的嘱咐和劝告，干什么都畏首畏尾，毫无身为天子的豪气，他上次尝到甜头，这回坚持立隗氏为后。在那个年代，找老婆就是找岳父，就是找靠山。他也许认为，将隗氏立为王后，狄人从此就成了自己的靠山，甚至可以借助狄人的力量发动"礼乐征伐"了吧。

不幸被富辰言中，隗氏当上王后没两年，就送给周襄王一顶绿帽子——和从齐国流亡回来的王子带发生了奸情。

发生这种事情，周襄王当然不能忍受，但他没有处罚王子带，仅仅处罚了隗氏，废除了隗氏的王后之位，并将她赶到温城去住。

狄人对此非常不满。当时派去迎娶隗氏的颓叔和桃子也很不爽，私下说："当年是我俩去请狄人出兵攻打郑国，又是我俩替天子去迎娶隗氏。现在天子这样做，狄人肯定要把怨气都撒我们身上了，都不知道要遭受怎样的惩罚和酷刑呢，实在是冤枉啊。"

这两个人越想越害怕，仿佛狄人就拿着大刀架在他们脖子上一般，惶惶不可终日。他们找到当事人王子带，鼓动他说："您私通隗氏，天子现在不露声色，但迟早会降罪于您。您不如先下手为强，利用狄人对天子的不满情绪，请他们出兵进攻雒邑，而我们作为内应，里应外合。事成之后，奉您为天子，您就可以和隗氏做长久夫妻了。"

王子带对这样的建议当然是欣然接受。他偷偷跑到狄人部落，添油加醋地说了一番周襄王的不是，将隗氏被废的责任完全推到了周襄王身上，以此激怒狄人首领，诱使其出兵讨伐雒邑，并且许诺，一旦他当上天子，将立隗氏为后。

公元前636年，狄人在王子带的带领下，第二次杀到了雒邑。王室近臣准备抵抗，周襄王却突然莫名其妙地说："如果兄弟相争，惠后（王子带的母亲）将如何看我呢？还是由诸侯来对付他吧。"于是弃城而走，出逃到坎欿（kǎn）。

王子带率领狄人尾随而至，在坎欿大败王室军队，而且俘获了周公忌父、原伯、毛伯和富辰等王室重臣。

虽然觉得很难为情，但周襄王还是出逃到了郑国。富辰说得对，姬姓诸国中，唯有郑国和王室最为亲近——地理位置摆在那里了，不亲近都难。

意外的是，郑文公不仅安排周襄王居住在汜地，并且带领诸位大夫前往汜地侍奉他，问寒问暖，殷勤备至，将周襄王安顿好之后，他才回去处理自己的政事。回想起当年他扣押王室大夫的无礼举动，郑文公这次的表现实在有点出乎人们的意料。

郑文公何故如此前倨后恭？《左传》上没有解释，只是在这一段记录之前，记载了郑国发生的两件事：

第一，郑文公杀死大子华之后，大子华的同母弟弟公子臧逃到了宋国。公子臧喜欢奇装异服，虽然流亡宋国，还常常戴着插满鸟羽的帽子，招摇过市。郑文公对此深感厌恶，于是派刺客将其引诱到宋国和陈国交界的地方，将他杀死。《左传》对此评价说："穿着不合身份的服装，是给自己找麻烦。"

第二，宋襄公死后，他的儿子宋成公采取务实的外交政策，为了宋国的安全，不计前仇，与楚国建立了良好的外交关系。宋成公还亲自跑到楚国去拜访楚成王，回来的时候，故意绕道郑国，对郑国进行了国事访问。郑文公不知道该按什么规格接待他，于是向大臣皇武子请教。皇武子说："宋国是商朝之后，地位很特殊。周天子祭祀祖先，祭肉原则上只封给同姓诸侯，但宋国同样享受这一待遇；天子家办丧事，诸侯前往吊唁，天子不用回拜，但如果宋公前往吊唁，天子必须回拜，以示礼遇。所以，您尽管提高规格接待他，错不了。"郑文公听从了皇武子的建议，用最高规格的礼仪接待了宋成公。左丘明表扬说："礼也！"

我们大胆推测，宋成公访郑的主要目的是促成郑文公与天子和解，减少中原地区的不安定因素。他现身说法，劝郑文公说，为了和平，他对楚成王这样的仇人都可以俯身事之，您郑伯和天子之间又没什么深仇大恨，为什么不能和好如初呢？

周襄王在氾地给秦、晋、鲁等几国诸侯发出了求救信。他给鲁僖公的信中写道："不谷不德，得罪了母亲的宠子带，被迫居住在郑国的氾地，特来告知叔父。"

"不谷"是诸侯自称，天子之所以自称"不谷"，是因为他轻车简从，素服出行，按照周礼应该自降称谓。而称鲁僖公为叔父，是因为天子称呼同姓诸侯，一般以伯父或叔父尊称，称呼异姓诸侯，则以伯舅尊称，并非鲁僖公论辈分真的是天子的叔父。

收到周襄王的求救信后，秦穆公迅速作出反应，派兵到黄河边等待晋国的部队，打算和女婿晋文公一起前往雒邑勤王。回想起当年的犬戎之乱，也是秦、晋两国和郑国率先勤王，并且护送周平王东迁至雒邑，时隔一百余年，历史仿佛再一次重演了。

而在绛都，狐偃对晋文公说："如果想称霸诸侯，最好的办法莫过于勤王，诸侯会因此而信服于您，同时勤王也是一件大大的义举。继承先祖晋文侯的大业，扬名立万于诸侯，就在此一举了！"

解释一下，但凡为天子办事，都可称之为勤王。这里提到的晋文侯，就是周平王东迁年代的晋国君主。

晋文公听了狐偃的话，怦然心动。但勤王也是国家大事，不能草率决定，于是命令卜偃进行卜筮，以问凶吉。

卜的结果，大吉，乃是“黄帝战于阪泉”之兆。据上古传说，黄帝讨伐神农氏的后裔姜氏，在阪泉大败姜氏。现在晋文公得到这个预兆，当然是大吉，但他很谦虚地说：“我哪敢做这样的梦啊？”意思是说，我怎么敢与黄帝相提并论啊？

卜偃一听，知道晋文公领会错了，连忙说：“周礼还没更改呢，这个预兆是将当今天子与黄帝相提并论。”

晋文公脸上露出一丝失望的神色，但他很快掩饰过去，说：“我就没那么奢望过嘛！再算算卦，国家大事要谨慎。”

算卦的结果也是大吉。卜偃说：“这是诸侯得到天子感谢之卦。战胜而天子赐宴，没有比这更吉利的了。”

晋文公下定决心做这单买卖。他派使者对秦穆公说：“区区一个王子带，不劳您亲自动手，就交给我重耳来处理吧。”

秦穆公当年送晋文公回国，在雍城设宴招待他，曾经赋《六月》之诗相赠，其实就是鼓励他担负起辅佐王室的重任。现在听到晋文公这么说，他便顺水推舟，带着军队回国去了。

公元前635年三月，晋国大军兵分两路，左路军前往汜地迎接周襄王，右路军前往温城讨伐王子带。四月初，周襄王回到了王城雒邑，而王子带在温城战败被俘，并被带到隰城斩首示众。

周襄王在雒邑举行了盛大的酒宴，赐给晋文公甜酒和玉帛。当年郑厉公和虢公送周惠王回国，周惠王分别赐给他们铜镜和酒爵，郑厉公犹且不满。相比之下，现任天子对晋文公的赏赐未免也太小气了。

没关系，你不给，我自己要。晋文公在酒宴上向周襄王提出，自己百年之后要用隧道来运送灵柩到墓室。

好古怪的要求！

各位看官暂且先别笑。按照周礼，诸侯之葬，只能用绳索将灵柩吊放到墓穴里；而用隧道运送灵柩，是天子专享的大礼。晋文公提出这个要求，看似简单，实际上是在向天子的权威挑战。

周襄王一点也不含糊，说："不行，那是王的葬礼，不适用于诸侯。周朝的天命虽然衰落，但目前还没有能取代它的。叔父如果要用王的葬礼，等于天下有二王，这难道不是您所厌恶的吗？"

言下之意，晋文公讨伐王子带，就是因为天无二日，国无二主，现在晋文公本人又要以天子之礼自居，岂不是掌了自己的嘴？

晋文公倒是很爽快："既然这样，我也不强求了，请您赏赐一些土地给我吧。"

周襄王刚刚拒绝了晋文公的第一请求，再拒绝他看似退而求其次的第二请求，面子上就很不好看了。周襄王考虑再三，决定将阳樊、温、原、欑（chuān）茅赏赐给晋文公，好将他快点打发走。

看来真是请神容易，送神难啊！

晋文公心满意足地回到了绛都。然而，接收天子赐给的几座城池还颇费了一些周折。

首先是阳樊的居民不服，他们关起城门，将晋国的接收人员拒之门外。晋国人没办法，只好派兵围城。有一个叫苍葛的阳樊人站在城墙上对晋军喊话："仁德是用来对待华夏各国的，刀兵是用来对付四夷的。你们现在到天子脚下动刀动枪，是把我们当外族对待，我们不服从你们的领导，也是理所当然的。这城里居住的人，哪家不是天子的姻亲，怎么能当你们的俘虏？"后来双方采取折中的办法解决了问题：晋国人占领了阳樊，而阳樊居民全部迁到了别的地方，坚决不做晋国的臣民。

接收原城也遇到了同样的问题。晋文公亲自率军包围原城，志在必得，因而只备三日军粮，并且宣布三日之内必定攻下原城。三日之后，原城仍然不降，晋文公就命令军队班师回国。这时间谍来报告，说原城军民已经打算投降了，只要再等一两天就会有结果。晋军众将都建议留下来静观待变，晋文公说："信任，是一个国家的立国之本，国民因此而安居乐业，如果得到原城而失去信任，我怕得不偿失。"于是全军起程回国。原城军民得到这个消息，反倒主动派人来联系投降的事。晋军走了不到三十里，原城就宣布投降了。

这件事给晋文公很大触动。在考虑原城太守人选的时候，他问寺人披谁可胜任，寺人披推荐赵衰，理由是：当年赵衰跟随晋文公流亡列国，赵衰背着干粮和水壶走小路，和大队人马走失了，虽然饥渴难忍，仍然不敢擅自食用。晋文公认为这件事充分说明赵衰是一个守信之人，因此派他镇守原城，希望他用自己的品德使原城居民信服于晋国。

晋国得到阳樊、温、原、欑茅四城，第一次将势力范围延伸到太行山以南，国力大大增加。

同年秋天，以秦国为主、晋国为辅，发动了对鄀（ruò）国的联合军事行动。鄀国地处今天湖北襄阳附近，是秦、楚边境上的一个小国，也是楚国的附庸。讨伐鄀国，等于公开向楚国叫板，楚成王当然不能坐视不理，派大夫斗克和申御寇带申、息两县的地方部队前往救援。

这里说明一下，春秋时期，"县"作为一级行政单位，是一个新生事物。楚国地处荆蛮之地，对外扩张速度很快，先后吞并不少小诸侯国，原则就按照一国一县的规模，将这些诸侯国设置成县，由楚王直接任命县公进行管理。据统计，楚国在春秋时期共设县十七个，每个县都有自己的地方武装，而且规模不小。小县有兵车百乘，大县则多达数百乘。因此，楚国派申、息两县的地方部队前往救援鄀国，其兵车数量应该在两百到三百之间。

讨伐鄀国，对晋国基本上没有任何好处。晋文公跟随秦穆公参与这场战争，一方面是为了保持与秦国的良好关系，另一方面也是为建立晋国的霸业进行试水——欲称霸于诸侯，必定会与楚国发生冲突，他希望借此机会试探楚国的实力。

秦国人采取了欺骗战术，故意绕道鄀国与楚国交界的析城郊外，迂回靠近鄀国的首都商密，并且故意将自己军中的一些人绑起来，装作是从析城带来的俘虏。到了黄昏时分，秦国人又在城下举行了一场盟誓表演，造成了楚军与秦军盟誓的假象。由此给鄀国人带来了错觉，秦国人已经攻陷了析城，而且前来救援的楚国人又和秦国人达成了密谋，出卖了鄀国。

鄀国受不了这双重打击，开城降了秦军。击破鄀国的抵抗之后，秦国人回头再杀到析城，将斗克、屈御寇二人生擒而回。楚国令尹成得臣率领大军追赶秦军，企图夺回二人，无奈秦军已扬长而去，没有追上。

成得臣不敢空手而归，带兵包围陈国，将曾经因陈国进攻而逃到楚国的顿子（顿国国君）送回了顿城。

自从宋襄公战败后，敢于主动捋楚成王虎须的，还只有秦穆公和晋文公。

晋国人在这次战争中虽然处于从属的地位，但通过见习战争的全过程。晋文公对楚国人有了一个全新的认识：楚国人并不可怕，至少不像传说中那么可怕。

大战序曲：晋文公的强国运动

周襄王受卫文公的委托，调解郑、卫、滑三国之间的恩怨，不但没有取得预期效果，反而引发了一系列事变，最后的结果是被晋文公敲诈去四座城池。王室的土地本来就所剩无几，地上的产出难以维持王室体面的生活，经过这么一闹腾，天子的日子就更难过了。

就在晋国军队保护天子从汜地向雒邑进发的时候，卫文公去世了，他的儿子姬郑继承了君位，就是历史上的卫成公。

公元前635年十二月，鲁、卫、莒三国在洮地举行了会盟。第二年春天，三国又在向地举行会盟，共商加强地区合作与交流的大计。这两次会盟，规模虽然不大，但是引起了齐孝公的严重不满。在他看来，齐国虽然不如齐桓公在世的时候强盛，但好歹还是天下数一数二的强国，鲁国在他的眼皮底下和卫、莒两国会盟，是没有把他放在眼里。

因为这件事，齐国悍然发动了对鲁国的军事进攻。而鲁国则采取了三方面的战略来应对齐国的入侵：

一是发动同盟的卫国从北部乘虚而入，讨伐齐国，进行军事牵制。

二是派大夫展喜前去迎接齐军，名为劳军，实为探听齐军虚实，见机行事。鲁僖公还派展禽为展喜的幕后高参，为展喜出谋划策。展禽还有一个大家都很熟悉的名字，叫柳下惠。展禽也是鲁国公室的后人，以姬为姓，以展为氏，名获，字禽，柳下是他的封地，惠则是他死后的谥号。古人的姓名是一个很复杂的系统，我们看到柳下惠这个人，千万别叫他柳先生，至少要称呼他为柳下先生，否则就太没文化了。

齐孝公的大军还没到达鲁国国境，展喜已经赶到了齐军大营，他把柳下惠教他的那套说辞搬出来，对齐孝公说："敝国国君听说君侯您亲抬贵足，不嫌辱没自己的身份，来到区区敝地，特意派在下前来犒劳您手下诸位办事人员。"请注意，展喜不说犒劳齐孝公，而说犒劳他手下的办事人员，是非常谦卑有礼的外交辞令，表示说话的人不敢不自量力，逾越自己的身份慰问尊者。

齐孝公背着手，看着天空，很是倨傲："如此说来，鲁国人是害怕了吗？"

展喜马上回答说："小人确实很害怕，但君子不害怕。"这话似曾相识，和当年吕甥应对秦穆公如出一辙，有抄袭的嫌疑。

齐孝公瞥了他一眼，走到门边，依旧看着天空，冷笑道：

"现在鲁国的国库空空如也，田野间寸草不生，凭什么不怕？"

展喜很镇定地回答："凭的是先王的遗命。当年贵国的祖先姜太公和敝过的祖先周公都是王室的股肱之臣，如同左膀右臂一般辅佐周成王。周成王慰劳两位先君，并且赐给他们盟誓，要求他们'世世子孙，无相害也'。当年的誓言，现在还保存在王室的档案馆里。您的父亲齐桓公继承了先祖的遗愿，团结诸侯，消除矛盾和分歧，而且救助诸侯于水火，获得了大家的一致尊重。您即位之后，大家也认为您会遵循令尊的做法，为中原带来和平与繁荣，所以我鲁国对贵国没有任何防备之心，大伙都说：'齐侯怎么可能即位才九年就放弃自己的使命，如果这样，他哪有脸面对先君齐桓公呢？'君子也是这么认为，所以一点也不害怕。"

展喜这番话，前半段振振有词，后半段简直就是哄小孩子，但是对齐孝公很有效。当时他的脸就红了，二话不说，将部队撤回了国内。

展喜在齐军大营忽悠齐孝公的时候，鲁国对付齐国的第三个战略也在悄然实施。公子遂和臧文仲二人不远千里来到楚国，请求楚国出兵讨伐齐国。臧文仲对楚国令尹成得臣说，当今天下，唯有楚国最强，中原诸国均拜伏在楚王的虎威之下，唯有齐国和宋国没有认清形势，不把楚国放在眼里。如果楚国派大军讨伐齐、宋二国，鲁国愿意效犬马之劳。

说明一下，宋襄公死后，他的继任者宋成公委曲求全，主动以身事楚，亲赴郢都朝觐楚成王，两国建立了同盟关系。但是，随着晋文公的上台和崛起，宋成公看到了希望的曙光，立刻改换门庭，脱离楚国，投向晋国的怀抱，因此臧文仲有此一说。

巴西的一只蝴蝶扇动几下翅膀，有可能导致北美大陆的一场风暴。公子遂和臧文仲的楚国之行，则拉开了春秋时期第一场大规模争霸战争的序幕。

将当时各诸侯国的综合实力作一个比较，可以将它们大致分为三个阵营：

第一阵营：楚、齐、秦、晋四个大国

第二阵营：宋、鲁、郑、卫、陈、蔡等二流国家

第三阵营：燕、曹、许、徐等数十个小国

第一阵营中，楚国无论从国土面积还是军事力量上，都遥遥领先于其他三国，而且将第二阵营中几乎所有国家或纳入自己的势力范围，或结成盟友，综合实力首屈一指，称霸的野心也最大；齐国自管仲与齐桓公逝后，不修内政，不亲近邻，引起了国际社会的反感，甚至连一直与齐国保持良好关系的鲁国也受不了齐孝公的粗暴，主动与楚国接近，希望借楚国之力打击齐国，齐国的国际竞争力呈直线下降趋势；秦国偏安西北，秦穆公以仁德闻名，稳中求进，暂时没有问鼎中原之志；晋国虽然经历了骊姬之乱和晋惠公、晋怀公时期的动荡，但是在晋文公的领导下，上下团结一心，国内局势趋于稳定，社会经济得到发展，军事实

力也有大幅度增强，而且通过帮助周襄王复国，扩大了国土，提高了声望，成为楚国最大的竞争对手。

如果说，公元前635年晋国跟随秦国讨伐楚国的附庸鄀国，仅仅是捋了一下楚成王的虎须的话，公元前634年，宋国背弃与楚国的盟约而投入晋国的怀抱，则直接触及了楚国的核心利益，成为晋、楚两国争霸的导火索。

即使与齐桓公狭路相逢也当仁不让的楚成王，自然不能容忍宋成公对他的蔑视，他命令子文抓紧时间训练士卒，准备讨伐宋国。

早在两年之前，子文就已经不再担任楚国的令尹，而是推荐在泓水之战中立下了赫赫战功的成得臣担任了这一职务，自己则以顾问的身份继续留在楚成王身边效力。

子文这样做，显然是吸取了老对手管仲的教训。管仲辅佐齐桓公纵横天下，功高盖世，然而不注重对接班人的培养，直到临死前，都没有给齐桓公推荐一个合适的接班人，导致齐国数十年的霸业后继无人，毁于一旦。子文不想齐国的历史在楚国重演。他不但早早选定成得臣为接班人，更主动退居二线，将自己的位置让给成得臣。这样一来，他既可以在幕后指导成得臣，发挥老同志传、帮、带的作用，又可以使成得臣提前进入情况，熟悉业务，减少犯错误的机会。

楚国有子文这样的政治家，强大绝非偶然。

现在楚成王即将展开一场争夺天下的大战，他想到的第一个人选还是子文，毕竟事关重大，交给成得臣去办还不太放心。权衡再三之后，他请子文亲自出马，到睽地主持军训。

对于楚成王的这一命令，子文内心是有想法的，他对楚成王说，训练部队是令尹分内之事，应该由子玉（成得臣字子玉）来主持才对，现在把他这个老头子派去越俎代庖，恐怕大大不妥。子玉有没有意见暂且不说，他这把老骨头能否训练好部队，实在是值得怀疑。

楚成王说：“老将出马一个顶俩，您就别撂挑子了。”还是将任务派给了子文。

既然没办法推脱，子文只好优哉游哉地来到了睽地。军训的第一天，他命令士兵天刚亮就起床，到操场上集合、做早操、练队列、喊口号，热热闹闹地搞了一个时辰，便到了吃早饭的时间。早饭弄得挺好，有粥有粉还有热干面。子文端了个大碗，和士兵们一起吃，吃完了抹抹嘴说：“今天到此为止，大伙回去歇息吧。”

一连三天都是如此。士兵们可高兴了，这哪里是军训，简直就是夏令营。子文不但体贴士兵，脾气还特好，几天军训下来，连骂人的事情都没发生过，整个楚军大营一团和气，其乐融融。

有人把这事反映到楚成王那里。楚成王惊愕了一下，立刻反应过来了：“子文这家伙，是在逼我用子玉啊。”

没办法，楚成王只好命令成得臣接手军训，并且将地点改到了蔿地。子文则改任监军，随军前往蔿地进行督导。

成得臣不负所望，一到蔿地就严肃军纪，将训练的时间延长到天黑，对于训练中不听指挥或动作不规范的士兵实施处罚。一天下来，有七个人受到鞭笞，三个人被箭刺穿耳朵游营示众。原本稀稀拉拉的部队一下子恢复了正常，迅速进入临战状态。

当时在蔿地住着好几位退休的楚国大夫，他们应邀观看了军训，对成得臣的治军之道佩服得五体投地，于是跑去向子文表示祝贺，对他的知人善用进行了一番恭维。子文很高兴，举行酒宴招待这些老头子和蔿地的权贵。唯独有个叫蔿贾的贵族小孩，不但姗姗来迟，还不说半句祝贺的话。子文不免觉得奇怪，于是问他：“各位叔叔伯伯均认为令尹有才能，是国家的福分，值得庆贺，你对此有何看法？”

蔿贾一副少年老成的样子，面无表情地说："我不知道该祝贺什么！当年您将国政交给子玉，嘱咐他说，要守护国家安定。但如果对内保持了安定，而对外遭到失败，您觉得这算是保国安民吗？子玉失败，是您举荐的结果。用错了人而导致国家失败，有什么好祝贺的撒？"

子文愣了一下，说："你凭什么认为子玉一定会失败呢？"

蔿贾直直地看着子文说："子玉这个人，性格刚猛而无礼，不适合治理国家，给他兵车超过三百乘，肯定有去无回。如若不是，等他出征回来，我再向您表示祝贺，应该也不算晚吧。"

子文若有所思，而几位老大夫连忙出来打圆场，说："童言无忌，童言无忌。"

童言无忌的蔿贾后来生了一个很名气的儿子，叫作孙叔敖。

经过半年多的集训，公元前634年冬天，楚军在令尹成得臣、司马斗宜申的指挥下北上讨伐宋国，包围了缗城。

与此同时，另一支楚军部队开赴鲁国，帮助鲁国讨伐齐国，一举攻下谷城。这一仗明明是楚国人的功劳，《春秋》却这样记载："（鲁僖）公以楚师伐齐，取谷。"说成是鲁国人的功劳。左丘明还此地无银三百两地解释道："虽然是借楚国的军队进行讨伐，但我方能够左右其行动，所以说是'以楚师伐齐'。"占了便宜还卖乖的事，鲁国人也不是第一次做，在此不作任何评论。

前面说到，齐桓公有六位"如夫人"，给他生了六个儿子，除现任国君齐孝公外，另外五位公子一直都在觊觎齐国的君位。楚军攻下谷城之后，派大将申叔侯镇守谷城，并将五公子之一的公子雍接到谷城，准备以公子雍的名义继续讨伐齐国。

齐桓公还有另外七个儿子，是由"如夫人"之外的小妾所生，地位比五公子低。齐孝公上台后，将这些兄弟统统赶出国去。现在楚国人将他们找过来，并将他们都封为楚国大夫，要他们帮助楚国人攻打齐国。

齐桓公如果泉下有知，看到自己的一群儿子帮着楚国打齐国人，估计会再气死一次。造成这个尴尬的局面，自然与齐孝公为人暴戾有关，但更主要的原因是齐桓公和管仲没有找到合适的接班人，以致管仲逝后，“三贵”专权，而齐桓公逝后，五子争位，将好端端一个齐国搞得乱七八糟。

第二年夏天，齐孝公在内外交困中死去，他的弟弟公子潘即位，也是历史上的齐昭公。虽然齐、鲁双方处于交战状态，鲁国人却秉承周礼，派人参加了齐孝公的葬礼。当然，左丘明不会忘记又表扬一句：“礼也！”

顺便说一下，鲁国人对于“礼”的执著，简直到了不可理喻的地步。这一年春天，杞国的国君杞桓公来到鲁国朝觐鲁僖公。杞国地处东夷聚居之地，不免沾染了夷人风俗，不自觉地用了夷人的礼仪，鲁僖公当场发作，不搭理杞桓公。而《春秋》记载这件事，也主动将杞桓公的爵位下降了一级，称之为“杞子”，以示对其使用夷人礼仪的惩罚。杞桓公因此记恨鲁僖公，不再承担对鲁国进贡的义务。而鲁僖公为了惩治杞桓公的失礼，竟然在联楚伐齐这样大事未了的情况下，派兵入侵杞国，要与杞桓公论个曲直是非。

看这架势，天塌下来也要先论个“礼”字。这是题外话，在此不多作评价。

齐孝公死后，楚国留下申叔侯在谷城对齐国保持威逼之势，而将军事打击的重点集中到宋国，于这一年冬天纠合了鲁、陈、蔡、郑、许等几国军队，把宋国的都城商丘围得水泄不通。宋成公命公孙固前往晋国告急，请求晋国的支援。至此，晋楚争霸战的导火索已经被点燃，晋国不可避免地被拉入到这场中原大战中来。

当然，这样表述并不准确，确切地说，晋文公终于找到一个合适的切入点，得以实施其称霸天下的抱负了。

为了这一天，晋文公已经做了很多准备工作。

据《左传》记载，晋文公一回国，就把对人民的教育当作头等大事来抓，以教育为强国之本。

齐桓公称霸诸侯，靠的是管仲“作内政而寄军令”的速效药。楚成王独步天下，靠的是楚国人彪悍的性格和近于严酷的军纪。相比之下，晋文公走教育强国的路，虽然有利于长远，却很难在短期内发挥功效。

晋国的全民教育搞了很多年。刚开始两年的时候，晋文公就迫不及待地想到国际舞台上一试身手，被狐偃劝住了。狐偃说：“现在还不到时候，人民还不懂得什么叫作‘义’，没有安居乐业。”

等到晋文公帮助周天子复位后，积极发展国内的福利事业，晋国人民的幸福感大幅度提升，他又起了称霸之心。狐偃劝说道：“人民还不懂得什么叫作‘信’，不能同心同德共谋大事，还是再等两年。”先别笑晋文公猴急，考虑到他上台时已经六十二岁，有“一万年太久，只争朝夕”的想法其实也很正常。

不久之后，晋文公讨伐原城，向天下展示了自己诚实守信的优良品德，同时借题发挥，在国内开展了“做一个诚实守信的晋国人”的大讨论，晋国人的诚信意识大大加强，连商人都不再欺骗消费者，成天将信用挂在嘴上。晋文公跑去问狐偃：“是骡子是马，这回可以拉出去遛遛了吧？”狐偃仍然摇头说：“人民还不知道什么叫作‘礼’，不知道恭敬地服从上级的命令，火候未到，还要再等等。”于是在晋国开展了大规模的“蒐礼”活动。所谓“蒐”，就是顺长少，明贵贱，“蒐礼”活动的最直接目的是在晋国建立良好的社会秩序。

值得肯定的是，通过对“义”“信”“礼”的教育学习，晋国国民素质迅速提高。当公孙固穿越楚军的封锁线，将救援信送到绛都的时候，晋国上下都作好了随时战斗的准备。因此，在晋文公主持召开的军事会议上，大伙对是否救援宋国的议题没有产生任何分歧，一致认为必须要救。

先轸的发言也许代表了当时晋国群臣的意见：“当年主公流亡到宋国，宋襄公以礼相待，而且送给您马车二十乘，可谓是情深义重。现在宋国有难，我们理应相助，同时也正好借此机会在诸侯之中树立威信、奠定霸业基础。”

狐偃说：“楚国入侵中原，刚刚将曹国纳入自己的势力范围，而且和卫国建立了婚姻关系。如果我们讨伐曹、卫两国，楚国必定会移师相救，则齐国和宋国可以免于灭亡。”

狐偃提出这个计划，既有军事谋略上的考虑，也有感情上的考虑。当年晋文公流亡列国，在卫国和曹国受到非礼的对待，趁此机会报复他们一下，快意恩仇，岂非人生一大乐事?

晋文公急事慢做，统一了战略思想之后，又在被庐举行了一次“大蒐”。这次“大蒐”是军事上的重大改革，将晋国原有的上、下二军扩编为上、中、下三军。

回顾晋国的军事改革历程，也就是晋国不断发展壮大的历程。公元前678年，晋武公完成“曲沃代晋”，被天子授予建立一军的权力，说明当时晋国在王室的眼里，还是一个小国；公元前661年，晋献公扩充军队，建立上、下二军，晋国在实力上已经是大国，但在表面上还是维持了一个中等国家的军事编制；公元前645年，晋惠公被秦国俘虏，晋国群臣借此机会“作州兵”，扩大了兵源范围，大大增强了晋国的军事实力；而公元前633年，晋文公将部队扩编为三军，不仅仅是为了扩大部队规模，同时也是宣告晋国向大国迈进的重大举措。

三军部队中，中军的地位最高，上军次之，下军又次。因此，选择中军元帅成为军队人事变动的重点。赵衰强力推荐郤谷担任这个重要职务，理由是“郤谷喜爱礼乐，而且熟读诗书”。

诗就是《诗经》，书则是《尚书》。在现代人看来，郤谷应该去当教育部长而非中军元帅。但在那个年代，军政文教均为一体，还没有政治家、教育家与军事家的区分，管仲和子文都是又当爹又当妈的全能型选手，在内主政，在外则主兵，经济、政治、文化、法律、军事、外交一把抓。在选拔人才的时候，“德”是最重要的依据，郤谷既然能胜任教育部长，也就能胜任中军元帅，当然还能胜任外交部长甚至内政部长等职务。

赵衰又进一步说：“《诗经》和《尚书》，乃是义的根源；礼乐教化，是道德的准则；有了义和道德，就有了利益的根本，主公您不妨试试用他。”

都说到这分上了，晋文公自然采纳了赵衰的建议，任命郤谷为中军元帅，郤溱为中军副帅。任命狐毛为上军元帅，狐偃为上军副帅。任命赵衰为上卿，赵衰推辞说：“栾枝为人谨慎，先轸足智多谋，胥臣见多识广，我都比不上他们啊。”于是任命栾枝担任下军元帅，先轸为下军副帅。又任命荀林父为国君的戎车驾驶员，虎将魏犨则担任护卫。

齐桓公称霸中原三十余年，带领各路诸侯数次与楚成王狭路相逢，却没有发生过一次战场上的正面冲突，主要原因还是忌惮楚国的军事实力，没有必胜的把握。现在天下形势大变，楚国不但比以前更强大，而且得到几乎所有二流国家的附从，晋文公在这个时候主动去找楚成王的麻烦，需要的不仅仅是勇气，更需要一点疯狂的气魄。

本书大事年表

公元前770年：周平王迁都雒邑，中国历史进入春秋时期。

公元前722年：郑国京城大叔谋袭新郑，企图推翻哥哥郑庄公的统治，兵败被杀，史称“郑伯克段于鄢”。

公元前713年：齐、鲁、郑建立三国同盟，党同伐异，盛极一时。

公元前707年：周桓王以郑庄公不来朝见为由，出兵讨伐郑国，在繻葛被郑军打败，史称“繻葛之战”。

公元前701年：郑庄公去世，郑国陷入动荡。公子突发动政变即位，史称郑厉公。

公元前697年：郑昭公复辟。

公元前690年：楚武王进攻随国，中途病死，楚文王即位。

公元前686年：齐国连称、管至父弑齐襄公，立公孙无知为君。齐国大乱。

公元前685年：齐国公子小白即位为君，即齐桓公，任用管仲为相，走上称霸之路。

公元前681年：齐桓公首合诸侯，会于北杏。

公元前680年：郑厉公二度为君。

公元前679年：齐桓公举行鄄地会盟，开始称霸诸侯。

公元前672年：熊恽弑其兄即位，史称楚成王。

公元前656年：齐桓公率领多国联军进攻楚国，在召陵与楚国结盟而还。

公元前651年：齐桓公召开蔡丘会盟，标志着齐国霸业的顶点。

公元前645年：秦晋韩原之战，秦穆公大败晋惠公。

公元前643年：齐桓公病逝。

公元前638年：楚宋泓水之战，楚将成得臣大败宋襄公。

公元前636年：流亡在外多年的晋公子重耳回国，即晋文公。

激发个人成长

多年以来，千千万万有经验的读者，都会定期查看熊猫君家的最新书目，挑选满足自己成长需求的新书。

读客图书以“激发个人成长”为使命，在以下三个方面为您精选优质图书：

1. 精神成长

熊猫君家精彩绝伦的小说文库和人文类图书，帮助你成为永远充满梦想、勇气和爱的人！

2. 知识结构成长

熊猫君家的历史类、社科类图书，帮助你了解从宇宙诞生、文明演变直至今日世界之形成的方方面面。

3. 工作技能成长

熊猫君家的经管类、家教类图书，指引你更好地工作、更有效率地生活，减少人生中的烦恼。

每一本读客图书都轻松好读，精彩绝伦，充满无穷阅读乐趣！

认准读客熊猫

读客所有图书，在书脊、腰封、封底和前勒口都有“**读客熊猫**”标志。

两步帮你快速找到读客图书

1. 找读客熊猫君

马上扫二维码，关注“**熊猫君**”

和千万读者一起成长吧！